U0631619

博物馆馆藏
与文化遗产保护探析

卢　虹　金家玮　曹雅楠◎著

吉林文史出版社

图书在版编目（CIP）数据

博物馆馆藏与文化遗产保护探析／卢虹，金家玮，

曹雅楠著 . -- 长春：吉林文史出版社，2024.5.

ISBN 978-7-5752-0291-6

Ⅰ . G269.2；G122

中国国家版本馆 CIP 数据核字第 202472BZ96 号

BOWUGUAN GUANCANG YU WENHUA YICHAN BAOHU TANXI

书　　名	博物馆馆藏与文化遗产保护探析	
著　　者	卢　虹　金家玮　曹雅楠	
责任编辑	陈　昊	
出版发行	吉林文史出版社	
地　　址	长春市福祉大路 5788 号	
网　　址	www. jlws. com. cn	
印　　刷	北京四海锦诚印刷技术有限公司	
开　　本	710mm×1000mm　1/16	
印　　张	16.75	
字　　数	262 千字	
版　　次	2025 年 3 月第 1 版	
印　　次	2025 年 3 月第 1 次印刷	
定　　价	58.00 元	
书　　号	ISBN 978-7-5752-0291-6	

前　言

　　文化遗产是文化传统展示与传承的重要载体，是一个国家和民族文脉的显现。文化遗产保护与开发利用是一项系统性工程，必须在文化大视野中给予其合理定位。作为国家重要的文化资源和文化软实力构成要素，文化遗产的合理利用意义重大。我们应主动探寻文化遗产在现代社会传承文脉、重获新生的有效途径。而博物馆作为文化遗产保护与传承的重要阵地，不仅要展示文物，还要突出其文化价值，让观赏者进入博物馆中，在观赏文物的过程中能够正确地领会文物所传达的文化信息。基于以上背景，本书对文化遗产相关内容进行了介绍，对文化遗产的保护进行了研究。

　　首先，本书从博物馆与文物的相关基础知识入手，分析和阐述了文物的基本概念、文物保护的目的与原则。其次，针对文化遗产的产生与构成、文化遗产的价值，探究了中国文化遗产的保护发展体系，并通过博物馆陶瓷类文化保护、纸质文化保护、青铜器文化保护、金银器保护等内容，论述了我国文物保护与修复的措施手段。最后，介绍了非物质文化遗产的类型及其保护的必要性，以及如何有效进行非物质文化遗产保护和传承，旨在为保护我国的非物质文化遗产贡献自己的绵薄之力。

　　作者在撰写本书的过程中，得到了许多专家学者的帮助和指导，参考了大量的学术文献，在此表示真诚的感谢。本书内容全面，论述条理清晰、深入浅出，但由于作者写作水平有限，书中难免会有不足之处，希望广大同行和非遗研究专家及时指正。

目　录

第一章 博物馆与文物

第一节 博物馆综述

一、博物馆的定义与构成要素

（一）博物馆的定义

博物馆，一般是为社会服务的非营利性常设机构，它主要研究、收藏、保护、阐释和展示物质与非物质遗产。向社会公众开放，具有可及性和包容性，促进多样性和可持续性。通过以符合道德且专业的方式进行运营和交流，并在社区的参与下，为教育、欣赏、深思和知识共享提供多种体验。

（二）博物馆的构成要素

一般意义上的博物馆通常由四个要素构成：一定数量的藏品，馆舍及其他硬件设施、设备，有基本陈列及持续向社会公众开放，掌握专业知识与技能的人才。

1. 一定数量的藏品

藏品指博物馆收藏的有关历史、民俗、艺术、技术及自然科学等领域的各种资料，既包括物质资料也包括非物质资料。博物馆藏品是博物馆业务活动的基础，藏品的质量和数量是博物馆定级的重要标准，以及衡量其社会作用的一个主要条件，也是博物馆声誉之所在。世界上一流的博物馆都是藏品实力雄厚的博物馆，如美国史密森博物学院（Smithsonian Institution）有藏品 1.4 亿件，建立于 1753 年的大英博物馆现有藏品 800 余万件，故宫博物院有藏品 180 余万件，中国国家博物馆有藏品 140 余万件。博物馆藏品具有实物和信息复合性的特点，藏品在博物馆中的地位和作用由社会发展所产生的社会需求决定。

2. 馆舍及其他硬件设施、设备

作为社会文化机构的博物馆必须拥有馆舍及其他硬件设备、设施以保障博物馆的正常运行。博物馆馆舍必须能满足和适应博物馆的运作，安全是博物馆馆舍最根本的要求，展览厅、会议室、餐厅、卫生间等空间的设计与装修布置也应该有服务博物馆运作的意识，在"形式必须服从功能"的基础上，建筑风格应与博物馆的位置与主题相协调。

3. 有基本陈列及持续向社会公众开放

陈列展览是博物馆主要的业务活动形式，也是参观者评价博物馆的重要依据，有基本陈列并持续向公众开放是博物馆实现其基本功能的重要途径。只有根据社会需求和观众特点，利用藏品、信息、视觉形象、空间环境等因素设计陈列，并吸引观众去参观陈列，博物馆才能真正地实现为社会公众服务。有基本陈列及持续向社会公众开放是博物馆的重要构成因素之一。

4. 掌握专业知识与技能的人才

博物馆的一切活动都是由具备博物馆专业知识的人才主持和管理的。人才是博物馆事业发展的关键，博物馆事业的发展最终取决于博物馆人才。博物馆的各种人才既包括博物馆的管理者，也包括经营、管理、研究藏品，开展社会教育的专业人员。首先，现代博物馆的发展需要具有现代经营管理理念的人才，管理者的行政能力、对外交往能力、专业素质高低直接决定了博物馆事业发展的成败。其次，博物馆社会功能的实现需要掌握博物馆学理论知识、具有创新精神和较强实践能力的各种专业人才。

二、博物馆的特征与功能

（一）博物馆的特征

所谓特征，是指一个事物区别于其他事物的特别显著的标志。博物馆是以文物或标本为基础，组成形象化的科学的陈列体系，对群众进行直观宣传教育的公共文化机构，其特征可表述为实物性、直观性、广博性与开放性。

1. 实物性

博物馆虽然也收藏非物质文化遗产，但实物仍然是博物馆一切活动的基础和出发点。"实物"既包含"自然物"，也包含各种"人工制品"，收藏和利用实物是博物馆的最基本特征。

2009 年美国学者史蒂芬·康恩提出："未来的博物馆还需要实物吗?"他认为随着图像复原、科技手段的发展，可以弥补"实物"的不足，甚至取消对"实物"的依赖，并认为"物质收藏已经丧失了曾经在博物馆建设的前一个时代拥有的视觉或者认识论的力量"[1]。本书认为，这种说法是片面的。"实物"虽然在陈列过程中可以被各种技术性实现的物质转换形式替代，但是"物像"本身就是"物质"的一种形式[2]，而且非物质文化遗产的收藏与展示也要借助物质的介质与手段。随着科技的进步、信息化的发展，博物馆物质属性的特征并不会发生改变，数字博物馆、虚拟博物馆与智慧博物馆等博物馆的出现也不能改变博物馆的物质特征，博物馆的实物仍然是其区别于一切其他文化形式的根本界限，未来的博物馆非但不可能离开物质，相反，有必要更好地发掘物质的意义和价值。

2. 直观性

博物馆中的实物并不能直接发挥作用，必须在科学而完整的陈列体系中与观众进行交流，通过内容表现与视觉表达手段，向观众的各种感官输送知识、艺术、历史、情感等多元化信息。以文物、标本为主，辅以模型、图表等实物性辅助展品的陈列，比其他文字资料和图片资料更直观、生动和有吸引力，更有助于强化观众的记忆。所以，直观性是博物馆的又一特征。随着现代科技在展陈中的应用，观众不仅能多角度观察藏品，还可以通过亲自操作实验，获得身临其境的情感体验，使博物馆的直观性特征更为明显。

3. 广博性

随着社会的发展，博物馆呈现多元化的格局，博物馆的收藏内容不断丰富，涉及文物、艺术、科技、自然等多个方面，从文物到日常用品，从物质文化到非物质文化，从标本到活物等资料都是博物馆收藏和研究的对象，博物馆类型不断

①朱秀梅.博物馆建设发展与文物保护研究[M].长春:吉林人民出版社,2022.
②徐坚.名山:作为思想史的早期中国博物馆史[M].北京:科学出版社,2016.

增多，专门性博物馆大量涌现，并且出现了许多新形态的博物馆。由此可见，广博性是博物馆区别于其他文化机构的显著特征，而且随着社会的前进与博物馆的发展，这个特征日益显著。

4. 开放性

博物馆的开放性不仅体现在对公众开放上，更体现在对社会的广泛关注以及与观众的交流互动上。陈列在设计之前要进行观众调研，明确目标观众群，确立陈列定位；设计过程中，要接受观众代表的优化建议，考虑观众的特点，选择适宜的知识背景和语言表达方式；展陈阶段，欢迎观众进入陈列场所，允许观众基于自身的知识解读陈列内容，鼓励观众将参观成果转化为有利于个人发展的资源和动力，并搜集整理观众反馈意见，对陈列效果做出科学评价。

（二）博物馆的功能

1. 收藏、保管功能

博物馆的出现 起源于收藏珍品，中国古代收藏书画、彝器、古玉、玺印的现象起源很早，在商周时期即已出现。古希腊、古罗马等文明古国贵族对奇珍异宝的收藏是现代博物馆产生的基础。藏品是人类文明的重要见证，是博物馆工作的核心与基础，收藏、保管也是博物馆首要功能与最基本的功能。

随着社会的发展，目前博物馆收藏、保管的对象已不限于珍贵文物与艺术品，而是涉及人类与人类生存环境的各种见证物，既包括物质遗产，又包括非物质文化遗产。只有博物馆能最广泛、最全面地保藏人类活动和自然发展的真实物证，并把它永久地传给后人，这是博物馆特有的功能。

博物馆获得收藏的途径主要有文物征集、获得馈赠和遗赠、从私人收藏家或拍卖会上购买藏品、田野考古发掘和调查等。

2. 科学研究功能

博物馆最初的研究主要是对藏品本身的基础研究以及应用性研究，大量藏品只有进行深入研究，所具有的历史价值、艺术价值与科学价值才能被揭示，明确主题、挑选藏品、设计展览与撰写解说词等过程都需要进行科学研究，可以说研究工作贯穿博物馆工作的全过程。随着时代的进步与社会的发展，博物馆作为全民共享的文化机构，其研究对象已不再局限于藏品本身，而是扩展到博物馆实践以及博物馆公众研究等方面。

博物馆研究的目的是社会利用、展览和教育普及服务，只有达到较高的研究水准，才能保证博物馆各项工作的水平与服务的质量，许多著名的博物馆不只藏品丰富，同时也是重要的学术研究重镇，如美国史密森博物学院、大英博物馆、芝加哥艺术博物馆（The Art Institute of Chicago）等。一些博物馆为了加强研究，还专门设有研究部门并主办学术刊物，如中国国家博物馆设有学术研究中心，故宫博物院设有故宫研究院，河南博物院设有研究部等。

3. 教育功能

教育作为博物馆的基本功能之一，是收藏与研究功能的延伸与扩展。博物馆对外开放后，观众走进博物馆，通过观看展览受到教育与启发。博物馆教育的对象为整个社会的全部成员，从儿童到老人，从一般群众到残疾人，从国内观众到外国旅游者，从个人到团体，博物馆都对他们开放。博物馆不只是学校的第二课堂，也是家庭教育与社会教育的第 N 个课堂①，人们可以自由地出入各个陈列室，通过参观展览、参与博物馆的各项活动，吸取科学文化知识。

博物馆的教育方式生动形象，通过大量运用文物标本、模型等实物资料，作用于观众的感官。这无论从人的生理机制还是认知过程来说，都会使观众感到亲切，易于接受和理解。此外，博物馆还通过讲解服务、公众讲座、出版物以及丰富多彩的文化活动等方式来加深观众对博物馆陈列的理解。

2007 年，国际博协对博物馆的定义进行修订，将"教育"调整至功能首位。2015 年，我国《博物馆条例》正式颁布，借鉴了国际博协对博物馆的定义，亦将教育功能提升，虽然只是顺序的调整，表明了博物馆学界对博物馆认知的提升与社会责任的强调。国家文物局近年在对博物馆的评审工作中，也已经将教育以及相关的比重提升，博物馆观众研究越来越得到重视，从以藏品为中心到以观众为中心，是博物馆发展的趋势和潮流。

4. 娱乐功能

美国人类学家弗朗茨·博厄斯在 20 世纪初就提出应关注博物馆的娱乐功能，

---

①史吉祥. 博物馆在现代社会中的功能[J]. 中国文化遗产,2005(4):77-80.

"我们一定不能忽视博物馆作为公众娱乐场所的价值……观众有很多在博物馆这种健康而充满生气的环境中享受闲暇时光的机会"①。无论是对儿童还是成年人，教育与乐趣都是紧密联系在一起的。

随着博物馆的发展，国内的博物馆学者也越来越认识到博物馆娱乐功能的重要性，苏东海在《博物馆演变史纲》中指出，"在文化生活高档化趋势下，一个值得重视的现象就是文化娱乐的需求。在工业社会紧张喧嚣的生活中闲暇时间是很宝贵的。高尚的文化娱乐活动是休息和积蓄精神再生产能力的积极方式。博物馆是提供高尚文化娱乐，培养生活情趣，满足美感要求的场所，博物馆应该强化这方面的职能"②。

随着博物馆的免费开放，博物馆已成为公众休闲娱乐的必选，博物馆与文化创意、旅游等产业相结合，参观博物馆也被提上旅游的重要日程，许多博物馆成为旅游热点。这是博物馆面临的机遇与挑战，一方面，博物馆的陈列设计要融入休闲娱乐的文化元素，使专业知识通俗化，向观众提供趣味性强的展览；另一方面，要增加扩大这方面的项目设施，积极开办具有吸引力的各种欣赏娱乐活动。

而且，博物馆教育功能的实现，在很大程度上取决于观众自觉自愿的自发行为（自觉地走进博物馆）。众多调查和研究结果表明，出于娱乐性动机和目的参观博物馆的观众在数量上远远多于以接受教育为动机和目的的观众，因此现代博物馆既要重视教育，也应关注观众的娱乐性需求，吸引观众，"寓教于乐"，使观众在接受教育的同时又能获得愉悦、新奇、惬意等娱乐性的享受。值得注意的是，博物馆娱乐功能的发挥必须以博物馆的藏品为基础，以教育为最终目的，博物馆并不是纯粹的娱乐机构。

三、博物馆的类型

博物馆的类型主要是由博物馆的藏品所决定的，博物馆类型的变化，体现了博物馆事业的发展。

---

①爱德华·P.亚历山大，玛丽·亚历山大. 博物馆变迁:博物馆历史与功能读本[M]. 南京:译林出版社,2014.

②苏东海. 博物馆演变史纲[J]. 中国博物馆,1988(1):10-23+96.

（一）类型划分的意义

博物馆的类型，就是根据博物馆各自的性质、特点的异同而划分出来的具有共同特征的博物馆所形成的类别。《中国博物馆学基础》提出，"所谓博物馆类型，就是指一定数量的博物馆依据某种共同的标准相互联系所形成的类别"。

从博物馆整体的性质、特点和基本任务而言，它与其他社会文化教育机构是有区别的。但是，即便是具有共同的基本性质和特征的博物馆，也并不都是完全相同、一模一样的，这就产生了博物馆划分类型的问题。

科学地划分博物馆的类型，对博物馆事业发展和博物馆具体工作的开展均有积极的现实意义和深远的历史意义。第一，有利于深刻认识和掌握博物馆自身的特点和工作规律；第二，有利于明确各类博物馆的专业方向；第三，有利于博物馆事业合理布局和科学发展；第四，有利于开展博物馆学术交流活动。

（二）类型划分的依据

博物馆类型的划分，是博物馆学研究的新课题。依据不同，划分出来的类型也会不同。关于划分类型的依据，1985 年出版的《中国博物馆学概论》提出了划分类型的两个依据。其一，以藏品性质和博物馆所反映的内容来划分。可以将博物馆划分为社会历史类、自然科学类和综合类三个大类。其中，社会历史类博物馆，依其所反映内容的不同，还可以进一步划分出不同的类别，如历史类、革命史类、民族类、民俗类博物馆，以历史人物和历史事件为专题的纪念馆，以及属于社会科学范畴的文化艺术博物馆等。自然科学类博物馆，依其具体内容的不同，又可划分为自然性质博物馆和科学技术性质博物馆。其中自然性质的博物馆还可分为一般性的、专门性的和园囿性的三种。科学技术类博物馆还可以分为科学技术博物馆和科学技术史博物馆两种。综合性博物馆，是指包括社会历史类和自然科学类两大类内容，同时兼具社会科学和自然科学双重属性的博物馆。它的主要内容包括自然部分、历史部分（包括革命史）等，民族地区的博物馆还包含民族内容。其二，以兴办博物馆的目的并结合藏品的性质来划分。可以把博物馆划分为专门性博物馆、纪念性博物馆和综合性博物馆等类型。其中，专门性博物馆大致可以分为历史、革命史、民族民俗、文化艺术、自然科学和科学技术等类型。纪念性博物馆可以划分为历史纪念馆（纪念古代历史事件或历史人物）和革命纪念馆（纪念近代、现代历史事件或杰出人物）等类型。综合性博物馆，是指全面反映自然历史和社会历史发展规律的博物馆。它既包括社会科学方面的内容，又包括自然科学方面的内容。部分省级、市级和县级博物馆，如黑龙江省博物馆、南通博物苑等，就是这类综合性博物馆。

20世纪90年代出版的《中国大百科全书·文物博物馆》提出博物馆类型的划分依据如下：一是博物馆藏品、展出、教育活动的性质和特点；二是经费来源和服务对象。中国的博物馆类型，可划分为历史类、艺术类、科学与技术类、综合类四种类型。

2001年出版的《中国博物馆学基础》修订本，谈到博物馆的划分有了新的发展。表现如下：①划分为综合性、纪念性和专门性（也称专题性）三类。②从隶属关系按照主管部门和领导管理系统来划分。一般划分为：文化（文物）系统博物馆，即国家和各省、市、县博物馆；国家科技系统博物馆，即中国科学院和各地方科技厅（局）主管的自然博物馆和其他专门博物馆；园林系统博物馆，如沈阳北陵博物馆等；民政系统博物馆，如杨靖宇烈士陵园博物馆、淮海战役纪念馆等；高校系统博物馆，即大学、专科院校博物馆，如北京大学赛格勒考古艺术博物馆、中山大学生物博物馆等；军事系统博物馆和纪念馆，如中国人民革命军事博物馆；此外，还有其他政府部门主管或筹建的博物馆，如邮票博物馆、煤炭博物馆、石油博物馆、桥梁博物馆、铁道博物馆、交通博物馆、茶叶博物馆等。③按照博物馆的性质和陈列教育活动内容划分。

新时期，我国博物馆事业快速发展，截至2022年，全国已备案博物馆6183家，其中91%免费开放，现代博物馆体系基本形成。博物馆数量的增加，也带来了博物馆类型的丰富以及博物馆类型划分依据的新变化。①依据兴办主体，可以将博物馆划分为国立博物馆、私立博物馆、民营博物馆、企业博物馆、行业博物馆等。②依据形态，可以将博物馆划分为传统博物馆、生态博物馆和社区博物馆等。③依据观众来划分，可分为未成年人（学龄前儿童、小学生、中学生）、成年人、老年人及特殊群体等几大类，如中国儿童中心老牛儿童探索馆。④依据展示方式，可分为室内博物馆、露天博物馆、遗址博物馆等。

（三）博物馆类型的划分

传统的博物馆类型，一般划分为社会历史类、自然科学类和综合类。随着博物馆事业的不断发展，博物馆的类型越来越丰富，传统的类型划分已经不能充分反映博物馆的实际情况，也无法满足博物馆事业发展和高度发达的信息时代的需要，应该重新划分。

根据我国博物馆事业发展的实际情况，并结合长期类型划分实践过程中已经形成的习惯和约定俗成的认识，博物馆类型大致可划分为以下几类：

1. 历史类

以收藏、研究历史文物藏品，并以展示和反映古代历史的发展过程、发展规律等为主要内容的博物馆，如陕西历史博物馆、河南博物院等。

2. 革命史类

以收藏、研究近现代历史文物藏品，并以展示和反映近现代历史发展与进程等为主要内容的博物馆，如中国人民革命军事博物馆、井冈山革命博物馆等。

3. 纪念类

以收藏、研究、展示和反映历史事件、历史人物等方面的文物藏品为主要内容的博物馆，包括纪念馆和名人故居，如中国人民抗日战争纪念馆、九一八纪念馆、湖南韶山毛泽东故居纪念馆等。

4. 遗址类

在考古发掘遗址原址上和古建筑旧址上建立的博物馆，前者以收藏、保护、研究和展示该遗址发掘出土的文物和各种遗迹等为主要内容，后者以收藏、保护、研究、展示古建筑旧址及其内部原有物品为主要内容，以原状复原陈列和模拟复原陈列等为主要手段加以展示的博物馆。包括考古遗址博物馆、古建筑旧址博物馆，如西安半坡遗址博物馆、沈阳新乐遗址博物馆、北京恭王府博物馆等。

5. 文化、文体艺术类

以收藏、研究文体艺术类藏品，并以展示和反映文体艺术发展与演变过程和规律等为主要内容的博物馆。如徐悲鸿纪念馆、舞蹈武术博物馆、中国体育博物馆、南京奥林匹克体育博物馆等。

6. 民族类

以收藏、研究民族文物藏品，并以展示和反映各少数民族的历史发展过程及其规律等为主要内容的博物馆。如北京民族文化宫博物馆、广西壮族自治区民族博物馆等。

7. 民俗类

以收藏、研究民俗文化类藏品，并以展示和反映各民族民俗文化、特色民俗等为主要内容的博物馆。如年画博物馆、农民画博物馆等。

8. 宗教类

以收藏、保护、研究宗教文化类藏品，并以展示和反映宗教文化的发展过程及其发展规律等为主要内容的博物馆。如敦煌博物院、佛教艺术博物馆等。

9. 自然类

以收藏、研究自然地质类藏品，并以展示和反映各地区自然史，天文、地质、生物资源，以及人类的发展过程及发展规律等为主要内容的博物馆，如北京自然博物馆、中国地质博物馆等。

10. 科技类

以收藏、研究科学技术类藏品，并以展示和反映科学技术的发展过程和发展规律等为主要内容的博物馆。包括科学技术博物馆，如中国科技馆、北京航空航天大学博物馆、自贡市盐业历史博物馆等。

11. 专门类

以收藏、研究某一专题类藏品，并以展示和反映某一专题类藏品的发展过程和变化规律等为主要内容的博物馆。包括各种专题博物馆（如西安碑林博物馆）、行业博物馆（如长春电影博物馆）、高校博物馆（如四川大学博物馆）、非物质文化遗产博物馆（如各地的酒文化博物馆、昆曲艺术博物馆、吉林图们延边朝鲜族非物质文化遗产博物馆）等。

12. 地志综合类

以收藏、研究地方社会历史和自然类藏品，并以展示和反映地方自然和社会历史文化艺术综合发展与不断进步等为主要内容的博物馆。包括省级地志博物馆和地市级地志博物馆，如黑龙江省博物馆、山东省博物馆、新疆维吾尔自治区博物馆、西藏自治区博物馆等。

随着博物馆事业的不断发展，博物馆的类型也会不断增加。

博物馆类型的扩展，主要体现在博物馆类型的增加与丰富，以及博物馆类型划分依据的增多。传统的博物馆类型只有根据博物馆藏品性质划分的自然、历史、综合等类型。现在，博物馆类型划分的依据越来越多，所划分的类型也越来越丰富。博物馆类型划分的扩展，反映出博物馆事业的发展。

总之，随着博物馆事业的不断发展，博物馆的定义也在不断完善中。博物馆已经成为社会服务机构和公共文化服务机构，把为社会发展服务作为自己的宗旨。博物馆所具有的直观性、公共性、科学性、非营利性等特征，使得博物馆的功能不断加强。博物馆数量的不断增加，带来了博物馆类型的丰富，划分类型可参考的依据也越来越多，这些都充分表明博物馆是具有生命力的可持续发展的社会机构。

第二节　文物的基本概念

一、文物的定义

中国是历史悠久的文明古国，拥有 5000 多年的文明史，有着光辉灿烂的古代文化，是世界文明史的重要组成部分。在漫长的历史进程中，中华民族创造了丰富的科学文明，留下了许多珍贵的文化遗产，如中国古代的四大发明，即火药、指南针、造纸术和印刷术，对世界文明的发展做出了巨大的贡献。除四大发明外，中国古代还有许多重要的发明，如木构古建筑、瓷器制造、丝绸织造和漆器制作等。这些珍贵的文化遗产是中国古代劳动人民的伟大创造和智慧结晶，是研究中国古代历史、文化艺术和科学技术发展的极其重要的实物资料，是国家的宝贵财富，是人类文明发展史的重要见证，是人类历史遗留下来的珍贵财产，是证明古代人民勤劳智慧的有力证据。

古代所说的文物与现代的含义不同，旧为礼乐、典章制度的统称。《左传·

桓公二年》中记载："夫德，俭而有度，登降有数，文物以纪之，声明以发之；以临照百官，百官于是乎戒惧，而不敢易纪律。"

《现代汉语词典》将"文物"定义为"历史遗留下来的在文化发展史上有价值的东西，如建筑、碑刻、工具、武器、生活器皿和各种艺术品等"。

《辞海》中对"文物"的解释是：遗存在社会上或埋藏在地下的历史文化遗物，一般包括：①与重大历史事件、革命运动和重要人物有关的、具有纪念意义和历史价值的建筑物、遗址、纪念物等；②具有历史、艺术、科学价值的古文化遗址、古墓群、古建筑、石窟寺、石刻等；③各时代有价值的艺术品、工艺美术品；④革命文献资料以及具有历史、艺术和科学价值的古旧图书资料；⑤反映各时代社会制度、社会生产、社会生活的代表性实物。

1982 年 11 月 19 日，第五届全国人民代表大会常务委员会第 25 次会议通过的《中华人民共和国文物保护法》（以下简称《文物保护法》）中有以下规定：

一是具有历史、艺术、科学价值的古文化遗址、古墓葬、古建筑、石窟寺和石刻。

二是与重大历史事件、革命运动和著名人物有关的，具有重要纪念意义、教育意义和史料价值的建筑物、遗址、纪念物。

三是历史上各时代珍贵的艺术品、工艺美术品。

四是重要的革命文献资料以及具有历史、艺术、科学价值的手稿、古旧图书资料等。

五是反映历史上各时代、各民族的社会制度、社会生产、社会生活的代表性实物。

符合以上规定的都属于文物。

《文物保护法》第二条同时还规定："具有科学价值的古脊椎动物化石和古人类化石同文物一样受到国家的保护。"

联合国教科文组织在对文化遗产的定义中指出，文化遗产这一术语包含了以下几种类别的遗产：

一是物质文化遗产：可移动文物（画作、雕塑、钱币、手稿等）、不可移动文物（纪念碑、考古遗址等）、水下文物（沉船、水下遗迹等）。

二是非物质文化遗产：口述的传统、行为艺术、仪式等。

三是自然遗产：具有文化内涵的自然遗址，如文化景观、地质形态等。

二、文物的分类

（一）文物分类的目的和意义

文物分类既是文物研究的重要内容，也是文物研究的主要方法，其本身也是一门学科，它是按照一定标准对各种类型文物进行科学分类，以便对文物从个体到群体、从微观到宏观，进行深入的科学研究，探讨它的发展规律，认识它的价值，充分发挥它的作用。由于文物种类繁多，不同种类的文物相互排斥、互不相容、彼此混杂，若不对其进行分类，则难以进行保护、保管与科学研究。

对文物进行分类的目的主要包含以下四点：

一是便于文物的科学管理。首先，未分类的文物处于一种无序状态，对文物进行科学的分类可以加强对文物的区分和认知；其次，不同文物具有不同特点，管理需要采用不同的方法、措施进行管理；最后，这也是实行计算机管理的客观需要。

二是便于文物的整理研究和利用。这有助于诠释、理解文物的内涵和追踪藏品的生命周期。

三是便于更好地保存文物。组成文物的材质不同，其理化性质有明显差异，因而对存放环境的要求和所采用的保护方法、措施也不同。只有在对文物进行合理分类的基础上，才能针对不同材质的文物构建适宜的保存环境。

四是便于建立数字化博物馆，更好地为观众服务。例如，观众可以通过互联网查询文物的信息、理解文物的内涵，并且找到类似属性的其他文物，增加对藏品的了解。

文物分类对文物研究的重要性自不待言，其对文物保管也具有十分重要的意义。

一是有利于馆藏文物的科学保护和保管。因文物质地不同，其物理性能和化学成分亦不相同，所以对温度、湿度、光照、生物（微生物）的反应和要求也各不相同，从而给文物保管工作带来很大困难。但馆藏文物按质地分类后，就可以根据文物质地对保管的要求，设置专门的文物库房，然后将同一质地的文物保存于同一库房内，按需要对温度、湿度进行必要的调控。反之，把不同质地的文物混放于同一库房内，就无法做到这一点。此外，按质地对馆藏文物进行分类，还可以对某些具有较高研究价值和经济价值的文物进行专库、专柜保存。

二是有利于分级保管。按文物的等级进行分类，针对不同等级的文物采取相应的措施，有利于对文物加强保护和管理，如一级文物须配备文物专柜进行保管。而文物史迹则分为全国文物保护单位、省（自治区、直辖市）和县（市）级文物保护单位，分别由国务院和省、县级人民政府核定公布。这既说明它们的价值有高低之分，又说明对它们的保护管理须采取不同的办法。关于保护管理方面的重大问题，则分别由公布文物保护单位的人民政府及其主管部门决定，常规的保护工作均由其所在地人民政府负责。

当代西方博物馆将文物分类归属于文物管理的一个重要分支——文物编目中的一项工作。由经过培训的专业人员根据分类的原则开展文物的区分和管理工作。

因此，只有对庞杂的文物进行科学分类，才能便于管理，这样既能确保文物的安全，又能方便文物的查找、整理、研究和合理利用。

（二）文物分类的原则

在对文物进行分类时，首先需要制定文物分类的标准，进而选择相应的分类方法，尔后遵循一定的分类原则进行分类。文物分类的原则有以下四点：

一是遵循同一标准。

二是按一定标准将同类型文物归为一类。

三是一种分类法只能有一个统一的标准。

四是对复合体文物进行分类，以约定俗成为原则。

（三）文物分类的方法

文物是人类的历史文化遗存。在不同的历史时期，人类社会生产和社会生活各个方面的物体或物品以不同的形式保存和留传至今，品类庞杂，内容极其丰富，可谓无所不包、无所不有，这就使得文物具有复杂性。文物的复杂性表现为：时代或年代不同，质地不一，种类众多，功能各异。仅就质地而言，就有石器、玉器、陶器、铜器、铁器、瓷器、骨角牙器等。

文物虽然种类复杂繁多，但像世间其他物品一样，仍然可以对其进行分类，其原因在于以下五点：第一，文物有其产生的时代或具体年代，即历史性；第二，文物有其产生的地点或地域；第三，文物由一定的物质构成，即由不同的物质材料制作而成；第四，文物在它产生的时代，都是为了一定目的而创造的，也就是具有各自的功用；第五，文物是有形的，以一定的形态出现，这与文物的物质性和功用密切相关。

把复杂的文物按照一定的标准进行分类，有利于进一步地研究、保护和宣传。对文物进行分类或归类时，首先要确定针对具体的文物对象应以什么作为分类的标准。标准是衡量事物的准则。有了明确的准则，对事物的衡量才能有出发点和要求。凡是符合同一标准的文物，就可以归为一类。取舍均从标准出发，归类的标准不仅具有可行性，还具有较强的科学性。确定一种分类标准之后，按标准去筛选文物、集合文物，不属于该标准规定范围之内的文物，都要清理出来，这是分类过程中必须遵循的原则。而在历史遗物遗迹中，还有大量采用多种物质材料制作而成的文物个体，这也体现了文物的复杂性。用不同材料制作的文物，一般称为复合体文物（不包括文物史迹，即不可移动文物）。对复合体文物进行分类的一条重要原则就是约定俗成，它是在文物分类的长期实践中形成的，具有一定的科学依据，即视器物的主要质地而定，或视复合材料中某种材料对器物功能所起的决定性作用而定。

目前常用的文物分类方法主要有时代分类法、区域分类法、存在形态分类法、质地分类法、功用分类法、属性（性质）分类法、来源分类法、价值分类法等。此外，还有其他分类法，如收藏方式分类法、存在形式分类法、历史事件分类法、地域国别分类法、人物分类法、组织阶级（层）分类法、形状分类法、制作技术分类法等。

1. 时代分类法

时代分类法是以文物制作的时代为标准，对文物进行分类的方法。任何文物都产生于一定的时代，这是对文物按时代进行分类的依据。把同一时代的文物集合到一起，进行归类，可为进一步研究各个时代的文物打下基础。

按时代对我国文物进行分类，总体上可分为古代文物和近现代文物。古代文物的年代下限有两种：一种是 1840 年鸦片战争爆发，即中国近代的开端；另一种是 1911 年，即封建王朝被辛亥革命推翻的时间。近现代文物的年代上限，大多为 1840 年鸦片战争爆发。具体分类如表 1-1 所示。

表 1-1　按时代对文物进行分类

史前文物		旧石器时代文物、新石器时代文物
历史时期文物	古代文物	夏代文物、商代文物、周代文物（或西周文物、春秋战国文物）、秦代文物、汉代文物、魏晋南北朝文物、隋代文物、唐代文物、五代十国文物、宋代文物、辽代文物、金代文物、元代文物、明代文物、清代文物（其中周、汉、魏晋南北朝、宋等时期的文物，还可以按历史朝代进行详细划分）
	近代现代文物	革命文物、民族文物、民俗文物

古代文物，是指古代历史发展进程中遗留下来的遗迹和遗物，也称古代物质文化和精神文化遗存，范围十分广泛。古代文物分为以下两部分：一是文物史迹，即古文化遗址、古墓葬、古建筑、石窟寺、石刻等；二是文化遗物，其包含的内容很多，主要是各种古器物、古书画和古文献。就古器物而言，包括石器、玉器、陶器、骨角牙器、铜器、铁器、金器、银器、铅锌器、瓷器、漆器、竹木器、纺织品、工艺品等，而每一类器物中又包括若干种器物。这些文物反映着社会发展、社会生产、社会生活、社会文化等各方面的情况，是科学研究的重要实物资料，也是博物馆等文物收藏机构的主要藏品。

近现代文物，相比"古代文物"来说，存在时间较短。虽然种类多，但由于这些文物产生于我们生活的时代，分类相对要直观、理性一些。近现代文物主要有革命文物、民族文物和民俗文物等。

革命文物是中国人民革命斗争中遗留下来的具有重要纪念意义、教育意义和史料价值的建筑物、遗址和纪念物。它是在特定历史条件下形成的具有特殊内涵的文物，是革命斗争最生动、最真实的记录，是革命历史的见证，是对广大人民群众进行爱国主义教育和革命传统教育的好素材。

民族文物是反映一个民族物质文化和精神文化的遗迹和遗物，具有本民族的特色。它们从不同侧面反映了一个民族近现代的社会发展、社会生产和社会生活，是研究民族历史，特别是研究少数民族历史的实物资料。有些少数民族基于历史原因，没有本民族的文字或关于本民族历史的文字记载。在这种情况下，一个民族的遗迹和遗物就成为研究该民族历史可依据的唯一资料，具有极其重要的价值。民族文物还具有重要的教育意义，能够帮助各族人民认识自己民族的历史和创造力，提高和增强民族自信心和自豪感，激发各族人民的爱国主义精神，有利于各民族的团结和祖国的统一，有利于社会主义现代化事业的发展。

民俗文物是反映民间风俗、习惯等民俗现象的遗迹和遗物，是文物的文化诠释，文物是民俗文化的物证载体。民俗文物对于反映一定时空的民俗文化具有特殊的实证作用，其涉及范围很广，包括衣食住行、生产、信仰、节日活动等各个方面，涉及全部的社会生活和文化领域，既反映了经济活动和相应的社会关系，又反映了上层建筑的各种制度和意识形态。民俗文物作为不同风俗的代表性实物，可使人们了解到一个民族或本民族某个地区风俗文化的发展和变化，以及这些民俗现象是怎样规范、促进和改变人类的社会与生活的。民俗文物中时空、人、物三元素结合得十分紧密，有的需要经过演绎才能使人们认识其文物价值。脱离了时空和人的背景，往往很难了解文物的内涵，甚至无法判断其是否为文物，因为它看上去与日常生活中的物件没有太大区别。因此，民俗文物的展现一定离不开场景（时空和人）。同样，对于民俗文物的分类，必须将场景要素考虑进去。例如，婚礼类民俗文物，在分类时可以把婚礼进行的过程分为若干个场景，将每一个场景中相关的时空、人和物件作为一个整体收录。这就是民俗文物的场景化分类方法。

2. 区域分类法

区域分类法是以文物所在地点为标准，对文物进行分类的方法。文物有产生地点、出土地点、收藏地点、埋藏与发掘地点。总的来说，文物都有它所在的位置，离开了具体的地点，文物就无法存在。区域分类法就是以此为根据的。按照文物所在的区域进行分类的优点是：可使人们对某个区域的文物有比较全面的了解，为研究该地区的历史提供比较全面的资料，尤其有利于加强对文物实行分区域的管理。

以区域分类法对文物进行归类，首先要对区域进行范围界定。通常有的以行政区进行划分，即国家权力机关或政权机关批准的行政区域，这些区域有严格的划分界线；还有以自然地理位置进行区域划分，即地理（自然）区域，这个区域的界线是模糊的。

从行政区域来看，全国分为32个省、市、自治区，再划分地（市）、县级行政区，以此来对文物进行归类。只要是某省、市、自治区范围内的文物史迹和馆藏文物及流散文物，都应分别归入该省、市、自治区，即一般所称的北京文物、河北文物、山西文物、内蒙古文物等。再进一步区分文物史迹与馆藏文物，可分为北京文物史迹、北京馆藏文物、河北文物史迹、河北馆藏文物等，依此类推。

这种区域分类法在文物调查、保护、管理、研究工作中早已存在，如省、直辖市、自治区以及市、县级文物部门编写文物志时，通常就是根据该行政区域的文物史迹和馆藏文物等资料来编写，称为某省（市、自治区）文物志，某市（县）文物志等。

还有一种方法是以自然地理的相对位置来划分区域，如中原与边疆，因此过去有中原文物和边疆文物的说法。由于没有明确的界线，在实际归类中难以操作，除了在文物研究或考古学研究中用于对比外，一般不使用此方法。

3. 存在形态分类法

历史上遗留至今的文物都以一定的形态存在于某个地方。这里的"存在形态"是指文物体量的动与静、直观的存在与隐蔽的存在、存于收藏处所与散存于社会。以文物体量的动与静分类，一般分为不可移动文物和可移动文物。

不可移动文物基本上都是文物史迹，古建筑、纪念建筑、石窟寺、石刻、古遗址、古墓葬、近现代重要建筑、纪念地等都属于此类。这些史迹一般体量大，不能或不宜整体移动，不能像馆藏文物那样收藏于馆内并可轻易移动。文物史迹不能或不宜整体移动，是从文物史迹整体的角度来说的。至于个别文物史迹，若有特殊情况，可考虑迁移。例如，一通石碑，原处已无其他建筑，其又与周围环境无关，且不便保护，迁移之后不影响它的价值，又利于保护，经批准可以移动，则可迁往他处。在基本建设工程范围内，因工程建设的特殊需要，而必须把一处文物史迹迁走时，经过法定程序，获批准后，可采用科学的办法进行拆迁，按原状复原。山西省芮城县永乐宫、河北省平山县西柏坡中共中央旧址，都是依照这样的方式迁移的。

可移动文物主要是指馆藏文物和流散文物，有石器、陶器、铜器、金银器、瓷器、漆器、玉器、工艺品、书画、古文献等。它们体量小、种类多，可根据其体量的大小和珍贵程度，分别收藏于文物库房，甚至文物囊匣内，并可根据保管、研究、陈列的需要移动，变换地点，这对其本身的价值不仅没有影响，反而能够更好地使其发挥功用。

4. 质地分类法

质地分类法是以制作文物的材料为标准，对文物进行归类。文物是由一定的物质材料制作而成的文化遗物，由于所用物质材料具有多样性，因此根据材质的不同对文物进行归类，是文物质地分类法的出发点。

质地分类法主要用于对古器物进行归类，这种方法有着悠久的历史。在馆藏文物的分类法中，此方法的运用较为普遍。按质地对文物进行分类有利于文物的保管，一般可将器物分为：石器、玉器、骨器（含骨器、牙器）、木器、竹器、铜器、铁器、金器、银器、铅锌器、锡器、瓷器、漆器、玻璃器、珐琅器、纺织品、纸质文物等。博物馆的文物库房一般也是按文物的不同质地来分区。

质地分类法也有其不足之处，即器物的制作材料有时并非一种，有的主体与附件分别采用两种材料，有的本身就是由复合材料制作而成，这就需要按照约定俗成的办法加以区分。同时，也须指出，通常所说的某种材料质地是相对而言的，是指主要材料，至于材料的物理化学成分的复杂性在此不做考虑。

5. 功用分类法

功用分类法是以文物的功用作为标准进行分类的方法。文物作为社会生产和社会生活的遗存，都曾在人类活动的历史中起过或多或少的作用，人类在制作它们的时候，都具有一定的目的。任何一种文物，都有它的用途。在对文物进行分类时，可通过对其功用的研究，把功用相同或相近的文物归为一类，形成不同的类别。但文物的功用与其形制、种类是分不开的。形制是文物的外在，较为形象、具体，看得见、摸得着；功用是其内涵，通过其外在的形制发挥作用。

功用相同的文物，产生的历史时期、质地未必完全相同。例如，农具中既有石质农具、木质农具，又有青铜质农具和铁质农具；兵器也有石制、骨制、铜制、铁制等。这些质地不同的农具和兵器，其产生的历史时期也不完全相同。

此种分类法可把不同时期某一功用的不同质地的文物聚集到一起，对研究其产生、发展、变化以及在不同的历史时期所处的地位和所起的作用十分有利，并且对研究专门史具有重要意义。

6. 属性分类法

属性分类法是以文物的社会属性以及科学文化属性作为标准对文物进行归类的方法。在运用此种方法对文物进行分类时，首先要研究文物的用途及其深层含义。例如，古器物中礼器的社会属性是供大典、祭祀等使用；明器是古代专为随葬而制作的各种器物，又称"冥器"或"盟器"，常模仿各种礼器、日用器皿、工具、兵器等制作而成，也有人、家畜、禽兽的形象以及车船、家具、建筑物等模型。而制作明器的材料又有木、石、陶、瓷等，虽材质不同，但其本质属性仍为"明器"。天文图、圭表、漏壶、日晷、浑仪、简仪、古地图、砭镰、金银医针等，都是以直接表现科学技术为内容的器物，被称为科技文物，这也是此类文物的属性。

供宗教活动的场所、用具及表现宗教内容的物品，如寺庙、法器、宗教绘画等，称为宗教文物，是具有宗教性质的遗存。

而民族文物、民俗文物、革命文物也都是按其属性划分的。

7. 来源分类法

来源分类法是以馆藏文物的来源为标准对文物进行归类的方法。该分类法只适用于博物馆、纪念馆和其他文物收藏单位。这些单位藏品的来源主要包括拨交、征集、拣选、交换、捐赠、发掘。

①拨交。在一个单位建立伊始，收集藏品是件大事。拨交的文物是其藏品的重要来源之一。不论是老馆、新馆，在建馆之初，或多或少都接收了拨交的文物。所谓的"旧藏"，严格来说是不存在的。至于拨交文物的来源，具体情况往往十分复杂，只能在具体文物的档案与卡片上有所反映。

②征集。包括收购，是文物收藏单位丰富馆藏的主要渠道之一。许多单位为了增加、丰富馆藏，而加强征集工作，并设立了征集机构。

③拣选。在废旧物资和金银器中常掺杂有许多文物。文物部门与银行、冶炼厂、造纸厂和废旧物资回收部门等共同负责拣选，为文物收藏单位提供藏品。

④交换。文物收藏单位可依据国家文物法规，开展馆际之间的文物藏品交换，是调节余缺，丰富藏品的办法之一。

⑤捐赠。即文物收藏单位接受文物鉴藏家或文物收藏者的捐赠。

⑥发掘。考古发掘获得的大批文物，为博物馆等文物收藏单位提供了丰富的出土文物，是增加、丰富历史类博物馆馆藏的重要途径。

在实际分类中，来源分类法并不常用。文物的各种来源多在文物的档案或卡片上加以记载。

8. 价值分类法

价值分类法是以文物价值为标准对文物进行归类，主要根据文物价值的高低来区分。根据中国文物法规规定，文物史迹，即古建筑、石窟寺、石刻、古遗址、古墓葬、纪念遗址或建筑物等，依据其价值的高低，由各级人民政府公布为全国重点文物保护单位、省（自治区、直辖市）和县（市）级文物保护单位。馆藏文物，即石器、玉器、陶器、铜器、铁器、金银器、瓷器、漆器、工艺品、书画等，依其价值高低，分为珍贵文物（一级文物、二级文物、三级文物）和一般文物。

三、文物的来源

文物藏品是博物馆存在的基础，藏品征集是增加博物馆藏品的重要途径，不断丰富文物藏品是博物馆得以可持续发展的重要保证，更是管理国家文物资源的一种重要手段。

博物馆等国有收藏机构征购藏品的主要来源有考古发掘、田野采集、民族学调查征集、社会征集、收购、捐赠、交换、调拨、移交等。

一是考古发掘。是通过科学的方法，发掘埋藏在地下（如古墓葬、古遗址、灰坑等）或水下的文物遗存和古生物化石。一切考古发掘工作，都必须履行报批手续。出土的文物和标本，除根据需要交给科学研究部门进行科学研究以外，应由当地文物行政主管部门指定的单位保管，任何单位和个人不得侵占。

二是田野采集。主要是指自然历史博物馆或地方志博物馆在田野进行的岩石、土壤、矿物、动物和植物等标本的采集活动。

三是民族学调查征集。主要是指博物馆为收集民族文物而进行的工作。其主要工作方法是深入民族地区，进行实地调查和文物征集。

四是社会征集。在我国，私人收藏文物的历史十分悠久，民间流散着众多文物珍宝，特别是近现代文物，更是广泛散存在个人和机关团体手中。由于社会生活的变革使大量的近现代文物不断被淘汰，进而消失，又因这些文物中有许多正被当代人使用，从而很容易造成损毁。因此，社会征集就是本着"为未来而征集"的思想，收集当代文物。

五是收购。博物馆通过付出一定的经济代价，换取私人收藏或文物商店中的传世文物和标本。收购的原则是属于国家所有（国家机关、部队、国有企事业单位）的文物和受国家保护的动、植物标本不得买卖，包括考古出土物、石窟寺、石刻、壁画等。

六是捐赠。博物馆可以接受机关单位和私人的捐赠，并应根据捐赠文物的价值给予适当的精神和物质奖励，重要的捐献还应报请政府部门，由国家给予嘉奖。相关捐赠信息应在藏品档案中详细注明，公开展出时，应向观众说明是由某人捐赠，这也是一种表彰方式。

七是交换。交换是博物馆之间在自愿互利的原则下，以本馆藏品中的复品或与本馆性质不符合者，去换取本馆所需要的藏品。

八是调拨。主要有两种情况：一是由上级主管部门按各馆的性质与需要，有计划地拨给；二是博物馆之间一方支援另一方，拨给对方所需的藏品。当然，馆际交换和调拨必须有合法手续，依规呈报上级文物主管行政部门；如果是一级品的交换、调拨，则须呈报国家文物行政主管部门。

九是移交。博物馆接收公安、海关、法院、工商管理等部门依法没收的文物，并在一定条件下进行移交。

第三节　文物保护目的与原则

一、文物保护的目的和意义

文物是历史的见证，每件文物的产生都有其独特的历史背景，是历史和人类智慧的结晶。它给人以启迪和借鉴，无论是从正面还是反面给人们的教益，都是任何其他物品或手段所不能替代的。

文物保护从宏观上讲是保存和见证人类文明，为研究和解读历史提供科学的依据。随着人类社会的演变和发展，历史可以为现代人的创新和发展提供借鉴和启迪，这也是历史对现实的作用和意义。而人们对历史文物也会产生新的认识，从而引起人们对历史的重视、回顾和反思。人们对历史的认知是不断变化和进步的，认知的发展速度及其科学性往往取决于客观的历史条件和人的主观能动性。因此，作为客观的历史见证，文物便成为人们认识历史的基础。没有保护，就没有文物，就会导致人们对历史的认知无法提升，也无法从历史中找到对于现代社会的启示，因此文物保护工作是至关重要的。

文物保护技术研究的最终目的是最大限度地延长文物的寿命，使文物尽可能长时间地为人类文明的发展服务。而研究文物制作材料的变化规律，寻求科学的文物保护方法，是达到这一最终目的的手段。

二、文物保护的理念和原则

建立在国际共识基础上的原则和理念，才是有效的。世界遗产全球战略的缩写为"4C"，即可信度（Credibility）、保护（Conservation）、能力建设（Capacity building）和沟通交流（Communication）。

（一）文化多样性与保护

文化多样性指的是世界上每个民族、每个国家都有自己独特的文化，民族文化是民族身份的重要标志。历史文化遗产，作为古代历史不可替代的见证物，同时也作为每个国家、地区历史文化延续的载体，是每个民族的智慧结晶，体现了文化的多样性，因此对文化遗产的保护和长久保存是所有国家的共同利益和目标。

2007 年 5 月 28 日，由我国国家文物局组织，在北京召开的东亚地区文物建筑保护理念与实践国际研讨会，形成并通过了文化遗产保护领域的重要文件《北京文件——关于东亚地区文物建筑保护与修复》（简称《北京文件》）。该文件是有史以来第一次由我国政府主管部门与相关国际权威机构组织共同制定的文化遗产保护国际文件，是《奈良文件》《实施世界遗产公约操作指南》及《世界文化多样性宣言》中关于文化多样性精神的延续和发展。《北京文件》明确指出："在修复中充分认识到遗产的特殊性，并保证在保护和修复过程中不改变遗产的历史、有形与无形的特征，这是至关重要的。"

（二）文物档案

文物档案的内容包括记录文物的挖掘、文物信息、文物保护、文物研究等与文物息息相关的工作，它可以帮助人们更好地认识和了解文物。文物档案管理工作对于文物的开发、利用和保护起着重要的作用。文物管理部门通过完善文物档案，可以为人们呈现更为丰富和全面的文物资料，这对于推进文物的保护和宣传工作起到了一定的积极作用，同时还有利于对文物的合理开发和利用。

文物保护工作的每一项干预、修复活动均须以正确的理论为指导，详尽的史料和考古研究、调查、勘测、记录、分析等是必要的基础和前提，进而开展相关多学科的合作，并留给后人以翔实的档案记录。

由于文物是一种不可再生的资源，文物档案管理对于文化遗产保护工作有重要的意义，文物保护工作必须尊重其内在的科学规律，否则就会酿成历史性的大错。正如一位专家所说："没有任何政治的、经济的、庆典的事件可以被允许更改文物保护工程所应遵循的客观规律。"这是我国人民对国际社会的庄严宣示，也是当代人对后代负责任的态度体现。因此，人们必须加强和重视文物的档案管理工作。

（三）原真性

Authenticity 一词源自中世纪的欧洲，在希腊语和拉丁语中有"权威的"（Authoritative）和"原初的"（Original）的含义。在我国文化遗产保护领域，学者们长期以来将"Authenticity"译为"真实性"。但经过仔细推敲后发现，这种译法仅表达了"真实的"和"可信的"两层含义，未能表达出"原初的"这一含义。"原初的"对文化遗产来说，恰恰是最为关键和不可或缺的要素之一。张松指出："原真性，可译为真实性、原生性、确实性、可靠性等，主要有原始的、原创的、第一手的、非复制、非仿造等意思。"因此，一些学者提出了更为恰当的译法——"原真性"，既强调"真"，又强调"原"，更为贴近本意。这一观点已被文化遗产界大多数学者接受和认可。

原真性的思想萌芽产生于《关于历史性纪念物修复的雅典宪章》，其第六条指出，"对于废墟遗址要小心谨慎地进行保护，必须尽可能对找到的原物碎片进行保护，必须尽可能对找到的原物碎片进行修复，此做法称为原物归位"。"原真性"的概念被正式纳入文化遗产领域是在1964年5月召开的第二届国际历史古迹建筑师与技师大会，会上通过了《威尼斯宪章》，其开篇提到，"人们越来越意识到人类价值的统一性，并把古代遗迹看作共同的遗产，认识到为后代保护这些古迹的共同责任。传递其原真性的全部信息是我们的责任"。此后，1994年12月在日本古都奈良通过的《关于原真性的奈良文件》，是世界遗产委员会对"原真性"问题进行了讨论之后得出的重要成果。该会议对"原真性"做了重新定义，并指出，"保护一切形式和任何历史阶段的文化遗产是保护根植于遗产中的文化价值。我们能否理解这种价值部分地取决于表达这种价值的信息来源是否真实可信。了解这些与文化遗产的原始特征有关的信息源，并理解其中的含义是评价遗址真实性的基础"。

《世界遗产公约》的全名是《保护世界文化和自然遗产公约》，公约主要规定了文化遗产和自然遗产的定义，文化和自然遗产的国家保护和国际保护措施等，以及各缔约国可自行确定本国领土内的文化和自然遗产，并向世界遗产委员会递交其遗产清单，由世界遗产大会审核批准。凡被列入世界文化和自然遗产的地点，都由其所在国家依法严格予以保护。《世界遗产公约》对原真性进行了界定，即"文物古迹本身的原真性体现在诸如形式与设计，材料与实体，应用与功能，位置与环境，以及传统知识体系、口头传说、技艺、精神与情感等因素中"。在此须特别强调，"修缮与修复的目的应当是不改变这些信息来源的原真性"。而"原真性"也是个复合性多元概念，一般情况下，一座文物建筑的原真性，应当是它被作为文物建筑认定时的历史和客观属性的总和。

（四）完整性

在世界遗产领域，"完整性"长期被应用于评估自然遗产的价值与保存状况。而考古遗址的结构怎样才算完整？以往人们并未把这一理念引用到文化遗产保护工作中。近年来，这一状况已得到改善。2005 年 2 月生效的新版《世界遗产公约实施指南》已明确把"完整性"应用于对文化遗产的评判中。《北京文件》对此有如下描述："完整性可以解释为文物古迹及其特征的整体性和完好性，包括体现文物古迹重要性和价值所必需的所有因素。""保留文物古迹的历史完整性必须保证体现其全部价值所需因素的相当一部分得到良好的保存，包括意义重要的建筑物历史层次（沿革与积淀）"以及"环境"。这表明，"完整性"不一定意味着整体历史结构的完整，而是指所存部分可以验证、标识大部分的历史信息。同时，这也对文物保护界长期以来关于"原状"与"现状"的争论做了一个小结，即文物的保护不应当是按照当代人的意愿与结论将文物恢复成某一辉煌时期的"原来状态"，也不可为追求风格的统一而随意拆改不同历史时期留在同一文物建筑体上的完整历史信息。

关于"环境"与遗产的关系，可以引用我国文物保护大师梁思成先生的"红花还要绿叶扶"的比喻。在当今统筹保护有形与无形文化遗产的大形势下，国际古迹遗址保护协会（ICOMOS）于 2005 年召开第 15 届大会关于历史建筑、古遗址和历史地区周边环境保护的《西安宣言》的提出，相关的理解与应用会变得更为深入和宽泛。

（五）保存与修整

"保存与修整"所对应的英文单词是"maintenance and repair"，这足见国际上对保存文物真实性和尽可能少干预的高度重视。《北京文件》明确提出了，保护性的保养和修缮"应当将材料、构件和彩绘表面的替换或更新降至合理的最小限度以便最大限度地保留住历史原物"。用这一标准去衡量一项文物保护工程的成败优劣，而不是错误地追求维修后的整体风格统一，应是我们今后文物保护工作中的统一准则。

同时，保存历史的理念也影响着城市建设中新兴建筑的风格。日常的保养维修应是古建筑文物保护工作的基本方式。日本专家伊藤延男不仅反对本国的一些重建工程，在对古建筑的维修保养问题上，还特意介绍了日本从公元 7 世纪开始的"随破修理"（日语，即"日常维修保养"的意思）的这一皇家诏令，并且强调了这一原则的重要性。

《威尼斯宪章》是国际遗址理事会于 1964 年 5 月 31 日在意大利水城威尼斯召开第二次会议通过的决议，它的一个特点是高度的概括性。该宪章不纠缠于具体实例，而是总结了世界范围内的实践经验，并升华形成了国际公认的普适原则。例如，石质与木质文物会因各自材质的特点而具有不同的耐久性、保存周期和保护方法，但这些差异并不妨碍对《威尼斯宪章》的正确理解，以及遵循相关的真实性理念、尽可能少干预原则，维修工作中的可逆、可识别原则，以及环境意识等。

《威尼斯宪章》虽然不是一部法律，却得到了国际同行的广泛尊重和遵从，是至今仍不过时的历史性文献。因此，它无须被修改，只需要在必要的领域和其准则下发展更具体、更细致的分支。迄今为止，还没有哪份文献能够取代《威尼斯宪章》。即便以后有了更科学的根本性文献，《威尼斯宪章》的历史地位也不会被改变。

（六）保护与修复原则

1. 可再处理原则

可再处理原则，又称可持续性保护原则，它取代了可逆性原则。众所周知，文物的科技保护是一个技术实施过程，其中包括在文物上施加新材料，如在壁画上喷涂保护剂、在石刻上喷涂防风化材料、有机质文物的防霉防虫处理、饱水漆木器的脱水加固等，或者改变文物的现有保存环境。不论哪一种方式，都必然会使文物与外界发生物质和能量的交换，这一过程是不可逆的。因此，有必要澄清文物保护中涉及的可逆性问题，否则教条地套用可逆性原则，势必会否定所有的先进方法，无法对文物进行保护。

可逆性原则是文物保护中的重要原则，意思是修复中所实施的处理方法，都可以采取可逆措施去除，使文物恢复原始的状态，但是这个原则已经被可再处理原则代替，其原因在于可逆在本质上是难以实现的。比如，在加固疏松的文物时，加固材料会渗透到内部去，当对加固材料进行可逆去除时，文物就会遭到破坏。因此，在此种情况下，不可一味要求材料具备可逆性，而是只要不影响再次处理即可。

严格来说，可逆性原则大多只适用于实验室条件下的文物保护。在很多实际情况下，很难满足这一要求。例如，在大型石刻上涂刷防风化材料或进行裂隙灌浆，由于石刻表面不平整或裂隙较深，涂刷的防风化材料和裂隙灌浆材料极难从文物上除去，但在实验室条件下，也许很容易被清除。如果这些难以清除的材料并不妨碍文物的下一次处理，那么仍然可以考虑继续使用这样的保护方法。

而在某些情况下，不保护、不修复也是一种保护修复。这里所说的"不保护、不修复"是根据文物的保存现状、现有的技术水平和现场条件，通过综合的分析与研究，从而判断是否采取不保护、不修复的方式。

2. 最小损伤原则

保护性损伤，如在加热、酸碱、冷冻等条件下处理文物时，会引起文物自身的化学和物理（应力、外型收缩等）变化，有些变化并不是立刻就能观察到的，必须经过一段时间后方能显现。而保护处理本身可能会对文物产生损伤，如在复杂的拼接修复过程中，难免会对文物造成二次损坏，且操作极大程度依赖专业技术人员的个人经验；在对粘连的纺织品或纸质文物进行揭取时，由于文物本身材质的脆弱性，若用力不当，极易损毁文物；在对纸质文物进行熏蒸或冷冻杀虫时，纸质文物在受热或冷冻的情况下，都有可能遭到损坏；在对文物进行表面封护与加固时，封护或加固材料渗入文物的孔隙中，也可能会对文物造成损伤。当遇到这些情况时，必须通过严格的科学实验来评估损伤的程度，尽量控制条件，使危害降至最低。

3. 最少干预原则

《威尼斯宪章》中规定，"保护与修复古迹的目的旨在把它们既作为历史的见证者，又作为艺术品予以保护"，其所规定的古代建筑的保护与修复指导原则被概述为"最少干预原则"，成为日后有关国际文件和宪章共同遵循的原则。

对文物的干预主要包括以下两个方面：保护和考古发掘所带来的材料干预、信息干预、性能干预均为人为的主动干预；环境条件的变化所带来的干预则是被动干预。

1930 年，在意大利罗马召开的关于艺术品保护的国际研讨会上第一次提出了预防性保护的概念，这一概念如今已经成为国际文化遗产科学保护的共识和发展方向。预防性保护的核心技术内涵，即是对馆藏文物保存环境实施有效的监测和控制，抑制各种环境因素对文物的危害作用，努力使文物处于一个稳定、洁净的安全生存环境，尽可能阻止或延缓文物的物理和化学性质改变乃至最终劣化，达到长久保护和保存馆藏文物的目的。其中，博物馆环境的稳定性主要是指温度、湿度的平稳性，不可出现较大幅度的波动。关于博物馆环境的洁净概念，除了涉及有关污染气体极限浓度控制指标外，尚未有系统的论述。而博物馆环境的洁净程度则依赖现代的环境和污染控制技术所达到的水平。

文物在保护处理过程中，难免会被带入新的物质，如表面封护剂、缓蚀剂等。若未留下完整的保护记录，后人在研究时可能会误认为这些物质是文物本身所含有的。为避免影响或混淆后人对文物的研究，导致得出错误的考证结果，在文物上施加任何新的保护材料时，如果新材料与文物组成材料的反应产物不明确，那么该保护材料应不予使用。而各种保护处理方法也有可能会对文物造成保护性破坏，包括二次污染保护性破坏，如在对破碎的青铜器和陶瓷器做拼接修复时，通常无法将残片严丝合缝地拼接成一个整体，当拼接到最后一块时，由于空缺处小于其原始尺寸，需要对残片进行打磨；在对纸质文物或纺织品文物进行清洗时，常会残留水渍、清洗剂等，从而造成二次污染，对文物的不当清洗，还易造成文物的褪、变色，特别是金粉等装饰物的脱落；而对石质文物进行渗透加固时，由于化学加固剂很难全部渗透进石材的孔隙中，随着环境条件的变化，保护剂渗透到的和未渗透到的部分就可能产生应力差异，反复作用的应力就会导致两部分分离。

4. "留白"原则

"留白"又称"留缺"，通常是针对古陶瓷整体复原修复来说的，是指在古陶瓷缺失的部位，不采用原材料、原工艺和原形态去修复，而是选用其他适宜的材料补填，以留出短缺的部位，并能明显地表现出缺失的痕迹。这一原则在国外已实施多年，国内也不乏实践者，但仍存在争议。

古陶瓷与其他器物不同，其毁坏的形式通常只有破碎和缺失，而无腐烂和变质现象。在修复时，若能明显地表现缺失部位，又不妨碍其外观的完整性，则完全可以不用复原缺失的部位。此外，在考虑是否"留白"时，还要从博物馆的实际需求出发，若该器物主要用于供观众欣赏，仅要求具备一个完整的形象，并不需要发挥其实际用途，那么一个真实的整体形象胜过经修复补缺后"乔装打扮"的虚假形象。而在对古陶瓷进行修复补缺时，很难真正做到补缺后的部位与其他部位保持完全一致，这不仅涉及原材料的配制，还涉及烧制的工艺，即便是同一个窑炉烧制出的同一类器物也不会完全相同。因此，"留白"反而更能体现出古陶瓷的原真性。

5. 耐久性原则

以实验室材料老化实验数据为基础，在将多种保护技术应用到文物上时，选择耐老化时间长的材料的方法，就是所谓的耐久性原则。文物的保存是一个长期的过程，不可能对同一件器物进行经常性的保护处理，这就要求在文物保护工作中所选用的材料要具有良好的耐久性，在外界因素的影响下，该材料能延缓文物所遭受的破坏，从而延长其保存寿命。现代文物保护研究中，对文物保护材料的耐老化性能测试经常采用工业领域内的材料性能检验检测标准，而文物保护材料与现代工业使用材料的使用目的及对性能的要求存在较大差异，因此采用现代工业材料的检测标准对文物保护材料进行评估是有缺陷的。

6. 斑点试验原则

斑点试验又称点滴试验，是测定矿物化学成分的一种方法。将少许矿物粉末制成溶液，再将溶液滴在滤纸或瓷板上，加入化学试剂，观察反应后的产物颜色，以确定某种元素是否存在。斑点试验由于操作简便，反应迅速，对某些元素灵敏度较高，在鉴定工作中经常被使用。而文物保护的过程中，在大面积开展保护工作之前，也应依照斑点试验的原理，确保方法可行之后，再行实施。以彩陶加固为例，在加固前应进行斑点试验，检验加固剂的指标是否符合要求；在加固过程中如果出现加固强度不够致使彩绘脱落的情况，应及时调整加固剂浓度；加固后，若出现表面成膜的现象，应用水或酒精等溶液擦拭彩陶表面，观察眩光是否消失，尽可能地保证在损伤最小的前提下，恢复文物原貌。

7. 可辨识原则

可辨识原则，指文物在修复过程中，添加的残破或缺失部分要与文物原有部分在整体外观上保持和谐统一，但又要和原有部分有所区分。应做到既可以让观者从外观上辨别"真"与"假"，又不会出现以"假"乱"真"的现象。

20世纪中叶，唯美主义保护理论家布兰迪提出文物的美学完整性与历史真实性为兼顾二者的平衡，布兰迪在其所著的《文物修复理论》中指出补缺物远观达到美学整体性，近看仍与原作有别，不消除历史痕迹，整体呈现"和而不同"的可识别效果。1964年《威尼斯宪章》第十二条指出，"缺失的替换物应与整体和谐，但又须与原作有别，以达到修复不臆造美学与历史证据的要求"，这便是布兰迪"可识别"原则的体现。目前，在可移动文物修复工作中，在实际中的具体运用较为普遍接受的是"六英尺乘以六英寸"原则，即在1.8m的距离内是看不出修复痕迹的，但在20cm的距离内，修复痕迹是可以看出来的。

而中西方在"可辨识原则"的实际运用中还存在些许差异，主要表现在西方修复理念强调补缺部位要与本体部位有所区别，整体上应呈现出可识别的修复效果；而我国的文物修复工作通常要求修复后的文物整体应呈现出浑然一体的效果。以书画修复为例，修复师对残缺部分的全色、接笔都是力求与整体画面呈和谐统一状，而不是要求在视觉效果上将补全与本体区分开来。这两者之间的差异是由文化背景、主观认知的不同所造成的。以青铜器修复为例，国内修复专家主要采取"内外有别"的可识别修复方法。做色时，将文物对外展示的一面做到与周边的颜色浑然一体；而观众不易观察到的内侧部位通常不做色，有时也会大体做上颜色，但仔细观察之下，仍可以区别出补配的部分。

综上所述，可辨识原则就是指修复过的部分与文物本体应有所区别，远观不会感到整体的不协调，近观则应能辨别出修复痕迹，而无须借助其他高科技手段来识别。

8. 风险管理原则

许多文物因遭受自然或人为因素的破坏，正面临损毁和坍塌的风险，因此在文物的保护方案设计和技术实施过程中加强"风险管理"刻不容缓。所谓风险管理，是指管理人员采取各种措施和方法，消灭或降低风险事件发生的各种可能性，或者减少风险事件发生时造成的损失。在文物保护中，风险管理原则包含三层含义：一是在文物未受到损害前采取预防性保护措施，避免文物受到损害；二是对已经受损或正在受损的文物及时采取有效措施，终止破坏的继续发生，尽可能保留文物的最大价值；三是对人身安全、财产、环境等进行风险管理，避免或减少损失的发生。此原则要求，在文物保护过程中，必须对每一个操作步骤可能面临的风险进行预估，且有相对应的可控措施。

（七）文物的"过度修复"

由于文物的种类繁多，修复中面临的问题复杂多样，因而"过度修复"现象频繁发生。过度修复，不仅会使得文物无法得到合理的修复和保护，还可能使得文物面临"二次损伤"，甚至可能导致文物丧失原本的历史面貌和完整的信息。造成过度修复问题的原因是多方面的，主要体现在修复理念的认知模糊，对文物价值的认知与取舍，缺乏修复依据，修复技术和材料的使用不当这四方面。

1. 造成"过度修复"的原因

（1）修复理念的认知模糊

长期以来，我国的文物修复工作是在"不改变文物原状""最小干预原则""可识别原则""可再处理原则"以及"真实性原则"的指导下进行的。这些原则在修复工作中都起到了重要的作用，在明确了修复目的的同时，规范了修复的"度"。然而，在实际操作中，由于对修复理念的认知模糊，可能使得修复工作越过了"度"的界限，与修复理念相背离，最终导致修复后的文物出现了明显的过度修复痕迹，甚至面目全非。

（2）对文物价值的认知与取舍

运用修复理念对破损文物进行修复，其目的不仅是恢复文物的完整性使之能够长久保存下去，更重要的是为了保护文物的珍贵价值。文物具有历史、艺术和科学价值，而在实际工作中有时会因修复人员没有认识到文物的价值，使得修复工作没有抓住重点，导致文物上的信息丢失或未能得到最大限度的体现，这也是造成"过度修复"的主要原因。而对理念的模糊认知，在很大程度上会影响修复者对文物价值的认知和判断。

布兰迪将艺术品（也就是现在所说的文物）的历史要素与时间相挂钩，将艺术品所经历的时间划分为三段：艺术品从艺术家构思到被实际创造出来的"时间段"；艺术品成形并被摆放出来，在历经漫长的岁月后，被人们意识到其珍贵性的"间隔段"；艺术品如一道闪电冲进人们的大脑，被人们意识到、引起人们注意的"瞬间"。按照关于三段时间的描述，文物的历史价值不仅包括文物被创造之初的历史价值，还包括文物在历史长河中产生的岁月价值，以及让人们产生深刻印象的记忆价值。而在修复工作中，最易引起争论的便是对历史价值和岁月价值的取舍。保留文物的历史价值从某种意义上说就是复原文物的造型、结构、纹饰、材料等，使之接近历史原貌，从而借助文物本体所含有的信息来了解历史。同理，保留文物的岁月价值从修复效果上看就是保持文物的现有样貌。我们现在所说的文物并非像纪念碑那样，其本身在创造之初就包含有纪念价值，大多数文物在它所产生的那个时代，只是一件实用性物品，用于满足人们的日常生活所需，或者是一件艺术品，供人们欣赏娱乐。但是，随着历史的变迁、时光的流逝，它们作为历史发展的"见证者"，获得了后天赋予的某些价值，从而被我们保护、重视起来。所以，文物原先的样貌固然重要，但岁月在文物上所留下的斑驳痕迹也应得以保留，这些痕迹正是文物历史价值的见证，记录了这些器物由"生活用品"成为"文物"的历程。

同理，文物的艺术价值也不单指其审美价值，或为后人提供美学研究的实物资料，与前文中所说的岁月价值相似，文物的艺术价值还包括文物在历经岁月的洗礼下，所呈现出的"古旧感"，如青铜器上的无害绿锈、古书画上的点点斑渍、古建筑上的破旧痕迹等。所以，对文物艺术价值的取舍不仅包括恢复其风格的统一，还包括了保留其所具有"古旧感"。

（3）缺乏修复依据

在修复工作中为恢复文物的完整性，须对缺损部位进行补全，而补全工作应严格遵循文物的客观真实性，工作人员不能随心所欲，加入个人的创作和臆想。这就需要在修复的前期工作中，获得翔实、可靠的依据和资料，包括同类型完整器物的原始图文资料，尺寸、纹饰、材质等信息，如古建筑最初建造时的结构、布局设计图，所使用的建筑材料等信息。关于修复依据的阐述，布兰迪在其修复理论中提出修复依据为"艺术作品具有潜在一体性"，即艺术作品即使基于某些外在原因出现破损现象，它仍然会以"潜在一体性"的形式存在，可通过对整体样貌的把握来勾勒破损痕迹，这使得补全等修复行为具有可能性。但是，文物的"潜在一体性"是在一定条件下成立的，文物留存部分与破损部分的比例应控制在一定的范围内，若缺失部位占的比例过大，那么"潜在一体性"也就不适用于补全工作。再者，若缺失发生在文物结构的关键点部位，即影响对器物尺寸、形状判断的关键部位，或缺失部位的造型与留存部位区别较大，或器物具有纹饰、铭文的部位，即便缺失的部分占整体的比例较小，仍无法通过留存的部分对缺失部位的尺寸、形貌做出推断，在这种情况下，"潜在一体性"也同样不适用于补全工作。

而在实际的修复工作中，工作人员常会凭借个人经验和判断对文物的"潜在一体性"做诠释，过分依赖类推的方法进行补全，从而造成对文物原貌的曲解、臆想等，导致文物出现"过度修复"现象。

（4）修复技术和材料的使用不当

文物是由不同材料构成的，延缓文物材料的老化，修补文物材料上的缺失，才能恢复文物的完整性，并使文物得以长期保存、流传并呈现在人们面前。因此，文物修复也是通过对材料的合理运用达到补缺、补全的目的。

随着现代科技的发展，用于修复的材料种类逐渐增多，但正因为不同材料的物理、化学性能之间存在差异，在修复中，材料的使用不当，很可能会对文物造成伤害。例如，在加固的纸张过程中使用聚氯乙烯材料，聚氯乙烯在光和热作用下的稳定性较差，在一定的光照或温度下会分解产生氯化氢，这种气体被纸张吸收后，不仅会造成张纸变色，还会使其物理性能下降；用于修复古书画的糨糊常会添加明矾，以起到增强黏性、延长保存时间的作用，但明矾在与水反应时会生成硫酸，而硫酸会引起纸张酸化，不利于纸张的长期保存；在对古书画进行清洗时，有些污渍无法用清水洗去，工作人员会使用药剂来进行处理，但纸张的材质较为脆弱，若药剂使用不当，会造成画面颜料褪色甚至画面内容丢失，对书画造成不可挽回的损失。

此外，在修复中，也需要注意对补配材料的选用。补配材料不仅要根据所修器物的本体材质、修复所要达到的目的有针对性地做选择，还应考虑材料的兼容性，即补配材料与器物原材料在物理特征、化学性能等方面要较为接近，避免两种材料之间因差异过大而给文物带来新的伤害。例如，有些补配材料性能不佳，在经过一段时间后容易出现老化现象而产生泛黄，这在陶瓷器的外观上表现得较为明显，文物经做色的部位，颜色会发生改变，原本与周围相近的颜色，会逐渐变深变暗，造成器物整体色彩的不协调；或补配材料的物理性能与文物本体材料不兼容，因而引发器物的收缩或变形等问题，影响器物的整体造型。

这些修复材料的选用不当会对文物造成再次损害，使得器物在颜色、造型等方面发生改变。所以，在修复前须对所选用的材料做详细的分析检测，并通过反复的实验验证材料的适用性。特别是对化学试剂的使用要格外注意，在确保其具备安全性和不会对文物造成新伤害的基础上，才能将其应用于文物修复中，以避免过度修复现象的发生。

而在文物修复中，除了对材料的选择，对技术的选择也是至关重要的。文物修复是通过环环相扣的步骤来实现的，每一步中，修复人员所使用的技术、发挥的水平都会对修复工作产生很大的影响，技术实施的好坏不仅会直接影响后面的操作，也会影响修复的整体效果。以陶瓷器修复为例，陶瓷修复主要包括清洗、拼接、配补和上色四个步骤。而部分文物由于本体材质较为脆弱，修复师若下手过重、操作不慎，易导致文物在修复过程中受损。而在拼接破碎陶瓷时，很多修复师忽略了预拼接这一环节，从而导致陶瓷器在修复中出现凹凸不平的错位现象。再如，在上色做釉这一步，为避免修复材料中某些化学成分对人体造成伤害，有些修复人员会选择在通风橱等设备内进行操作，然而瓷器的做色效果是应在自然光下进行评判的，通风中的光线会导致修复中颜色使用出现偏差，从而造成修复后的瓷器出现色彩上的不协调、不一致。这些因修复师技术水平而导致的操作不当会直接造成文物的"过度修复"。

然而，因修复人员的操作不当而导致的过度修复可在一定条件下得以避免，但受修复技术的时代局限性而造成的过度修复有时则是难以避免的。受科技发展水平所限，某些文物虽曾经得到了相应的修复，但随着时间的推移，当时采用的修复材料和技术中所带有的局限性和缺陷会慢慢显现出来，对文物的外观造成影响，这一后期显现的"过度修复"问题也是不容忽视的。所以，当使用的修复材料的理化性能还不明确或技术还不够成熟时，修复师不应急于对文物进行修复，而应先做简单的病害处理，使文物的受损程度不再继续加深，然后对所要使用的材料和技术进行不断的实验、改善，在确保修复条件足够成熟的前提下，方能对文物进行修复，从而避免对文物造成不可挽回的损害。

2. 从修复要素来把握"度"

要素是构成一个客观存在的事物必不可少的基本单位，构成文物的要素主要包括文物的形制、颜色、纹饰、工艺和材料，每个要素都包含一定的信息，反映了那段历史时期下的社会状况、审美情趣、工艺水平等，也可为我们判定年代、鉴定真伪提供依据。在修复中对文物实施的一系列操作实际上是对要素进行干预，把握好每个要素应有的"度"可在很大程度上避免过度修复，在对破损文物进行修复时，首先要了解并掌握文物本体的现存要素，对缺失要素的补全要有据可依。而修复理念对修复中如何把握要素进行了指导，并规范了修复行为对要素的干预程度。下文将从形制、颜色、纹饰、工艺、材料以及修复理念方面，具体阐述如何在修复中把握文物要素。

（1）形制

"形制"的内容包括文物的外观、造型、尺寸，对形制的把握在于修复中应遵循真实性原则，对残缺部位的补全要有据可依，凭借知识经验或主观臆断对文物外观、尺寸和形状进行改变都是不允许的。修复后的文物形制要符合原貌，不能因操作失误或个人喜好造成文物外观、造型、尺寸等的改变。

（2）颜色

"颜色"的内容包括色差和做旧，对"颜色"的把握体现在做色后整体色调是否有色差以及做旧的效果上，在修复过程中一般将做旧称为"随色"，对文物补缺部位的随色要与本体部位和谐一致，呈现浑然一体的视觉效果，而且在随色中要控制随色的面积，即应遵循最小干预原则，只对缺失部位进行随色，不可为追求整体颜色统一而大面积或有意将颜料覆盖到本体部位。这种随色是严格禁止的。

（3）纹饰

"纹饰"的内容包括形态和气韵，对"纹饰"的把握重点在于其修复后所表现出来的形态、气韵。对纹饰的接笔、补全除了要有据可依，保证文物的客观真实性外，还要注重纹饰所显现出来的神韵，这不仅与修复师的美术功底、绘画水平有关，还与使用的工具有关。随着科技水平的发展，出现了用 3D 打印进行修复的技术，虽然补全后的纹饰精美细致，但缺乏文物应具有的手工制作感和历史韵味，现代感（精密机器制作）太强，这在某种意义上破坏了文物的艺术价值。

（4）工艺

对"工艺"的把握主要包括修复人员在操作中使用的工具、工序、手法以及现阶段的修复条件，在修复过程中要注意对工艺痕迹的保留。例如，青铜器上的范线、器物上雕刻的刀痕等，这些都是研究古代工艺的重要依据，具有极高的科学价值，不能随意抹去。

（5）材料

"材料"的内容包括材料的材质和性能，选用的修复材料要与本体材料的材质、性能、老化程度等相同或相近，不可对文物本体造成伤害。而某些情况下，受科技的限制，修复时无法使用与文物本体相同的材料，如瓷器补配中使用石膏、环氧树脂等代替瓷土，这是由于技术水平的限制而造成的过度修复，若是选用瓷土进行补配，然后放入窑中进行烧制，必定会对文物本身造成不可挽回的伤害，为保护文物的安全性，用石膏、树脂补配的做法是被普遍认可的。

（6）理念

"理念"的内容包括不改变文物原状原则、最小干预原则、可识别原则和可再处理原则，在文物修复中要遵循这些修复原则，然而在原则的运用中又会产生某些争议。例如，"可识别原则"，有人提出在实际运用中可识别有时是无法做到的，但人眼不能识别的，机器可以做到，那么是不是可识别原则就不重要？不是，可识别原则的目的是告诉博物馆的观众，文物的哪些部位是修过的，哪些部位是原来的，让观众在看到文物修复后样貌的同时，又能想象出文物修复前的样子，给观众一个思考的空间。又如，在书画的全色、接笔中，并不能很好地体现出对可识别原则的遵循，但可采用"远观一致，近观有别"的方法来体现这一原则。再如，对壁画进行修复时，将颜料直接覆盖到本体上，而且这些颜料是层层叠加出来的，在日后工作中很难清除干净，这与最小干预原则不符，但为了恢复文物的完整性，保护文物的珍贵价值，此操作是不可避免的。所以，在一些特定的条件下，某些修复原则是无法得到很好的遵循与实现的，虽属于过度修复，但是可以被接受、允许的。

综上所述，"过度修复"就是指在文物修复实践过程中，受修复理念、修复依据以及修复技术等方面的影响，改变或丢失文物的某些组成要素（形制、颜色、纹饰、材料、工艺等），造成文物信息的破坏或丧失，使得文物的价值、完整性和客观真实性遭到破坏的一种修复方式。在修复中，必须遵循文物的要素，凡是改变了文物要素的修复，严格意义上都属于过度修复。但受技术发展水平的限制，有些过度修复行为是被允许的。"过度"不一定是"过错"，过度修复只是修复理论上的探讨，而是否产生过错一定要结合实际情况来判断。例如，现代的瓷器修复，配补材料一般采用各种合成树脂，按文物保护理念要求，应采用瓷器的本体材料陶瓷类材料修复，但这目前在技术上仍无法实现。所以，采用合成树脂修复瓷器，在理论上属于过度修复，但不算过错，是限于技术条件只能这样做，因此得到了行业内的认可。

　　理论上来说，任何一种过度修复都不应该发生。依据文物保护理论要求，为更好地保护文物，文物保护工作者应不断进行技术创新，最终解决这些"过度修复"问题。

第二章 文化遗产

第一节 文化遗产的产生与构成

一、文化遗产概念中"文化"的界定

从广义的方面来讲，文化包含了人类劳动的一切产物，是人类社会劳动所创造的物质和精神财富的总和。从这个意义上看，文化遗产也不例外，它是人类社会劳动创造和留存下来的物质和精神财富。

在宏观上说，文化是某一民族或国家的共同理念和记忆，类似于"文化传统"。例如，中国传统文化中与文化遗产相关的传统节庆风俗、礼仪和传说等，都是文化传统的具体表现。我们通常会用"文明"这个词来表明一个时期的人类社会的进步程度，对于文化遗产来说，一定时期的文化遗产总是包含那个时期的文化信息和文化价值，代表它所属的那个时期的文明程度，是那个时代文明的集体记忆的物质象征物和遗存物。例如，我们今天看到的宋代瓷器或者明代家具，已经不是一件简单的物质层面的器物构件，作为一个历史遗存的文物，它反映了它所处时代人们的审美情趣、精神追求、工艺水平和技术水平，代表着宋代或者明代的物质和精神文明发展程度。这是一件宋代瓷器或明代家具与当代景德镇瓷器和家具厂制造的同样家具的最大区别，前者具有不可复制的历史人文信息等精神内容，而后者是现代的仿制物品，不具有历史价值。

从狭义的方面来说，文化表现为具体的精神劳动成果，是一定社会发展时期的意识形态的体现，诸如文学、艺术、科学、哲学、宗教、教育、风俗、政治、法律等，具有多样性。对应于文化遗产方面，从狭义上讲，文化遗产是反映某个时期人类创造的意识形态产物。每一件文化遗产并非凭空而来，必然与它所处时代的创造者、生产者和传承者相联系，有自己独特的历史和传承脉络，因此我们

看到宋代瓷器或明代家具都是一件具体的工艺形态和文化样式，在它被造出来时，具有实际的物质功能并满足了那个时代现实的消费需求。

除了广义和狭义的层次之外，文化的功能又是多样化的。从文化遗产不同功能和目的分析，也会对文化遗产做出不同的定义。例如，从文化审美艺术功能来说，注重文化遗产中所蕴含的艺术价值和文化意义，人们较多地关注历史遗留下来的艺术作品，这些艺术作品常常被称作精神产品；从文化的历史传承意义去理解文化遗产，则与"文化传统"的概念相对应，此时人们更注重文化遗产所具有的历史价值，以及对遗产作为文化传统的重要象征而加以传承和保护；对于文化所发挥的经济效用来说，更加注重文化遗产的资源特点，将文化遗产作为一种可以开发的经济资源和财产，进行文化旅游和文化商品的开发，以达到文化遗产的可持续发展。

我们在研究文化遗产时，主要是从狭义文化层次、文化的多样性和文化功能的综合性角度去考量的。文化遗产应该包括了人类劳动创造的物质和精神财富的历史遗存。文化遗产不但是广义文化层面的抽象概念，而且是精神内容与特定物质载体的结合，包含具体的表现形态和文化内容。我们在研究文化遗产时，更重要的是从狭义层面分析文化遗产的具体形态、特点、保护措施和传承路径。

二、文化遗产概念中"遗产"的含义

遗产，顾名思义就是遗留下来的财富。在英文中，遗产（heritage）的意思来源于拉丁语，意思是父亲留下的财富，引申为个体从家族那里继承的私人财产，带有明显法律层面的产权含义。从法律上来讲，遗产又有两重含义：一是指拥有和创造某一财富的法定拥有者在其去世后，留给继承者的合法权益；二是指财产的价值，通常我们认为遗产的价值主要是经济价值。

在现代，"遗产"在词典中除了被解释为"由祖先传递的财富"之外，原来仅限于家庭范围的"遗产"一词被扩展到了国家宏观层次，更有了"国家的文化财产"的意思。法国历史学家皮埃尔·诺拉在他的《一种正当其时的思想——法国对遗产的认识过程》一文中是这样说的："在过去的大约20年间，'遗产'的概念已经扩大——抑或爆炸——到如此程度，致使概念都发生了变化。较老的词典把此词主要定义为父母传给子女的财物，而新近的词典还把该词定义为历史的证据……整体上被认为是当今社会的继承物。"

其实，不仅是在法国，在英国、美国、日本和韩国，"遗产"一词，从内涵到外延大体上都经历了一个从"父母留给子女的财富"，渐次发展为"历史的见证"以及"整个社会的共同继承物"这样一个不断拓展的过程。在这一过程中，又出现了"物质遗产""文化遗产""自然遗产""世界遗产""人类共同文化遗产"这样一些全新的概念。"遗产"一词几乎囊括了人类社会所创造的所有文明。

如果说遗产的重点更着重于法律和经济层面的含义，那么作为一个国家和民族的历史人文存在的证明，文化遗产具有艺术、文化和历史等人文方面的价值，文化遗产要远比法律上的资产和财产的含义更丰富。文化遗产概念中的"文化"显然具有更为本质的特征和更加重要的意义，它已经不再是对遗产的一个修饰，而是成为这个概念的核心。在保护和传承文化遗产的实践中，我们确实也更加重视其作为历史文化遗存的外在样式和文化内涵，在"遗产"方面关注的是文化的延续和传承。因此，文化遗产的界定，更多地应从"文化"二字入手，考虑如何继承和传承历史遗留下来的文化。

例如，在研究陶瓷、剪纸、仿真绣等民间手工艺时，通常我们从经济和法律意义上所关注的是对某一件手工艺大师的作品或者文物实体的占有、交易权利，这是法律的资产和财产意义上的对一件物品资产的定义。但是，从文化角度去看待这样一件事物，我们的关注点除了这一工艺品或者文物的工艺造型、艺术审美和市场价值之外，还需要超越这一器物的实物存在，从历史传承的角度去考察这一工艺品的制作工序、技艺、材质、历史传承谱系，以及与这一工艺相关联的文化生态变迁，这才是文化遗产的核心内容。

三、文化遗产的概念界定

从上述分析可知，要给出一个关于文化遗产一般性的概念是非常困难的。随着人们对文化传承在社会经济发展中所起的作用，以及民族国家身份认同和文化发展方面重要性的认识不断加深，文化遗产的概念不断得到扩展，从早期的物质文化遗产、文物、文玩概念不断扩展，形成了今天的丰富内涵。从概念的内涵来说，文化遗产、文化资源、文化财产、世界遗产等概念既有交集，又有区别。

第一，文化遗产是一个与价值相关的概念。价值的含义可以多元，包括经济、文化、艺术审美和科学研究等。无论是文化资源、文化财产、文化遗产或者文物，它们的共同点是都具有较高的艺术、文化或者科学价值，这是文化遗产的一般性或共性。文化财产与文化资源通常还具有较高的经济利用价值。对于文化遗产来说，虽然也会具有较高经济价值，但是并不特别强调其经济价值，而是强调其必然具有较高的艺术、文化和科学价值。有些文化遗存物并不具备经济开发的可能性，但是在历史文化传承和民族身份认同方面具有特别重要的意义，因此会被认为是非常重要的文化遗产。例如，很多民间手工艺、民间传说、民间演艺等非物质文化遗产，虽然这些文化遗产不一定具有可供利用开发出经济与商业价值的可能性，但是作为民族文化的宝贵遗存，属于民族的共同记忆，具有较高历史和文化价值，因而需要加以保护。

第二，文化遗产是一个与时间有关的概念。既然叫作遗产，那就应该是历史遗留下的产物，并且与民族和国家的文化传统相关。这里暂不论是否要确定其历史时间的长短。文化遗产与文化财产、文化资源相区别，虽然文化资源和文化财产中也包括了那些历史遗留之物，但是文化资源和文化财产的概念还涵盖了那些并非历史遗留却又具有经济利用价值之物品。这些文化资源或者文化财产虽然属于当代的人类劳动产品，可能价值很高，但也不能算作文化遗产。

第三，文化遗产既然要存留下来，必然要以一定的形式和形态被保存和记忆。虽然在宏观上，文化遗产可以抽象地表达为国家的财富或者民族共有的文化传统，但是在微观上，每一件文化遗产都是以具体的文化存在形式被保存下来的。对于具有实物形态的文化遗产，它是以具有物质载体和造型结构的文化物品形式加以保存的，比如考古发掘的文物；对于那些不具备实物形态的文化遗产，往往是通过传承人、传说或者表演的方式进行传承、展现和记忆的，比如民间传说、手工艺和演艺等。

第四，文化遗产主要是指人类历史上生产和创造的事物。通常文化遗产更加关注遗产的人文因素，即这一历史创造和遗存物所包含的历史与文化信息，因此文化遗产并不包括世界遗产中纯粹的自然遗产。但这并不排除自然和人文双重遗产，这类遗产如黄山、泰山等，已经积累了历代人文辞赋、碑刻、文化活动等精神内容，被人们赋予精神上的象征意义。

本书综合上述四个方面文化遗产的基本特征，对文化遗产加以一般性的定义：文化遗产是历史遗留下来的，具有较高文化、历史、艺术或者科学价值，并以特定实物或者非实物的形态存在的人类创造物。

四、文化遗产的关键要素

从文化遗产的定义，我们可以推知文化遗产涉及时间、价值、形态三个方面的因素。每个具体的文化遗产我们都可以从这三个基本的因素出发进行具体分析。

（一）时间因素

文化遗产的基本属性是历史遗留下来的财富，带有明显的时间和年代因素。时间因素并不是单指时间的长短，而是包括两个层次的含义。

一是时间和年代的久远。时间和年代越是久远，文化遗产的历史与文化信息就越容易遗失，因此从遗产的传承意义上就越需要保存。

二是与特定历史时期、历史人物和历史事件相关联的事物。对于文化遗产来说，一些在特定历史时期和特定重要人物、重要事件相关联的文化遗存也是十分重要的。例如，同样作为瓷器的文物遗产，不同时期的瓷器的重要性是不同的。宋代是我国瓷器历史上重要的发展阶段，在胎质、釉料和制作技术等方面有了新的提高，烧瓷技术达到完全成熟的程度。在工艺技术上，有了明确的分工，以耀州窑、磁州窑、景德镇窑、龙泉窑、越窑等宋代名窑产品最为珍贵。

时间因素在文化遗产的确认中十分重要，往往会成为界定一件历史存留物是否属于文化遗产的判定标准之一。有的文化物品虽然现在价值很高，但是因为是当代的东西，不能算作文化遗产。例如，赵无极的画作是当代的艺术作品，不是文化遗产。而有的历史遗留物，在过去是一般的物质产品，甚至是日用品，在今天看来很可能成为重要的文化遗产。一件明清红木家具，或者更为久远的陶瓷器物，在当时算不上文化艺术产品，只是一般的日用物质产品。这样的物质产品因为其在历史的流逝中，承载了特定年代的历史信息和文明，在今天看来就是一件文物，属于我们通常所说的物质文化遗产。

时间因素对于文物的界定特别重要，在艺术市场的买卖和对外文化艺术品的流通中，时间因素往往是区别文物和艺术品的重要标准。文物在市场买卖和进出海关方面都有相应法律上的规定。

（二）价值因素

文化遗产是具有重要历史、艺术或者科学价值的文化遗存。因此，文化遗产的价值因素是其最为重要的特征。

价值因素是个十分复杂的问题。这里的价值，不但是指经济价值，而且包括文化价值、科学价值等多元的价值因素。在各类关于文物或者文化遗产的定义中以及在实践中确认文化遗产的时候，我们通常会含糊地以文化遗产具有较高艺术、科学价值等说法来作为确认的标准。但是价值的确认显然带有很多主观的因素，更何况文化遗产具有价值的多元性。例如，《文物保护法》明确规定的受法律保护文物的范围十分广泛，文化样式十分丰富，包括古文化遗址、古墓葬、古建筑、石窟寺和石刻、壁画、近代现代重要史迹和代表性建筑、各时代珍贵的艺术品和工艺美术品、历史上各时代重要的文献资料、手稿和图书资料等。

由于文化遗产价值的多元性，文化遗产的价值分析总是要具体问题具体分析。在对一件具体的文化遗产进行界定、分析与评价时，与某一文化遗产的具体样式、形态、存世情况、产生时期等多种原因相联系，应从历史、艺术、人文、科学和经济等多方面去考察。

（三）形态因素

作为人类精神的创造物，任何一件具体的文化遗产必然具有特定的存在形式。在现有的文化遗产的研究中，通常会将文化遗产分为两种主要存在形式：一种是以实物形式存在的物质文化遗产，另一种是以非实物形态存在的非物质文化遗产。

其实，文化遗产的形态因素，并不仅指文化遗产历史存留下来的形态，还包括文化遗产可以延伸和发展的相关形态。因为文化遗产不是静态的，而是动态的；不是停止的，而是发展的。随着社会发展和技术进步，一些文化遗产可以以多样化的形式进行保存、展现和传播。例如，技术发展可使文化遗产的内容载体转移。以往保存文物是通过博物馆的馆藏保存，随着技术发展，现在可以通过虚拟再现和互动技术对文物进行数字化的保存和传播。世界各主要国家图书馆和博物馆也广泛采用数字典藏技术，对文献内容进行数字化的保存。

五、文化遗产的构成

（一）经典建筑

经典或者知名的建筑是实体类文化遗产的重要构成部分，一些其他文化遗产也需要建筑作为庇护场所或者展示场所。因此，建筑在文化遗产中具有重要价值。建筑凝聚了丰富的文化符号，是了解人类文化行为的重要方面。

1. 宫廷建筑

宫廷建筑就是传统社会的皇家建筑，即国家最高统治者处理政务和居住的建筑群落，是统治者在长期治理国家过程中逐步兴建的具有重要历史文化价值的建筑群落。例如，法国的凡尔赛宫、俄罗斯的克里姆林宫、我国的故宫等就是宫廷建筑的典型例子。这类建筑通常成为国家政权或国家形象的象征。

2. 祭祀建筑

祭祀是人类社会行为的重要内容之一。祭祀活动体现了后代对祖先的敬畏，具有很强的仪式感。祭祀建筑包含着丰富的内容，有些是祭祀天地的建筑，有些是祭祀祖先的建筑。我国乡村兴建的祠堂、家庙等也是一种祭祀建筑。祭祀建筑通常具有宁静、庄严的特征，并具有开展一些仪式活动的广阔空间。有些祭祀建筑体现"天人合一"的哲学思想和文化理念，对于普及自然哲学等具有显著价值。

3. 人居建筑

人居建筑包括很多内容，如私人庄园等。这些建筑通常因重要历史人物曾居住，在日后成为旅游景点和文化资源，并形成各类文化遗产，具有个性化。一些地区通过对这些人居建筑进行恢复来强化文化景观的吸引力，发展乡村旅游等产业。例如，浙江杭州的胡雪岩故居就是人居建筑的典型例子。

4. 地标建筑

城市一般都有地标性建筑，这是城市形象的重要标志。由于能够迅速提升城市知名度，所以城市都比较重视地标性建筑的规划与设计。从历史上看，很多城市特别是欧洲城市市政厅是地标性建筑。地标性建筑的特色或者在于建筑高度，或者在于建筑风格和规模，或者在于建筑的文化内涵。历史上兴建的很多地标性建筑都产生了深远文化影响。

很多城市和地区具有自己的地标性建筑，如美国的自由女神像、马来西亚的双子塔、印度的泰姬陵等。地标性建筑或展示某种精神，或暗示某个历史事件，或呈现一种艺术符号。总之，这些地标性建筑的文化价值比较突出，已经成为某些城市和地区的象征。很多民众是通过对这些建筑的记忆来评估城市形象或者地区文化的。

5. 其他建筑

与乡村相比，城市具有更加多样的建筑类别。一些建筑是为了宗教、庆典、体育赛事等活动专门兴建的，这些建筑也是文化遗产的构成部分，如拉萨市的布达拉宫就是典型的宗教类建筑。一些新建的建筑因为其艺术价值等将成为未来的文化遗产，如北京奥运会体育场馆水立方等，在未来会对社会文明产生很大的价值。

（二）重大事件发生地

重大事件由于在人类文明中具有显著价值和长远影响，因此，这些事件的发生地往往成为重要的文化遗产。

1. 重要历史事件发生地

重要历史事件发生地往往有文化方面的价值，如国家成立举行大典的地方就属于这类文化景观。这些地方往往被称作具有集体记忆的地方，很多大规模的集会活动都在这些场所进行。历史上发生过重大战役的地方往往成为人们举行纪念活动的场所，也成为重要的文化遗址。例如，法国的凡尔登作为凡尔登战役的发生地，具有恒久的战争遗址价值。该战役是第一次世界大战中破坏性最大、时间最长的战役，德、法两国投入 100 多个师的兵力，死亡人员超过 25 万人，有 50 多万人受伤。

2. 重要会议举办地或者重要文件签署地

重要会议的举办和重要文件的签署是历史发展中的重大事件，这些事件的发生地往往成为重要的文化遗产。例如，中国革命历史上的遵义会议召开地，美国《独立宣言》的产生地。在这些地点发生的事件对于人类文明进程具有显著影响，因为这些事件都直接影响了世界的发展格局和经济社会的发展状态。

3. 重要文化、体育等活动举办地

一些城市具有举办国际性文化体育活动的条件，如雅典作为奥林匹克运动会的发源地得到国际社会的广泛关注。公元前776年，古希腊的伯罗奔尼撒半岛西部的奥林匹亚村举行了人类历史上最早的运动会——古代奥林匹克运动会。宙斯神庙、赫拉神殿等构成的重要建筑群落，是古希腊文明的象征。这些举办地之所以能够成为文化遗产，是因为其具有建筑文化符号及一些重大事件的历史痕迹。

4. 其他重要场所

一些重要的工程项目场所也属于文化遗产的范畴，或者具备类似文化遗产的特征和属性，如三门峡水利枢纽工程和三峡水利枢纽工程都是国家级的重大工程，因此成为具有文化价值的场所。对于那些将来具有文化价值的重大工程项目所在地，特别是重大科学技术工程项目所在地的各类景观，应该着力进行规划与保护，以便发挥其长久的教育服务价值，如酒泉卫星发射中心、西昌卫星发射中心等。

（三）重要遗址

重要遗址是自然演化和人类发展过程中形成的各类自然遗址和文化遗址，主要包括以下内容：

1. 古人类遗址

古人类遗址是证明人类历史的重要材料。有研究对古人类（主要是第四季地质学与古人类）遗址进行基于 GIS 的数据库建设，结果发现，在搜集整理的1114个遗址中，有106个遗址包含人类化石，其他遗址则通过石制品得以确定；152个遗址具有同位素或古地磁年龄数据，69个遗址的年龄数据依据哺乳动物化石组合确定，828个遗址的年龄是通过地层对比估计的；54个遗址的年代根据石

器特征估计，有 11 个遗址通过地层和动物化石的综合分析来估计年龄。① 这些遗址因为具有不同特色及考古研究等方面的价值而受到关注。此外，一些遗址还有考古方面的发现，如有研究团队发现毛乌素沙漠有火、陶器、铁片等人类活动遗迹，中国西藏地区早在 5 万年前就存在人类活动并留有遗址等。这些遗址的价值在于建立了完整的人类历史序列等，有助于认识人类和自然之间复杂的演变关系。

2. 战争遗址

之所以将战争遗址看成文化遗产，是因为其具有教育后代的功能，如中国定海的鸦片战争遗址公园。此外，很多战争遗址还修建了文化类景观等，以体现对烈士的纪念。这实际上构成了特殊的文化景观和文化遗产。

3. 自然灾害遗址

自然灾害遗址是一类特殊的文化遗产。这类遗址的价值在于提醒人类要从灾害中吸取经验教训，着力于与自然环境和谐相处，如唐山大地震遗址和汶川特大地震纪念馆。修建遗址公园是一种通常的纪念方式，也是为了让后人铭记这些惨痛的自然灾害事件。

4. 其他遗址

一些遗址具有很高的文化遗产价值和文化景观价值，如一些重要科学发现、艺术创作和文学创作的场所等。这些场所因为产生了对人类文明有价值的成果而受到关注，所以也是文化遗产的构成部分。

（四）重要文化场所

重要文化场所主要指歌剧院、图书馆、寺院等。这些场所是人类文化行为的集中发生地，其中某些文化场所也是重要的文化遗产和文化景观。

1. 演艺类文化场所

演艺类文化场所是进行某种形式文艺表演的场所，如歌剧院、音乐厅等。这

---

①武春林,张岩,李琴. 中国古人类遗址环境数据库及遗址时空分布初步分析[J]. 科学通报,2011(26).

类场所既能集中体现艺术等专业领域的成绩，也承担国家庆典演出等重大文化活动。需要说明的是：中国乡村地区分布着广泛的戏楼等，这是民间庙会等文化活动的重要场所。随着人口向城市集中，一些地区的庙会衰落了，导致这类文化演出的场所也处于闲置状态。这是文化事业管理中必须注意的问题。

2. 展示类文化场所

展示文化场所以集中展示某种文化产品或者提供某种文化服务为主要功能，如中国文学艺术馆就是展示文学创作成就的文化场所。此外，各种形态的展览馆也是展示类文化场所，这些场所具有市场交换的功能。展示类文化场所因为集中展示文化领域的各类成果，具有强化游客体验感的作用，因此成为各个城市非常重要的文化景观。不过，由于比较优势丧失等，导致一些展示类文化场所存在被闲置的问题，这需要通过规划和设计进行盘活，以便切实发挥空间和土地资源的价值。

3. 交易类文化场所

交易类文化场所专门从事艺术品交易，如拍卖公司。这些场所实际上也是商业场所，对于文化产品与服务的价格形成等具有显著影响。

4. 创作类文化场所

这类场所主要给艺术家以及相关工作人员提供创作和研究的平台，如中国文化艺术研究院等。还有一些单位的创作基地、实践基地等都属于创作类文化场所。有些文化场所建设在大学校园等具有丰富文化气息的环境中，吸引了很多具有潜力的学生和各类专业人才集聚，对于推动各类文化作品创作和文化产品交易等具有较大价值。

5. 综合类文化场所

历史文化博物馆之类的场所，如大英博物馆等，就属于综合类文化场所。这些场所不仅发挥着学术研究等方面的专业性服务作用，而且发挥着服务大众观光等一般性作用。随着城市文化旅游综合体的发展，这类场所与一些房地产项目结合，发挥了空间联合体的强大集聚效应，成为城市文化产业战略性拓展的重要方向。

第二节 文化遗产的价值

一、教化价值

教化价值是文化遗产重要的价值构成，这种价值既有正面的又有反面的。比如，修筑长城给予人们很多教育，而秦朝后期的暴政以及大量征用民力导致的反抗则给予人们深刻的启示。这不仅对国家治理者有启示，对于一般民众也具有很强的启示作用。可以说，很多文化遗产是通过潜移默化的影响来增进对民众的教化作用的。

（一）文化遗产教化价值的发生

不是所有的文化遗产都具有教化价值，或者说不同文化遗产的教化价值存在差异。很多文化遗产的其他价值与教化价值融合在一起，难以对教化价值进行分离。

从一定程度上来说，文化遗产发挥教化价值的程度与不同主体的身心状态存在关联性。换句话说，对于不同的主体，文化遗产所能发挥的教化价值存在差异性。虽然这种差异性给评估教化价值带来诸多困难，但这是显著存在的事实，在进行价值评估时必须面对和解决这个问题。可以通过不同群体的学养及行为模式特征来判断这些价值的差异。有些教化价值虽然发生在儿童阶段或者更小的年龄阶段，但具有终身影响。因此，评估文化遗产价值需要进行长时间跟踪性研究。

（二）如何发挥文化遗产的教化价值

如果重视商业开发或者为了更好地发挥商业价值等，就会在一定程度上削弱文化遗产的教化价值。不过，各地在开发文化遗产的教化价值方面采取了一些措施。

一是着力强化文化遗产的宣传，如慈恩寺等文化遗产的宣传材料就突出了玄奘大师的历史贡献，具有很强的宗教教化功能。二是着力让公众了解文化遗产的内涵。不同文化遗产具有不同的内涵，从而具有不同的教化价值，如河北承德避暑山庄就是中国皇家园林的经典建筑，对于了解传统中国皇家生活具有一定的价值，这些建筑的建设理念和蕴含的哲学思想等对公众有一定的教化作用。三是着力通过技术工具强化教化价值。在移动互联网时代，应通过这些网络工具将文化遗产的价值推送到公众面前。很多文化遗产管理机构推出微信公众号等就是强化教化价值的举措。四是着力通过转换和改造等方式提高文化遗产的教化价值，主要通过改建、扩建和增加一些教化设施来强化教化功能。

（三）文化遗产教化价值的评估

文化遗产教化价值因为难以积累大量数据而存在诸多评估难度。此外，教化通常是通过公众心理及行为体现出来的，而这方面的测度方法还存在很多问题。捐赠行为在一定程度上能够体现出文化遗产的教化价值，因为公众在公开场所表现出了比平常更强的捐赠意愿和捐赠行为。此外，还有一些公众在文化遗产等场所从事慈善与公益活动，这也体现出文化遗产的教化价值。长时间的数据和资料积累有助于更加深入地分析文化遗产的教化价值。

二、美学和艺术价值

具有艺术偏好的人总是对文化遗产中的艺术内容及形式有着浓厚的兴趣。实际上，有很多人将此作为自己的职业或者业余爱好。不仅如此，很多文化遗产对于大众来说也具有美学和艺术方面的价值，这可以通过行为方面的特征进行刻画和分析。

（一）艺术创作方面的价值

文化遗产对于一些领域的专业人员，具有显著的创作依托或借鉴价值。在摄影、电影拍摄、绘画、写作等艺术创作活动中，文化遗产能够提供符号、意象等方面的价值。例如，《红楼梦》中的大观园，就是以现实社会中的王府为原型，借助现实景观进行创作的典型例子。可以说，文化遗产能够衍生出很多文化产品和文化服务，这是其美学和艺术价值的重要方面。只要文化遗产存在，这些价值就可以被长久体现。而且，因为很多艺术创作活动是基于文化遗产展开的，所以这也可以被看作文化遗产的间接价值。

（二）公众的审美价值

大众从文化艺术活动中获得美的感受，或者进行一些审美活动过程，不管是否进行相应的货币支付，这种审美活动都已经发生，这是文化遗产审美价值的体现。如果需要进行严格计量的话，那么这种审美价值可以通过放弃劳务获得收入的价值来进行计量。当然，还要包括他们为了获得这些机会而支付的交通费用等。

此外，一些公众对文化遗产仿制品的购买和收藏也可以看作审美价值的货币化支付，如购买埃菲尔铁塔模型进行收藏等。尽管大众购买的不是文化遗产本体，但购买的艺术品是基于文化遗产而产生的，因此可以看作一种文化遗产的间接价值。

（三）其他价值

对于艺术和审美价值来说，其他价值中一个重要的问题是不同人群的价值加总。虽然大家支付了相同的旅行费用体验文化遗产，但是不同主体显然具有不同的主观价值评价。因此，如果要全面体现文化遗产的真实价值，就应该考虑这些主观评价的差异。有些主体可能获得了比实际支付更高的主观价值，有些主体则可能获得了比实际支付较低的主观价值。不过，从一般性经验事实看，这些价值往往超过实际支付的货币数量。因此，仅仅通过货币支付计算可能低估了文化遗产的真实价值。文化遗产的美学和艺术价值可以通过式（2-1）简单表示。

$$AV = MV + EV \tag{2-1}$$

其中，AV 表示艺术价值，MV 表示实际货币支付价值，EV 表示大众对文化遗产的期望价值。虽然期望价值仅仅是一种主观价值，但是会在一定条件下转化为现实消费行为。从经验事实来看，专业人员比大众更具有较高的期望价值，以及更容易比大众将这种期望价值转化为现实创作等方面的价值。因此，如果想更加精确地计量文化遗产总的审美和艺术价值，就需要对专业人员和一般大众进行区别，不能采取简单平均化的方式进行评估。

三、学术研究价值

中国是文化遗产和文化资源丰富的国家，开展对文化遗产的多元化学术研究，对于丰富和繁荣学术活动具有显著价值。重要的是，这些研究过程通常是文化传播的过程，也是文化遗产等资源被大众逐步接受和认知的过程，这个过程有助于公众获得更多文化福利。

（一）学术研究价值的内涵

学术研究是专业人员通过各种资料、数据、文献等分析和探索一些专业性问题，并提供咨询与决策服务。比如，有些学者专门研究敦煌学，为传统文化、文物保护等提供决策服务。学术研究工作的规模和水平是社会文明程度的重要标志。

文化遗产的学术研究价值很高，因为这些研究除了满足专业人员的知识需求外，也对大众有传播作用。研究人员的研究成果展示本身就是向大众传播的过程。这些展示增加了人们对文化遗产，特别是对文化遗产价值的了解，并激发了人们保护文化遗产的意愿。此外，学术研究的成果还在一定程度上发挥着对公众的教化作用。

（二）学术研究价值的领域

文化遗产在哲学、历史、地理、经济、文艺等领域具有学术研究价值。一些研究成果直接建立在对这些文化遗产的考察、管理等方面，而另一些研究成果对文化遗产价值的再开发具有重要的指导和参考价值。

根据目前整个文化遗产领域的情况，主要从以下五个方面进行研究。一是对文化遗产价值评估进行研究。目前，针对文化遗产等文化资产的研究虽然逐步深入，但是区域和城市的文化资产还没有公布具体资料。这主要是因为核算和价值计量等没有统一标准。本书认为，可以通过构造区域人文发展指数等形式来进行文化遗产价值评估，或者将文化遗产价值作为构造区域人文发展指数的重要内容。二是对文化遗产的空间分布及异质性等问题进行研究。空间分布及异质性是造成文化遗产价值差异的重要原因。这是评估文化福利或者构造区域人文发展指数应该切实注意的问题。三是对文化遗产保护问题进行研究。这方面的研究主要是从保护措施、经费来源等方面进行。各类专业技术人才更多从事这类研究，如保护经典建筑的具体技术创新等。四是对文化遗产价值传播问题进行研究。价值传播问题是价值评估问题的延伸，因为各个国家的国情不同，所以文化遗产的价值传播还存在很大差异。五是对文化遗产的其他问题进行研究。

（三）学术研究价值的评估

因为学术研究是人类动中具有一定知识和技术含量的活动，所以文化遗产的学术研究价值既在各个国家存在差异，也在不同行业领域存在差异。总体上可以从如下三方面进行评估：

一是为专业人员提供职业发展基础。一些人需要以对文化遗产进行学术研究为职业，对于丰富社会行业具有显著价值。此外，研究机构和行业为人们提供了就业机会，解决了一些民生问题。因此，如工资性收入以及社会服务性收入等都可以作为学术研究价值的构成内容。二是为文化遗产的传播与推广提供服务。学术研究人员和研究机构进行了大量关于文化遗产的整理、传播与推广工作，公众通过这些服务来增进对文化遗产的了解。因此，大众的文化遗产知识以及由此产生的其他价值应该计算在学术研究价值中。三是一些学术研究产生外部性效应。一些研究成果被企业利用，并实现商业价值；一些研究成果被直接作为有关企业开发文化景观的案例；一些学者的建议被政府部门采纳并发挥实际的建设性作用，乃至有些研究成果成为创新领域人才的重要基础材料和灵感来源。这些都是学术研究的外部性效应。

四、传承与遗赠价值

传承文化是历史责任和重大使命。然而，文化遗产的传承与遗赠等行为有主动和被动之分。有些文化遗产之所以能够被传承，是因为在当初规划与建设时是一种主动的传承与遗赠。实际上，很多文化遗产虽然在被构造或者被建设时并没有显著地考虑对后代的价值，但这些文化遗产给后代带来了诸多文化福利，也创造了一些经济价值。刻意设计和规划对后代有重要价值的文化项目，在历史上比较少见。不过，具有超前眼光的人总是能够超越历史来创造价值，仍然有相当数量的文化遗产对后人具有重要的文化福利作用。

（一）文化遗产传承与遗赠的动机和条件

传承与遗赠价值是文化遗产价值的重要成分。一些主体的确具有将文化遗产进行传承与遗赠的动机，这些动机来自对后代福利的关怀，或者对文化遗产价值的珍视，因此很多主体将此看作一种历史责任。从历史角度来看，官方的文物文化机构为此做了很多工作，其中包含直接将文化遗产进行传承与遗赠。这些工作显然并不只是考虑当下的社会需求，而是具有长远传承的动机。

要真正实现文化遗产的传承与遗赠需要很多现实条件，包括文化遗产自身的价值大小是否满足等。此外，我们难以判断不同时代的人是否存在文化遗产传承的显著差别，但是那些具有文化传承风俗或惯例的民族往往具有较强的传承意愿。不过，这种传承仍然受到各种因素影响，导致传承效果存在很大差异。从现今城市建设等方面来看，规划和设计留给未来子孙的文化遗产项目比较少，这是目前文化传承与遗赠动机弱化以及保障条件不足的体现。实际上，人类很多活动的动机、意愿和行为之间是难以统一的，有的甚至存在冲突，很多经验事实证实了这一点。

（二）文化遗产传承与遗赠的行为

尽管文化遗产的传承与遗赠动机比较复杂，但我们还是看到了大量文化遗产传承与遗赠。这些行为的发生在于当代人看到了这些文化遗产对后代人的价值，或者希望后代人能够继续保持或者拓展这些文化遗产的价值。因此，当代人既有可能希望后代人从文化遗产中获得福利和收益，也有可能希望后代人能够继续拓展这些文化遗产的价值。这两个方面的考虑是文化遗产传承与遗赠行为发生的重要原因。

实际上，作为公共治理的目标和任务，很多国家将文化遗产的传承看成重要内容。以我国为例，历史上多次组织学者修编史书和重要典籍，就是典型的文化传承与遗赠行为。不过，从行动主体来看，一些传承和遗赠则是在民间进行。公共文化机构因为战争及其他不确定性事件导致文化遗产的灭失，而民间机构则基于各种原因能够相对完好地保留和传承文化遗产。因此，政府不应该忽略民间传承主体的重要性。

（三）文化遗产传承与遗赠的效应

如果连续观察人们的文化行为，就会发现这些传承与遗赠行为发生的效应结果是复杂的。一些文化遗产因为传承和遗赠而得到保护并发挥了很大的经济效应，当然也可能与多数主体的预期存在差异。历史悠久的国家往往会留下宝贵的文化遗产，这些遗产至今还在发挥着教化等重要作用。不过，后代人传承文化遗产的行为发生分化，导致实际行为和目标的偏离，造成一些文化遗产的消失或者毁灭，这也是历史发展的经验事实。因此，所谓基于传承和遗赠而发生的永久性价值，对很多文化遗产来说是相对的，这在评估时要切实注意和区分。

此外，还有一些地区和城市保留了一部分文化遗产景观，这是规划等方面的约束造成的，因此发挥的效应并没有预期中的那样充分。对此，我们需要针对不同的区域和城市进行具体研究，并放在特定历史情境中进行分析。换句话说，要将文化遗产的遗赠程度及其效应作为衡量区域人文发展指数的重要内容。

（四）关于文化遗产传承与遗赠问题的讨论

理论界和一些知名人士在强化文化遗产传承与遗赠的重要性，并为此采取了一些切实行动。不可否认的是，这些人士本身具有文化情结，这种文化情结让他们对文化遗产的价值评估更高。但仅仅是保护这些遗产的存在价值，就会造成公共财力等方面的压力，因此对那些不能带来经济收益的文化遗产，长期消耗财力进行保护的价值并不大，我们要有选择地行动，而不是漫无边际地全面保护，应当通过评估将那些具有一定商业价值从而能够通过收益来维护可持续发展的遗产进行重点保护，而不是全部平均分配资金，造成文化遗产保护领域的财力耗损。在这个问题上，经济学者和文化学者经常出现分歧，文化学者的理想目标需要现实支撑条件，特别是公共财力条件和各类保护项目的具体技术条件等，因此保护只能是一种有限保护。

五、商业价值

文化遗产和自然遗产的结合能带来极大的商业价值，人们对此类文化景观的偏好确实超过其他文化景观。因此，通过构造人工景观来强化商业价值成为很多主体项目的选择。

（一）商业价值的存在基础

总体来说，文化遗产实际上是一种文化资源，这些资源被商业化开发，并成为当地经济增长的重要方式。商业价值是文化遗产价值的重要组成部分，一些区域或者地方政府开发文化遗产主要是开发其商业价值。

商业价值的存在是由人的行为选择决定的，人具有选择符号和环境的主观意愿。一般来说，人们更加热衷于在环境价值高的区域和城市活动或者消费，由文化符号和自然环境构成的文化景观自然成为人们更加偏好的存在，这为文化遗产的商业开发提供了消费行为学基础。

（二）文化遗产的商业化经营

文化遗产是一种公共资源，具备商业化经营的条件。目前，多数文化遗产存在商业化经营问题，这种经营通常由专业组织来运行。很多遗产管理机构需要正常运行，在财政资金有限的情形下，其通过成立诸如文化公司之类的实体来进行文化遗产经营管理。

多数文化遗产商业经营具有如下特征：一是商业化经营能够通过专业组织来提供更好的文化服务，增强文化消费体验感；二是商业化经营对一些文化遗产进行深度开发，如河南省开封市清明上河园等文化经营单位开发的"岳飞枪挑小梁王"等情景展示；三是商业化经营较好地体现了文化遗产价值。商业经营通过货币支付量等体现文化遗产的价值，这些是进行文化遗产价值评估的重要数据支持；四是商业化经营在一定程度上有助于持续推进文化遗产保护，为了获得持续收益，有关主体会根据文化遗产状态进行保护，以便拓展和提高这些收益，而经营性收益是提供这些保护的重要资金支持。

（三）商业开发的外部性问题

对文化遗产的过度商业性开发会导致某些不良外部性问题，主要体现在四个方面。一是废弃物等排放量的增加影响环境质量。这个问题在知名景区表现突出。为了收集和处理这些废弃物，景区管理者组建了专门的组织进行处理，但增加了大量设施和人工成本。二是一些文化产品的垄断价格增加公众负担。文化产品垄断性价格的形成与文化遗产的控制性经营有关，这是基于特殊资源的一种价格索取行为，在一定程度上增加了文化消费成本。三是一些经营行为可能存在破坏文化遗产的风险。如有价值的文物展示可能存在文物损失的风险。四是过度商业化的其他外部性问题。产权改革是降低不良外部性的一种方式。由于文化遗产是公共产品，存在产权虚置的情形。部分文化遗产在适度产权结构下可以被更好地保护和经营。

（四）商业化开发的其他问题

文化遗产是一种稀缺资源，具有多元化价值。不过，政府的财力和民众的保护意愿是有限的，动机、愿景和行动之间的非统一性是人类很多行为的特征。因此，文化遗产保护需要考量成本-收益等基本问题，没有必要对文化遗产实施过度保护，造成严重的财力损失。这就需要实现一种优化的政策设计，发挥政策工具作用，开发文化遗产的多元价值。在文化遗产保护经济学中，存在以下重要问题。

1. 文化遗产保护的区域性、行业性竞争

出于政绩或者强化地方文化吸引力等因素的考量，各地在保护文化遗产方面存在竞争，这种竞争虽然具有提高公共文化服务的效应，但实际上是一种商业化目标的竞争，这种竞争具有正向价值，给公众提供了大量的文化产品和文化服务。不过，也需要看到这些竞争背后存在的问题。比如，一些地区存在过分追求规模化导致的景观结构趋同和低水平饱和，一些地区为了强化商业价值削弱了文化遗产的其他价值等。

2. 是选择性保护还是全面保护

由于财政资金有限，有些文化遗产不能被全部保护，只能是被选择性保护，这是理性的安排和设计。比如，不可能对长城从西到东进行全面保护，只能在重要旅游景观分布处进行重点保护。一些快速上马的文化景观工程也应该突出重点，进行选择性开发，避免因文化景观工程占用更多的土地资源造成效率和价值损失。

3. 普惠式公共文化服务的重要性

在城市和一部分乡村中，把文化和环境方面的消费等结合在一起，是人类环境选择行为和文化体验行为的体现。一些重点旅游景区只针对外来游客，本地居民很少消费，因此价格超过当地居民消费水平，而本地居民文化消费通过公共文

化服务来提供。近年来，很多城市将一些经营性公园等进行免费开放，增加了市民的文化福利。此外，博物馆、图书馆等公共文化服务机构的免费开放，也是重要的文化福利。这是普惠式文化公共服务改革的重要步骤。政府在服务方面适度安排财政资金或者对服务主体减免收费，并根据实际情形制定政策，就会更好地推进公共文化服务。

4. 开展文化遗产教化价值的科学评估

从理想预期或者价值导向来看，文化遗产的教化价值应该是首位价值。尽管很多文化遗产项目都在不同程度地强化教化功能，但由于没有长期跟踪性调查数据，我们很难确定和判断文化遗产在教化方面的价值。但是根据经验，文化遗产包括文化符号对主体的行为和意识等产生的影响，这就需要开发心理行为量表等工具对这些教化价值进行更加科学的评估。这种评估的价值有助于有关主体在商业价值和教化价值之间做出相对均衡的选择，从而避免严重的价值失衡。

5. 文化遗产的景观化和产业化开发

文化景观是以文化艺术符号为载体的一种实体、结构和形态的展示，是一种综合性符号。文化遗产可以通过更多技术性符号来强化景观属性。这里对文化景观进行划分只是为了论述的便利，实际上很多文化景观之间并不存在本质差别。

一是人居环境类景观。比如，庄园等构成人居环境景观的主要方面，这类景观与大众日常生活关系紧密。一些传统的人居环境景观已经成为文化遗产。二是自然–文化复合景观。这种文化景观是重要的景观构成之一，因为具有自然和文化的双重属性，所以得到公众的更多偏好。四川峨眉山–乐山风景区就是典型的自然–文化复合景观。三是旅游类文化景观。旅游类景观是满足民众游览、休憩和考察等方面价值的文化景观。历史街区等就是针对这些行为开发的文化景观。四是宗教类文化景观。宗教类文化景观是文化景观的重要组成部分。这些景观具有满足精神体验等特殊价值。五是公共治理类文化景观。公共治理是我们社会运行的重要条件，根据不同理念在不同时期进行的治理活动，留下了治理机构等文化景观。六是其他文化景观。

六、文化遗产价值的评估

文化旅游部门着力开发文化遗产的商业价值，很多城市已经将开发商业价值作为城市文化和旅游产业的发展战略之一。一些公共政策和公共行动的目标也是开发文化遗产的商业价值。目前，经济学家和社会学家等已经为文化遗产价值评估提供了诸多方法，这些方法对于相对规范地评估文化遗产的价值十分重要。

（一）支付意愿法

支付意愿法（Willing To Pay，WTP），即公众被询问为文化遗产保护支付的数额等意愿情况。这种方法已经被广泛应用于公共物品价值的评估中，包括文化遗产的美学和艺术价值评估，并且该方法已经成为制定税收等政策的重要社情民意和行为学基础。

支付意愿是一种主观性很强的意思表示，受诸多因素的影响，因而不是一种很稳定的行为。需要说明的是：大量事实显示支付意愿和支付行为之间存在很大差异。这就是动机、意愿与行为之间的非统一性规律的体现。因此，支付意愿仅仅是主观评估价值，而实际支付则能更加接近现实地体现文化遗产价值。所以，需要在探索主观意愿和实际支付行动之间建立一种联系，以便降低主观评价导致的价值偏离。

$$DV = WP - RP \tag{2-2}$$

式（2-2）中，DV 表示偏差价值，WP 表示支付意愿，RP 表示实际支出。在制定税收等具体政策时，需要将这些偏差价值考虑进去以便提高政策的可操作性。

在具体操作中，支付意愿法还可以通过赋值法来进行具体测度，如在心理量表中根据主观评价进行货币化价值估算。具体来说，可以让公众对每个分值进行货币化评估，以便间接体现文化遗产的价值，但是需要考虑公众职业、教育背景等方面的差异。

（二）条件价值法

大量经验事实显示，人们的交换行为或支付行为与背景条件有关。设定条件来评估不同情景下的文化遗产价值，是经济学家开发的重要价值评估方法之一，这种方法被称为"条件价值法"（Contingent Valuation Method，CVM）。但问题是，这些条件的设定比较复杂，一般文化遗产面临的境况（如严重毁损和灭失风险等）越迫切，公众可能支付的价值越高。因此，在价值评估的具体操作中，条件设定是很重要的问题。

实际上，这种方法因为设定的条件不符合现实或者现实不能满足而受到批评。但是，人们做出选择的确是在不同情境下进行的，这就是条件因素对人们行为的影响。因此，应该肯定这种方法为很多虚拟价值的评估提供了参照性标准，而不仅看其在现实操作中的应用效果。

（三）旅行费用法

旅行费用法（Travel Cost Method,，TCM）是比较直接地评估文化遗产的重要方法。这种方法主要是计量旅行者对文化遗产消费及相关文化行为中所支付的各类费用。一个理性的旅行者总是选择那些对自己有价值的文化遗产或者文化景观，从而进行相应的费用支付。这些支付体现了文化遗产和文化景观在旅行者主观上的价值。因此，这种方法能够比较真实地测度文化景观的价值，至少是旅行者的主观价值。

在具体研究中，又可以划分为区域旅行费用法（Zonal Travel Cost Method，ZTCM）和个人旅行费用法（Individual Travel Cost Method，ITCM）。个人旅行费用法中有单点模型（Singel Site Model）、多点模型（Multiple Site Model）、随机效用模型（Random Utility Model）和内涵旅行费用模型（Hedonic Travel Cost Method）等评估方法。这些方法已经被广泛应用于旅游景区价值评估。比如，对福州国家森林公园休憩价值评估为12.97亿元。[①] 有研究对老挝四千美岛的休憩价值评估为410万~460万美元。[②] 有研究对北京奥林匹克森林公园的使用价值进行评估，结果表明：基于ZTCM，研究区的景观使用价值为162.36亿元；基于TCIA，景观使用价值为37.32亿元。与ZTCM相比，TCIA对追加费用和旅游人数的拟合度更高。[③] 这种方法可能不适用于那些旅行价值不大的文化遗产，会降低其实际价值。因此，需要根据文化遗产的真实情况予以修正。

---

①严娟娟,黄秀娟.基于TCM方法的旅行成本测算与游憩价值评估研究——以福州国家森林公园为例[J].北京林业大学学报(社会科学版),2016(4):62-67.

②凯山·占西纳,奔通·西苏曼,占萨门·冯派西,等.老挝四千美岛旅游业与环境质量的权衡分析[J].国际社会科学杂志(中文版),2018(1):69-92,6-7,11.

③董天,郑华,肖燚,等.旅游资源使用价值评估的ZTCM和TCIA方法比较——以北京奥林匹克森林公园为例[J].应用生态学报,2017(8):2605-2610.

（四）不确定条件的价值评估

由于文化遗产通常是根据公众的主观偏好及实际消费行为选择来进行价值判断，因此人类面临的整体境遇可能影响这些文化遗产的价值评估。换句话说，人类对这些文化遗产价值赋予的判断会随着人类经济社会发展的状况发生变化，特别是会随着宏观经济整体增长情况发生变化。经济社会活动的外部性冲击对遗产价值产生显著影响，而经济社会发展面临很大的风险及不确定性，因此当那些潜在的风险被人们逐渐识别的时候，这些文化遗产对于人类的价值就会立即发生减损。比如，当一个区域面临洪水等自然灾害的严重威胁时，人们会因为谋求基本的生命安全和财产安全而忽略文化遗产的价值，从而迅速降低对这些遗产的价值评估。

$$TR = \bar{R} \pm p \cdot \pi \tag{2-3}$$

式（2-3）中，TR 表示文化遗产的总收益，$\bar{R}$ 表示一定时期内的平均收益，p 表示某种外部冲击事件发生的概率，π 表示事件造成的收益或者损失。

（五）文化遗产的价值计量问题

人们将文化消费作为一种重要的福利，至少在有一定经济收入的人心中是这样。实际上，文化环境是人们经济行为和其他行为的重要考量因素，也包括文化资源和文化遗产等构成的环境。

假设人们从经济收入、居住环境和文化消费几个方面构成整体福利效用，可以构造如下福利函数：

$$U = U(M, E, C) \tag{2-4}$$

式（2-4）中，M 表示经济收入，E 表示环境，C 表示文化设施或者文化服务。

有证据表明，居民在选择住所时会将文化环境作为重要的考量因素。这就是风景名胜区或者文化景观区房价高涨的重要事实基础。此外，在城市居民和乡村居民的消费构成或者效用构成中，城市居民更多地消费文化产品。

问题在于，人们的文化偏好会随着年龄发生变化。比如，经验事实显示，老年人特别是老年女性更容易偏好宗教类文化遗产。因此，文化遗产的价值经常处于动态变化中。这样，在计量其价值时，就需要考虑不同年龄段的价值差异。因为这可能给评估带来困难，所以通常以家庭为单位进行评价。文化遗产总价值可以通过式（2-5）计量：

$$TV = R(E) + V(E, T, M) \tag{2-5}$$

式（2-5）中，TV 表示总价值，R 表示文化遗产经营者收益，E 表示文化遗产的质量指标，V 表示文化遗产消费者收益或者价值评估，T 表示公众花费的时间或者旅行次数；M 表示公众收入水平。一般来说，收入水平越高，越倾向于对文化遗产有较高的价值评估。因此，收入实际上影响人们对文化遗产价值的评估。目前，对文化遗产的教化价值还没有系统性的研究成果，这可能与教化价值在实际测度方面的难度有关系，也可能与文化遗产开发中重视经济价值，忽略其他价值有关系。

（六）文化遗产对特殊群体的价值

社会中的特殊群体是文化消费的重要组成部分，尽管人数可能比较少，但是并不意味着他们的偏好不重要。一些群体对文化产品或者文化遗产的消费等行为已经超过了一般的公众行为模式。他们更多是一种"发烧友"式的消费。从组织行为学和消费行为学的层面来说，这是一种非理性行为，因为这些行为往往不是很重视直接的物质和金钱回报。

不管如何，我们从大量经验事实中看到了这些群体的存在，这些群体在文化遗产价值方面使用了更多的资源，他们可以在一定范围内获得这些遗产带来的回报。更重要的问题在于，这些群体对文化产品和文化遗产消费和投资等行为，在一定范围内影响着大众的行为。比如，影视明星拍摄过电视剧、电影的重要历史文化场景，为大家带来消费方面的效应。

虽然以上方法已经在文化遗产等领域得到广泛应用，但是针对文化遗产和文化景观的价值评估理论模型仍然在开发中。这表明人类的文化活动具有共同特征，也容易在文化遗产保护方面形成比较有效率的合作。但是，人类也在进行其他领域的经济活动，这些活动的绩效和收益等会影响到人类在文化遗产领域的行为。

第三章 中国文化遗产保护发展体系

第一节 构建中国文化遗产保护发展体系的方法

一、对比分析法

（一）对比分析法概述

对比分析法是指将客观事物加以比较，以达到认识事物本质和规律并做出正确的评价。在对比分析中，运用时间标准、空间标准、经验或理论标准以及计划标准等对所比较的客观事物做出客观的评价。在运用对比分析法进行文化遗产保护研究时，研究对象包括国内外相同类型遗产、同一地理位置不同类型遗产，以及相似遗产发展背景的不同地区等的研究，内容集中于遗产相关理论、发展背景、研究重点、研究方法、发展以及保护模式研究等方面。例如，从中西方文化遗产的特性、材质、空间位置、历史风俗和民族心理特点等不同角度来分析、评价中西方文化遗产的保护方法和理论体系。

1. 对比分析法的类别

按比较的性质，对比分析法可分为定性比较与定量比较。定性比较是对两类及以上事物所具有的属性本质进行比较，从而确定事物的性质；定量比较是对事物属性进行量化分析，从而准确地判断事物的变化。

按比较的对象，对比分析法可分为同类比较和异类比较。同类比较是指比较两类性质相同的事物的特征，为寻找其共同点，由此及彼，将其所发现的原则和方法应用到其他事物的研究中去，成为解决新问题的关键方法；异类比较是指比较两类性质相反的事物或者一个事物的正反面，以说明事物的不同点。异类比较法结果鲜明，是非清楚，有利于鉴别和分析。

按时空的区别，对比分析法可分为横向比较与纵向比较。横向比较是按照空间结构的横断面展开的，强调的是从事物的相对静止的状态中研究事物的异同，分析其原因；纵向比较是对同一事物按照时间序列的纵断面展开，不仅能从相对稳定的状态来研究事物，而且还从发展状态变化来研究事物，认识事物发展的来龙去脉。

2. 对比分析法的一般步骤

对比分析法的步骤如下：

①确定比较研究的问题和标准。首先，根据研究的目的规定研究的内容和范围；其次，选择比较的对象；最后，确定比较的标准。

②收集比较研究的资料。通过调查访问、查阅文献等方法，广泛收集资料，并对所收集资料进行比较的分类整理和加工处理。

③进行比较分析。列举比较对象的相同点和异同点，运用历史的、辩证的、联系的观点分析其异同的原因。

④做出比较研究的结论。在对收集的资料进行多层次、多方面的对比分析的基础上，对于所研究的问题加以总结并得出比较结论。

（二）对比分析法在遗产研究中的应用

在运用对比分析法对遗产保护进行研究时，应根据比较的类型选取比较对象，通过时间标准、空间标准、经验或理论标准、计划标准等不同角度来分析比较内容；在分析的过程中，通过多方面的对比，梳理双方或多方的资料信息，最终整理汇总得出比较结论。

1. 对比分析标准选择

（1）时间标准

时间标准即选择不同时间的指标作为基础，最常用的是与上年同期比较，即"同比"，还可以与前一时期做比较，此外，还可以与达到历史最好水平的时期或者历史上一些关键时期进行比较。比如，通过对比不同历史时期文化遗产的发展变化、建筑风格、保护策略与研究方向，总结出文化遗产的动态演进历程，以及今后在文化遗产保护与管理中的研究重点。

（2）空间标准

空间标准即选择不同空间的指标数据进行比较，又可分为三类。

①与相似的空间比较，如两个地理条件、空间形态相似的文化遗产目的地进行比较，分析在类似的地理空间环境中，文化遗产在保护及发展方面的异同及变化特点。

②与先进空间比较，如落后地区的文化遗产与发达地区的文化遗产比较，以及人流量大、可进入性强的文化遗产地与相对较封闭的文化遗产地进行比较。

③与扩大的空间标准比较，如某个文化遗产地的遗产保护与发展状况与全国乃至全世界遗产保护与管理的整体状况进行比较。

（3）经验或理论标准

经验或理论标准是指通过对过去大量历史资料的归纳、总结而得到的经验标准，以及对已知理论推理得到的经验标准。如在文化遗产的保护方面，始终以文化遗产保护法律法规为纲，跟随时代的变化而更新保护与管理理念，坚持保护与传承相辅相成。

（4）计划标准

计划标准是指把要对比的实际问题与计划标准、期望标准、规定标准等进行比较。在文化遗产保护中，将政策规定、市场环境、规划目标等作为计划标准，找到差异，分析原因，提出遗产保护和完善的方法。

2. 实践分析

关于对比分析法的具体案例，可以芦荣《国内外工业遗产研究对比分析》为例，从研究时间、研究空间、资源利用、认定评价体系和研究方法等方面的比较来说明对比分析法在文化遗产保护研究中的具体应用。[①]

（1）研究时间及专业程度比较

工业遗产研究的发展到目前才五六十年时间。20 世纪 50 年代是工业遗产研究萌芽时期。英国是工业革命的先驱，其工业遗产的保护工作也相对成熟和完善。20 世纪 60 年代，国外逐渐成立了多项专门研究组织和机构，无论是关于工

---

①芦荣. 国内外工业遗产研究对比分析[J]. 黄冈师范学院学报,2016(2):34-37.

业遗产的理论研究，还是工业遗产的相关实践进展，都取得了较快发展。在几十年的发展过程中，国外也取得一系列的研究成果，如工业考古从无到有、从量到质的突破、各项研究专项组织的成立都标志着工业遗产逐渐走向专业化。对比国外研究的专业程度而言，我国对工业遗产的研究起于 2002 年，研究时间起点晚、专项成果少。

（2）空间范围比较

英国作为工业革命的先驱，在长久的对外扩张和征服中，把工业革命带到世界其他地区，诸如德国、美国、日本等。早期生产力发达、生产水平相对较高的国家也加快了工业遗产保护的步伐。国内工业遗产研究关注的是近代以来沿海一带工业发展较快的地区，包括上海、广东等地。在现今的工业遗产保护过程中，国内工业遗产研究仍然处于发展状态，诸多保护措施有待进一步细化研究。

（3）认定评价体系比较

认定评价体系是规划和遴选工业遗产的详细指标，也是参照和标准。国外对于工业遗产的研究意识较高，以英国为例，其认定评价体系从国家层面主要分为在册古迹和登录建筑，前者的总体标准主要根据年代、稀有性、文献记录状况、群体价值、现存状况、脆弱性等几大方面来认定，后者主要根据更广泛的产业文脉、地域因素、完整的厂址、技术革新、重建和修复、历史价值等方面来认定。对中国工业遗产的认定评价目前还没有统一的标准，没有权威的认定体系和参考指标，这也是当前工业遗产研究亟待解决的问题。

（4）资源利用方式比较

国外的工业遗产再利用模式较为多样化，根据其不同性质，实现了如工业遗产旅游、主题博物馆、城市公园、创意产业园区、居住区等保护更新方式。其功能与空间定位都是从城市出发，根据具体的区位环境、城市发展目标、地区功能构成等进行了深入探索。我国工业遗产的开发模式比较单一，与国外的开发模式基本保持一致。而因地制宜要求工业遗产的开发建立在城市特色之上，使遗产资源融合城市文化特征，结合城市特色开发是我国工业遗产开发的重要模式。

（5）研究方法比较

国外研究注重从历史学、技术学、建筑学等多学科视角进行综合研究。目前，对于工业遗产逐渐开始与其他领域进行交叉研究，但是并不广泛。遗产除具有经济、历史价值以外，还包含众多其他科学价值，如社会价值、文化价值等。

二、田野工作法

（一）田野工作法概述

田野工作法又称为田野调查、现场调查或实地调查，是指经过专门训练的人类学者亲自进入某一社区，通过直接观察、访谈、住居体验等参与方式，获取第一手研究资料的过程，是一种在各个学科里广泛应用的方法。"田野工作"的概念最早出现在考古学和人类学的相关研究中，是对直接调查的进一步发展和实践应用。对于大多数的研究而言，田野工作是以获得最直接资料为目的预先调查阶段，它既不是按照预先拟定的理论框架去收集资料，也不是根据调查材料归纳出一般的结论。田野工作的重点是直观社会本身，力图通过记录一个个鲜活的人、事、物来反映调查对象的本质。田野工作的过程，其实是"理论"与"经验"两个层面往返交流、相互修正的过程，其优势主要体现在调查的直观性和可靠性。

1. 田野工作法的工作要点

（1）参与观察、深度访谈、直接体验

参与观察指研究者生活于他所研究的人群之中，参加他们的社会生活，观察正在发生的事情。深度访谈是指在田野工作中对当地人的深入采访。深度访谈一般采用无结构性访谈或半结构性访谈。直接体验是指强调从身体活动意义上的"做"。在关于文化遗产保护发展研究的工作中，无论是单个的文化遗产项目，还是某一地区文化遗产保护的整体情况，田野调查都应该是诸如确认、立档、研究、保存等一切保护工作的基础，是使保护工作避免成为空中楼阁的最重要、最基础的环节和措施。

（2）整体论研究

整体论研究是指实地考察工作者对某一文化进行全貌性的深入研究，反对从作为整体的文化中抽出个别要素进行跨文化比较。狭义的"整体论"的研究方法是功能学派的研究方法。功能主义关于整体论的基本观点是，构成文化或社会的各要素之间紧密地相互关联而构成一个整体，只有当文化被看成是一个各部分相互联系的整体时，才能确定任何文化元素的意义。

（3）跨文化比较

跨文化比较方法在于力图通过相似现象的比较而求得某种概括。它力求从一大堆变项中抽取出一些公分母。田野调查对跨文化社会有独特的解释之道，即观察和理解跨文化社会生活方式及文化的原生形貌，在文化遗产研究中对牵涉的不同领域，如遗产管理方、遗产地居民和第三方人员等方面进行田野调查。

2. 田野工作法的研究方法

（1）时间的"长"与"短"

一般认为，人类学田野调查的周期以一年为标准。如果调查的时间短于一年，就不大可能对研究对象进行深度的了解。然而，"几上几下"式的短期调查，使田野与书面调查密切结合，避免了单纯的行为主义调研，同时又节约经费，因而日渐受到研究者的青睐和推崇。

（2）地点的"生"与"熟"

人类学田野调查多半是研究异文化的，即大多以"生"地作为调查点。一般而言，如果从一开始就研究自己经常看到的文化，要发现其中深层次文化的运行规则，往往是不容易的，也容易犯熟视无睹的错误，忽略一些重要的东西。然而，以"生"地为调查点，也存在许多不利因素，如需较长时间才能进入田野，存在语言、文化上的沟通障碍等。而"熟"地也未必不是好的调查点，也有许多人类学者回家乡做田野调查，这样不但可以节约经费，还可以迅速进入"田野"这种有特殊关系的社区。

（3）观察的"入"与"出"

有学者认为，在人类学田野调查中，主要有以下四种程度不同的观察：①局外的观察，这是比较客观的，其分离度也高，但卷入田野的程度最低；②观察者的参与，观察者参与到田野中，但参与其中的程度适中，仅是以观察者的身份参与，同时保持了客观的立场，这种参与观察最难做到；③参与者的观察，观察者已经深深地参与进去了，但还能够有一些观察，有一点客观；④完全参与者，很多的是完全的主观参与，只能形成主观价值判断。在调查过程中，能否参与、参与到什么程度、观察到什么程度都是参与观察中所要关注的重要问题。

（4）深度访谈与问卷调查的有机结合

人类学田野调查除了参与观察以外，另一个重要方面就是深度访谈。有一些问题是难以直接观察出来的，只有通过深层次访谈才能把这些问题聊出来。这种深度访谈方法在效度上是很高的，即针对所问问题得到了真正需要的满意程度很高的材料。然而，深度访谈的信度却不一定高，即每次所问的结果未必相同，不一定能重复。与人类学深度访谈相比照的是社会学意义上的问卷调查。问卷调查的信度很高，具有可重复性，其最大困境就是有时效度很可疑，即得到的结果不一定令人满意。因此，在实际进行田野工作时，需要将深度访谈与问卷调查结合工作起来。

（二）田野工作法在遗产研究中的应用

1. 田野调查与文化遗产研究

文化遗产是一个实践性很强的研究领域，最大限度地获取第一手资料就成为科学研究的前提。近年来，田野工作越来越受到遗产研究者的青睐，许多有关的研究都是通过田野工作来开展预研究的。目前，田野工作法在我国主要集中应用于非物质文化遗产的保护。从《保护非物质文化遗产公约》给出的"保护"定义来看，无论是单个的非物质文化遗产项目，还是某一地区非物质文化遗产保护的整体情况，田野调查都应该是诸如确认、立档、研究、保存等一切保护工作的基础，是使保护工作避免成为空中楼阁的最重要、最基础的环节和措施。另外，非物质文化遗产本身就是民众生活的一部分，要想了解非物质文化遗产及其传承规律，就必须深入民间、深入田野。当非物质文化遗产传承问题日益凸显时，田野调查仍然是及时发现、解决问题以抢救、保护非物质文化遗产最基本、最有效的方法。

在非物质文化遗产保护的田野调查中，要尊重地方文化，注重非物质文化遗产传承人的保护。同时，田野调查的目的是寻找非物质文化遗产的传承规律，从而为随之而来的非物质文化遗产保护提供切实可行的技术支撑。因此，为确保调查结论的真实性，调查者既要注意到非物质文化遗产自身的传承，也要注意人与人、非物质文化遗产与非物质文化遗产、非物质文化遗产与所依存生态环境的关系等。非物质文化遗产是一个以群落状态存在的有机整体，若缺乏整体观、系统观的片面调查，很容易导致"碎片化"的保护，使非物质文化遗产遭受更致命的保护性破坏。

非物质文化遗产保护与研究的田野调查工作大致可分为三个阶段进行。一是准备工作阶段：明确目的，拟定提纲，说明存在的问题以及想要进行哪些方面的研究；了解情况，收集资料；拟订调查计划，组织分工，建立制度。二是实地调查阶段：开好调查会、个别访问、及时收集实物。三是整理分析阶段：分类整理；分析问题；综合意见写出报告。

2. 实践分析

以杨源对民族服饰中非物质文化遗产的保护研究为例，从选题确立、前期准备、计划制订、资料分析等方面分析说明田野工作法在文化遗产保护中的应用。①

（1）田野工作选题的确立

在文化遗产的田野调查工作中，选题的确立往往具有针对性或特殊的意义。调查组将"苗族服饰征集及服饰工艺调查"作为一个重点选题，原因主要有以下三个：①苗族服饰在中国民族服饰研究中具有重要地位，其文化内涵极为深厚，款式种类丰富多彩。苗族有100多个支系，就有百余种服饰，苗族服饰的演变堪称一部活的服装发展史。②苗族服饰工艺历史悠久，技艺精湛，其刺绣、蜡染、织锦和银饰工艺都极为出色，充分显示出苗族特有的艺术才华和文化底蕴。③苗族服饰的严重流失境外。从20世纪80年代末期至20世纪90年代，一些外国人在苗族地区重金收购苗族服饰，导致苗族服饰大量外流。

确定选题后，调查组历时两年的时间，走遍了贵州、广西、云南、四川、湖南等苗族聚居区，对苗族服饰开展了全面的田野调查和服饰文物征集工作，全方位征集苗族100多个支系的2000多件套服饰。同时，对苗族服饰工艺也开展了详细的考察与记录，如苗族刺绣、苗族银饰、苗族织锦、苗族蜡染、苗族服装款式、苗族服饰图案等，基本实现了选题的目标。

（2）田野工作的前期准备

田野调查的前期准备工作，主要包括两个方面。一是文献资料的收集与研读。对选题所涉及的民族和文化尽可能地多做些了解，同时要关注前人的研究成果，力求补充前人之不足，找到最佳切入点。一个民族的服饰及其工艺始终

---

①杨源. 来自田野的报告——民族田野调查与非物质文化遗产保护［J］. 中国博物馆,2006（4）:3-12.

与其民族总体文化紧密相连，因此田野资料的收集必须是综合的采录，查找的资料将涉及许多学科，包括与调查地点相关的生态环境、历史渊源、社会组织、宗教信仰、生活风俗、文化艺术及人口学等方面的资料，这些都是在做田野调查之前必须查询和研读的。例如，在对赫哲族鱼皮服饰工艺开展田野调查时，调查组前期就查阅了大量有关赫哲族历史、鱼文化史，以及赫哲族渔猎生产的著作、地方志、社会历史调查报告等资料。二是必要的物质准备。例如，最新的高清地图、摄影录音设备、测绘工具、记录表格、移动硬盘等调查记录必备用品。这两项前期准备工作十分重要，关系到田野调查是否有成效，田野笔记是否完整准确。

（3）田野工作计划的制订

田野工作计划的制订包括田野调查大纲、文物征集大纲、人员组成、地点选择、调查方式、时间安排等内容。民族事象都蕴含着复杂的文化意义，而文化的意义又不能轻而易举地在田野中发现，因此不仅要具有一定的田野调查经验，更重要的是要有一个周密的田野调查计划，否则在田野调查中会因为缺乏明确的调查目标而造成所调查的内容厚薄不均或缺失遗漏。田野调查之前，在资料研读的基础上，根据选题需要制订一个较为全面的调查计划是十分重要的，其中田野调查报告（提纲）的制定是最基本也是最关键的。

田野调查的工作方法，既要关注文字记录，也要注重文物征集、影像拍摄。文字记录是调查中必不可少的方法，包括日记、工作日志、谈话记录、文献抄录和文物描述等，要注重记录的真实性。此外，这些文字记录必须标明日期、地点和被调查者的姓名、年龄等。事后的补充调查也是必要的记录方式。文物征集的原则是征集那些有文化价值、艺术价值和历史价值的文物，每个典型地区要征集的物品都应实现列出名目和大致的估价，做好经费预算。资料拍摄方面，包括图片资料和影视资料，应事先确定若干主题，以便拍摄时有所侧重。

在行程时间安排方面，要做到点、面结合。跑面，即每个地方停留时间不长，但能走访较多的地方，以便对考察内容有一个较为广泛的了解。

点停留较长时间，完成专题调查。可以先跑面再做专题调查，也可以先点后面，相互补充，这样可以收集到全面系统的田野考察资料和文物资料。

考察地点的选择也很重要。考察地点的选择是由调查目的和要求决定的，每次调查目的不同，选择的地点也不同，实际需要和客观的可能是选择调查地点的重要依据，但总体上要求选择有代表性的典型地区。例如，在对苗族服饰征集及服饰工艺展开田野调查时，将黔东南地区作为考察的地点之一，因为这里是苗族服饰最为精美之地，其织、绣、染技艺都堪称苗族服饰工艺之最，且这里也是苗族服饰流失境外最为严重的地区，抢救工作刻不容缓。

（4）田野工作的资料分析

田野工作的资料分析就是将田野调查获取的第一手资料，通过研究升华为理论和依据，把田野资料与研究目标联系在一起，在所拟定的研究范围内分析所收集的各部分资料及其相互的联系，论证想要说明的问题，或证实和发现某种文化现象。在做田野工作的资料分析时，要注重资料的全面性、系统性，注重分清其历史层次性，对每种文化进行历史分类，分清早、中、晚期，对每种工艺要总结它的发生、发展和消失过程。同时，也要注意区分民族文化的特征。例如，调查组正是基于丰富的田野资料和实物资料，在对毛南族织锦征集和工艺调查之后，通过综合的资料分析最终确认了毛南族存在与壮族各自不同的织锦特色，毛南锦的确真实存在，在广西环江诸地发现的土锦是毛南锦而不是壮锦。并且，通过对毛南锦织造工艺和纹饰的进一步分析，调查组发现毛南锦具有明代汉族织造工艺的特点，其花纹造型则具有宋明时期的织物纹饰特征。这个发现对于认知毛南族文化史意义重大，结合毛南族社会历史综合分析，还可进一步推断毛南族至少在明代以前已普遍接受汉文化。

三、个案研究法

（一）个案研究法概述

个案研究法是指对某一个体、某一群体或某一组织在较长时间里连续进行调查，从而研究其行为发展变化的全过程，这种研究方法也称为案例研究法。个案研究法最显著的特征是描述客观世界的真实故事，而且大多是以纯粹客观的态度，运用归纳的方法，通过解剖"麻雀"，从中总结或提取普遍性原理，即把个案一般化。20世纪90年代以来，文化遗产研究取得了长足发展，产生了一系列代表性学术著作，这些著作大都采用个案研究。这是因为"遗产"是一个高度民族主义的话语，因此更易于使用比较和归纳的方法。特殊背景下的遗产案例研究日渐变成一种研究规范。

1. 个案研究法的对象

在大多数情况下，尽管个案研究以某个或某几个个体作为研究的对象，但这并不排除将研究结果推广到一般情况，也不排除于个案之间做比较后在实际中加以应用。对个案研究结果的推广和应用属于判断范畴，而非分析范畴。个案研究的任务就是为这种判断提供经过整理的经验报告，并为判断提供依据。在这一点上，个案研究有点像历史研究，它在判断时常须描述或引证个案的情况。因此，个案研究法亦称"个案历史法"。

个案研究法最显著的特点是其研究对象的普遍性。个案研究法广泛应用于文化遗产保护和利用的理论研究、应用研究，文化遗产的政策研究和文化遗产法律案例研究等诸多方面。我国文化遗产资源类型丰富且各有特色，运用个案研究法不仅可从纵向深入剖析某一典型遗产资源或地区，而且能够从横向拓展到更为普遍适用的层面去指导遗产保护研究工作。例如，以中西方各国不同时期、不同地域、不同风格，具有典型特征的文化遗产为对象进行个案研究，在合理归纳的基础上做出科学公允的评价，分析其原因，明晰其态势，总结其规律。

2. 个案研究法的特征

（1）研究对象的典型性和个别性

个案研究的对象是个别的，却不是完全孤立的个别，而是与其他个体相联系的，是某一个整体中的个别。对这些个别对象的研究必然在一定程度上反映其他个体和整体的某些特征和规律。个案研究的目的固然是了解把握某个个体的具体情况，但也要通过一个个的个案的研究，揭示出一般规律。

（2）研究过程的深入性和全面性

个案研究既可以研究个案的现在，也可以研究个案的过去，还可以追踪个案的未来发展。个案研究可以做静态的分析诊断，也可以做动态的调查或跟踪。由于个案研究的对象不多，因此研究时就有较为充裕的时间，对所选取事例或案例进行深入剖析研究，以获得丰富生动的资料，从而进行全面系统的分析与研究。

（3）研究方法的多样性和综合性

个案研究有自己的研究方法，如下面要介绍的追踪法、追因法、临床法和产品分析法等。然而，个案研究又不是完全独立的研究方法。为了收集到更多的个案资料，应从多角度把握研究对象的发展变化，综合各种研究手段。

3. 个案研究的过程

（1）确定研究对象

实施个案研究，首先要明确研究问题与研究目的，并在此基础上确定某一方面具有典型意义的人或事作为研究对象。

（2）收集、记录与整理个案资料

客观、准确、详细地收集有关个案的研究资料，可采用书面调查、口头访问的方式，也可采用观察、测验、评定的方式，还可以通过查阅个案的个人资料的方式获得信息。在资料收集过程中，应关注资料的广度与深度，保证资料的关联性，并建立个案研究资料库。记录与整理既是个案资料收集的最终结果，也是资料分析的起点和基础，要尽可能快地对收集到的资料加以组织、分类处理，为资料的分析提供更有效的参考性。

（3）个案资料分析

在广泛收集个案资料的基础上，对个案问题做出明确的诊断分析，并提出解决问题的策略和指导性意见。例如，从研究对象的主观上分析，了解行为发生的内在动力，如动机、态度、情感等与行为及其结果的因果联系。或者，从现状-过程背景维度出发，分析个案当前发展的现状、水平，探究个案现象形成和发展过程中与现有水平的动态关系，进一步分析影响个案现象发生的背景因素，以此来了解个案发展变化的基本特点、规律，以及影响个案发展变化的各种因素。

（4）形成个案研究结论

在广泛收集个案资料的基础上，进行讨论和评估，得出研究结论，提出解决问题的建议对策，撰写个案研究报告。

（二）个案研究法在遗产研究中的应用

1. 研究方法

（1）追踪法

个案追踪法就是在一个较长时间内连续跟踪研究单个的人或事，收集各种资料，揭示其发展变化的情况和趋势的研究方法。追踪研究短则数月，长达数年或更长的时间。如经过长时期追踪研究某地非物质文化遗产的传承与发展变化，深入了解其传承的演变过程与方式。

（2）追因法

追因法是先见结果，然后根据发现的结果去追究其发生的原因。例如，某地遗产保护与发展情况不佳，我们去追寻原因，从政策管理、规划实施、价值挖掘和传播方式等多方面深入探究其原因，这就是追因法。

（3）临床法

临床法往往通过谈话的形式进行，故又称临床谈话法。临床谈话法的方式可以是口头谈话，即面对面地交谈；也可以是书面谈话，即问卷谈话。如在进行文化遗产保护的研究工作中，与当地居民、工作人员等进行访谈，直接获取资料。

（4）产品分析法

产品分析法又称活动产品分析，它是通过分析研究对象的代表产品，如某地的建筑、文字记录、绘画、工艺作品等，以了解该地文化遗产的特性。产品分析法作为个案研究的一种方法，往往需要与实验法相结合，设置对照组，观察文化创造与输出的实际过程，以获得更加科学的结论。

2. 实践分析

以沈琪蕊对土家族女儿会大众媒体传播的调查研究个案为例，从确定个案对象、收集资料、研究问题和提出对策建议等方面分析个案研究法在文化遗产保护研究中的实际应用①。

（1）确定个案对象、收集整理资料

①沈琪蕊. 少数民族非物质文化遗产在大众媒体传播中的个案研究——以土家女儿会为例 [J]. 佳木斯教育学院学报,2014(6):477-478.

本书之所以选择土家女儿会作为研究样本，是因为近年来以土家女儿会为契机向世界推介恩施土家族苗族自治州这一少数民族地区，因此其成为民族非物质文化的大众传播与地区发展议题中的一个典型。

在确定土家女儿会为少数民族非物质文化遗产大众媒体传播的个案研究对象后，调查组从土家女儿会的文化内涵、大众传播现状调查、传播受众与传播效果调查三个方面对个案进行资料收集、整理。调查主要通过文献资料、网络报道、调查问卷三种方式进行。

（2）个案对象现状问题描述

根据个案资料的收集、整理，进一步分析、探讨大众媒体在土家女儿会传播中存在的问题。一般来说，涉及的主要问题有以下四点：①整体报道数量少，地区保护主义严重；②新旧媒介传播发力不足；③报道视角单一、内容同质、片面、肤浅，民族文化特色缺失；④大众传媒的传承社会遗产功能缺失等。

（3）针对现有问题进行具体对策分析

在这一阶段研究中，要做到具体问题具体分析，总结出适用于个案对象的有针对性的措施。例如，加大区内外媒体对土家女儿会的报道；传统媒体与新媒体有机结合，打造立体传播渠道；深挖土家族女儿会的文化内涵，提高大众传播的文化深度；推动土家女儿会成为传媒关注的常态；提高大众媒体报道的接近性、可读性，强化与受众的联系；增强土家族自媒体传播意识，提高少数民族文化保护传播的自觉性等。

四、文本分析法

（一）文本分析法概述

文本分析法是指通过对文本本身的文字、符号、语境等来解析、鉴别并做归类推理，在此基础之上挖掘文本的间接的、潜在的动机和效果。从文本的表层深入到文本的深层，从而发现那些不能为普通阅读所把握的深层意义。文本分析法建立在文献收集的技术上，而文献收集方法是目前文化遗产研究最主要的方法之一，一般而言，这种方式花费少、效率高，所获得的信息比口头情报来得真实、准确，但同时需要注意对信息真假的甄别，以及对庞大信息的筛选。而相关报纸、地区志等文献会为研究者提供非常有价值的信息，省去不少时间。

1. 文本分析法的特征

（1）客观性

用事实以及数据说话，是文本分析法客观性的主要表现。所分析的对象，对文本分析法来讲，则是十分显著的文本外部特征。该方法在运用中从不凭空推测分析对象背后可能含义，而是依赖固有的分析程序来得出结论。一旦研究目的与范围确定，就要尽量排除人为因素的影响，做到客观、无偏向。

（2）系统性

一般而言，文本分析的对象都是大量的、系统化的、具有一定历时性的文献，要面对如何确定调查范围和取样的问题。系统化调查取样是分析的基本前提，必须有足够的数据来克服可能出现的随机偏差。除语言符号分析等特殊情形之外，单个的、少量的文献通常不能作为分析的依据。

（3）非接触性

文本分析都是通过对二手资料进行的间接、非接触式的研究方法，这一点与社会调查、访谈、实验等研究方法有着根本的差异。如基于对有关法律、法规和政策文本等简介资料分析我国文化遗产传承人建档保护的体制机制及其基层实践状况。

（4）主观参与性

在文本分析法的运用中，比较容易因研究者为自身价值观念、政治立场、知识构架、认知体验所影响，而对文本中各种符号的"所指"得出不同结论，相对的主观性是该方法不可避免的。

2. 文本分析的要点

（1）提炼文本内容的研究意义

研究者在进行文本分析时，目的是从文本中寻找研究意义，这个意义可能是文本自身所具有的，也可能是研究者经由观察与搜索的过程所给予文本。比如，在遗产研究这样一个多学科多领域的交叉发展中，对于文化遗产的保护与传承来说，通过传承人的自传、遗产演进史、民族志等进行文本分析，能够提炼并赋予该文化遗产持续传承与发展的理论意义与现实意义。

（2）描述文本内容的结构与功能

文本结构是相关元素连接起来成为一个有意义的文本过程，文本结构的分析，重视对这些信息元素的组织化过程。这个结构过程通常有两种：一是文本本身内在个别元素之间的结构；二是这些内在个别元素之间结构的互动所形成的一个整体性架构。文本功能的分析强调该项分析的目的。

（3）了解文本产生的相关变量

文本的产生，必然有历史和社会方面的因素，在文本分析的过程中比较关键的一部分就是了解文本产生的相关变量，比如收集不同时期关于某个遗产地研究的重点及实施的保护策略文献资料，分析影响其持续或者变化的相关因素，便于总结经验以及完善发展。

（二）文本分析法在遗产研究中的应用

1. 网络文本分析与文化遗产研究

随着大数据、人工智能等学科的发展，文本提取正向着数字化、智能化、语义化的方向深入发展，基于网络文本分析的文化遗产研究逐渐成为一门趋势，是文本分析法在文化遗产研究中的重要应用。近年来，越来越多的研究者注重对游客网络游记文本进行分析，研究的主题涉及遗产旅游目的地旅游形象、游客认知、空间分布等方面。

网络文本分析是基于 Web2.0 技术的广泛推广而得以实现的。随着互联网的普及和发展，基于网络文本分析的遗产旅游目的地研究往往会选取相关网站的"分享旅游体验贴"或游客点评，通过网络爬虫工具如八爪鱼、火车头等采集器，以及 Python 网络爬虫方式等进行网络数据资料采集。网络文本是从网络上直接获得的数据样本，有学者会将网络文本数据与传统的问卷调查数据相结合，使研究更有说服力。对文本进行采集后，进一步运用内容分析法对采集到的文本进行分析。例如，使用 ROST 软件中的高频词、语义分析、情感分析工具进行分析，使用 UCINET 软件、KHcoder 软件进行社会网络分析，或者结合层次分析法、ASEB、扎根理论等进行其他定性研究。

2. 实践分析

以张瑛等对基于网络游记的大运河文化遗产游客感知研究为例来进一步分析

网络文本分析法在文化遗产游客感知研究中的实际应用。[①] 本文将大运河作为研究对象，基于网络游记的数据，使用网络文本分析法，从大运河沿线城市、游客对大运河遗产点文化感知、情感感知和整体文化遗产形象感知方面阐释大运河文化遗产游客感知处于初级阶段的机制，并提出大运河文化遗产感知的提升策略，为大运河旅游开发和发展方向提供借鉴。

（1）研究设计

通过在艺龙旅行网、百度旅游网、马蜂窝旅游网搜索栏键入以"运河旅游"为关键词的字段进行搜索，利用 Python 网络爬虫方法将游记内容按照设置规则抓取至计算机本地作为研究数据来源。为了研究分析的全面性和准确性，抓取内容尽可能全面详细，主要包含游记的标题、发布者、出发时间、行程天数、旅游目的地和游记详细内容等。剔除没有参考价值的数据，共选用 2009—2018 年的有效游记 443 篇，每篇游记的文字数量均在 1000~5000 字。选用 ROST Content Mining 6 软件，采用网络文本分析方法，对文本文件进行词频分析、语义网络分析和情感分析。在以上统计结果的基础上，深入挖掘游客对大运河文化遗产的感知层面。

（2）数据分析

本文主要对文本内容进行词频分析、语义网络分析和情感分析，评估游客对大运河文化遗产感知的特点和层次。

①将游记中游客对大运河旅游描述的高频特征词按出现的频次由高到低选取与研究主题相关的所有词汇，制成高频词表。以高频词表为基础，进一步归类分析。例如，通过"申遗""文化遗产""漕运""古代遗址""运河文化"等高频词的描述，反映了游客对大运河文化底蕴的感知，但没有达到文化深度体验层面。从"旅游""码头""游船""风景""休闲""夜景""惬意""散步""观光"等高频词可以看出，当前大运河的功能从古代的漕运交通逐渐转向休闲观光旅游，使得大运河重新焕发生机。

②挖掘高频词之间的关联指向属性，分析高频词反映的游客对大运河旅游感知的直接或间接关系，使用语义网络分析功能，通过高频词表、行特征词表和共

---

①张瑛,史凯静,刘建峰. 基于网络游记的大运河文化遗产游客感知研究[J]. 地域研究与开发,2020(4):79-85.

现矩阵词表构建可视化语义网络。例如，游记文本内容以"运河"为第一中心聚集，也形成了以"京杭大运河""杭州""中国""文化""江南""历史""古运河""博物馆"为第二中心聚集。"运河"与"京杭大运河"的关联性很强，这说明了游客对大运河的感知重点关注了"京杭大运河"河段，由此可知京杭大运河在中国运河文化中起到了代表性作用。

③对大运河文化遗产感知进行综合分析。例如，通过分析网络游记中关于提及城市的词表，抽取出游客在网络文本中提及的城市和省份，对沿线城市进行文化感知分析，可以看出游客对大运河文化遗产的整体性和空间性感知较强，对大运河的概况也形成了总体认识。而抽取游客在网络文本中提及的河段与遗产点进行分析，则发现游客对于大运河只有片面模糊的感知，对大运河深层次的、富有文化内涵的感知相对缺失。此外，通过游客对大运河文化遗产感知情感分析，可以看出超过一半的游客没有明确表达对大运河的情感倾向，这也说明游客对大运河文化遗产没有具体的了解，只是走马观花式的观光，没有情绪的强烈感知。

（3）得出结论与建议

游客对大运河文化遗产感知具有偏好性、表层性、综合性。游客选择大运河旅游目的地的偏好和地理位置有关；现阶段对于大运河以欣赏自然风光为重心，缺乏深层文化内涵的探索。同时，游客对遗产点有概括性认识，而且大运河文化遗产的整体形象感知比对具体遗产点的感知要明显。由此可见，大运河文化遗产游客感知层次仍处于发展的初级阶段，要从完善大运河沿线城市旅游基础设施、构建大运河深层文化体验型旅游产品体系、构建全面的大运河文化遗产解说系统、使用科技手段复现大运河历史文化原貌、政府和旅游企事业单位共同构建大运河文化带等方面提升游客对大运河文化遗产的感知积极性。

五、主客位方法

（一）主客位方法概述

主位和客位方法伴随人类学田野调查工作方式及"参与式"观察而出现，成为人类学田野调查以及民族志撰写中应用较广泛的一对相对应的研究视角或研究立场。主体与客体对于价值观有着不同的视角，称为主位与客位。

1. 主位研究与客位研究

主位研究是指从研究对象的视角看待民族或文明现象。也就是说，研究者不凭自己的主观认识，尽可能地从当地人的视角去理解文化，通过听取当地提供情况的人即报道人所反映的当地人对事物的认识和观点进行整理和分析的研究方法。主位研究将报道人放在更重要的位置，把他的描述和分析作为最终的判断。同时，主位研究要求研究者对研究对象有深入的了解，熟悉他们的知识体系、分类系统，明晰他们的概念、话语及意义，通过深入的参与观察，尽量像本地人那样去思考和行动。

客位研究是指从研究者的视角看待民族或文明现象。也就是说，研究者以文化外来观察者的角度来理解文化，以科学家的标准对其行为的原因和结果进行解释，用比较的和历史的观点看待民族志提供的材料。这样在研究理论和方法方面要求研究者具有较为系统的知识，并能够联系研究对象实际材料进行应用。

2. 主位研究与客位研究的优缺点

主位研究会尽量让当地研究对象即局内人说话，由于是"从内部看文化"，研究者与研究对象享有共同的文化，因此与其他局外人相比，研究者能更透彻地理解当地人的思维习惯、行为意义和情感表达方式，更容易进入当地人的情感领域，更深刻地理解当地人的本土化语言及其意义。研究者将自己置于当地人的情境，尊重当地人的意见，充分表达当地人的意愿，能够心领神会地理解当地人的许多事情，更有助于挖掘其他局外人无法获得的一些重要信息，真正实现研究结果与实际生活的完美结合。当然，也应该看到，研究者以"局内人"身份介入当地人的日常生活，有可能会影响实地调查的效度。过多地介入当地社会生活，使研究者可能对研究对象在日常生活中表露出来的隐含意义失去敏感性，甚至"想当然"地去模式化应对，从而导致意义的流失或隐退。

客位研究也有自己的优势和不足。客位研究是"从外部看文化"，研究者更容易看到整体文化结构以及整体文化与其他文化之间的联系。在客位研究中，研究者会提出一些"局内人"不太可能提出的问题，从而实现对"局内人"文化和行为更深入的理解。同时，"局外人"视角有助于认清文化再诠释的必要性，挖掘其他文化的独特含义，在不断比较研究者自己理解与当地人解释中去发现其他文化存在的价值，也就是实现研究者与研究对象在意义层面上的积极对话。当然，客位研究也存在不足。研究者通过与研究对象的互动，能够阅读研究对象各种社会活动所具有的符号意义。客位研究的关键在于：阅读双方并不一定能够获得相同的理解，甚至会得出相反的看法。因此，需要研究者在意见分歧中寻求平衡点。

"主位研究"和"客位研究"是田野调查的两种研究视角，两者各有优缺点，其划分也不是绝对的。在实地调查过程中，很难有完全的"主位研究"，也很难有完全的"客位研究"。学者们认为，在调查中获取了本位观念之后，还是会同较基本的理论问题联系起来做进一步的研究并形成客位观念。因此，主位方法是我们观察研究文化的重要出发点和基础，同时需要客位的分类和资料收集形式，这样可以对观察单位的定义提供有意义的指导。因此，社会研究者可以使用多种主位和客位相结合的方法来透视各种社会问题，以实现对社会问题更好、更全面的理解。例如，研究者可以用主位方法来收集调查数据，在整理和分析数据时，以受访者的意见和证据为基础，跳出具体的研究情境，用客位视角来审视和解读研究对象，在撰写研究报告时，用研究者口吻而不是受访者口吻来报告研究结果并阐发研究意义。

（二）主客位方法在遗产研究中的应用

主客位分析方法是人类学对于文化分析的主要方法，涉及研究的不同视角和观念。非物质文化遗产以活态传承至今，是有着明显的个体或群体传承人的文化现象。

对于非物质文化遗产的认知也存在主位和客位的差异，把握好非物质文化遗产的主客位观点，合理地分析与应用主客位方法，将对我国非物质文化遗产的保护与利用起到促进作用。

1. 非物质文化遗产保护中的主客位认知

非物质文化遗产是一个全新的概念，从其所指以及所立项的项目来看，大多是指一些有着悠久历史的地方民俗传统，这些世代相传的风俗与地方社会的运用及群体所处的生态环境息息相关。在地方社会环境中长大的社会成员，从出生起就很自然地接受了祖辈留传下来的"主位观念"。非物质文化遗产的主位观念，代表了社区、群体或个人的文化主体对传承文化的价值认知，这些认知是祖辈留传下来的价值观及思维模式。对于这种主位观念，我们必须保护并予以尊重，这是非物质文化遗产保护和利用的出发点和基础。

在非物质文化遗产保护工作中，除了社区、群体或个人等传承主体外，还存在一个以政府为主导的政府、学界、商界、新闻媒体以及公众等组成的非物质文化遗产保护的客位体系，他们虽然与传承无直接的关系，却是对非物质文化遗产传承起着重要推动作用的外部力量，从制度角度参与非物质文化遗产的分类和评定，并从组织机构、财政支持、商业开发，以及媒体宣传上保证非物质文化遗产保护和利用工作的可持续发展。政府、学者、商界、新闻媒体及公众作为非物质文化遗产保护的"客体"或"外来人"，在制定政策、参与决策、实施及宣传工作中，与非物质文化遗产的传承人一起成为文化遗产保护的主要力量。然而，主位与客位因为处在非物质文化遗产的不同角度，因而以政府为代表的"客体"常常与以传承人为主体的"本土人"的观念存在错位。

如何在保护中协调好两者的关系，使政府、学者与非物质文化遗产传承人之间保持一种相互尊重、相互理解的关系，是非物质文化遗产保护发展的关键。因此，非物质文化遗产主客位方法必须有机结合，相互补充，只有这样才能真正发挥非物质文化遗产的主体能动性，同时发挥政府、学界、商界和公众的合力，对非物质文化遗产的保护发展提供指导。

2. 实践分析

现以施金凤等基于主客视角的节事活动对非物质文化遗产认知与形象影响差异研究为例，进一步分析说明主客位方法在遗产研究的实际应用。[①] 该文从节事活动和非物质文化遗产发展的主体（居民与游客）出发，以运河嘉年华为例，在调查问卷数据分析的基础上，通过主客位视角探究了节事活动对非物质文化遗产认知与形象影响的差异。

（1）数据收集

以"江苏邢建·2019 运河文化嘉年华"为研究案例，选取现场活动的参与

---

①施金凤,胡婷,张爱平. 基于主客视角的节事活动对非物质文化遗产认知与形象影响差异研究[J]. 绿色科技,2020(5):173-176,181.

者为调研对象，随机向其发放问卷。整个调研过程中对问卷进行甄选，最终回收问卷405份，剔除无效问卷后，共获得有效问卷363份作为最终样本用作数据分析。

（2）实证分析

首先，研究对样本数据进行信度和效度的检验，再通过因子分析提取非物质文化遗产认知和非物质文化遗产形象两个因子。其次，通过均值比较与t检验来比较居民和游客对运河非物质文化遗产的认知和对运河非物质文化遗产形象的感知是否存在差异并加以分析。通过对居民和游客进行非物质文化遗产认知与非物质文化遗产形象感知以及t检验分析可以发现，居民的整体感知强于游客的感知，在对非物质文化遗产形象的感知方面，居民也高于游客。

（3）研究结论与启示

通过分析居民与游客对非物质文化遗产认知和非物质文化遗产形象感知的差异，最终得出结论：居民与游客对于非物质文化遗产认知和非物质文化遗产形象总体持正向态度，即对于运河非物质文化遗产有基本认知且能够通过节事活动的举办感受到文化内涵，并提升对非物质文化遗产的整体认知和形象感知；同时，居民与游客对非物质文化遗产认知、非物质文化遗产形象感知均存在显著差异，即居民对于非物质文化遗产的认知和非物质文化遗产形象的感知均优于游客。

基于主客位视角，调研组又对如何进一步优化节事活动，提升公众对非物质文化遗产的认知及后续传承发展提出了若干建议。例如：一方面，要尊重并鼓励居民参与，重视居民的文化身份，维护好居民和非物质文化遗产之间的情感和联结，使节事活动成为展示独特非物质文化遗产的舞台；另一方面，要根植于非物质文化遗产，在保持非物质文化遗产原真性的基础上，充分考虑游客的潜在文化需求，并将其转化为现实的文化消费，增加体验类活动、非物质文化遗产公演、多维展示等项目，吸引游客参与其中真正去触及非物质文化遗产。与此同时，加强主客沟通，借助居民对于非物质文化遗产的宣传，改善信息不对称的现象，从而提升游客的归属感，保证非物质文化遗产的稳定传承。

第二节　构建中国文化遗产保护发展体系的理论基础

一、理论基础

（一）价值论

价值论是关于社会事物之间价值关系的本质与发展规律的学说。作为哲学范畴，价值是指在实践基础上形成的主体和客体之间的意义关系，是客体对个人、群体乃至整个社会的生活和活动所具有的积极意义。人对于客观世界的认识分为两大类：一是关于客观世界各种事物的属性与本质及运动规律的认识；二是关于客观世界各种事物对于人类的生存与发展意义的认识，也就是价值论。价值论主要从主体的需要和客体能否满足主体的需要及如何满足主体需要的角度，考察和评价各种物质的、精神的现象及主体的行为对个人、阶级、社会的意义。某种事物或现象具备价值，就是该事物和现象成为人们的需要、兴趣所追求的对象，是人的需要、兴趣、目的，并随着社会环境而改变。

价值具有普适性、多样性与社会历史性的多重特征。普适性决定了价值在凝聚民族精神、维系民族文化方面发挥着重要作用。多样性是指同一客体相对于主体的不同需要会产生不同的价值；社会历史性则是指主体和客体以及主客体之间的关系发生变化会导致人们对价值的判断发生改变。在西方哲学理论体系中，价值论是与存在论和认识论并列的理论分支，其中价值观是哲学世界观的重要内容，价值思维是哲学思维的重要方式。

将价值论运用于我国文化遗产保护发展理念的构建，集中体现为价值哲学对遗产保护发展理念的目标取向性，它将影响遗产保护发展在理论上的系统性、观念上的认同性、意念上的连续性、情感上的可原性、数理逻辑上的相容性、自然法则上的和谐性和语义逻辑上的一致性。价值的普适性、多样性和社会历史性决定了我国既应有对西方文化遗产保护理念的兼容吸收，确立人类对待文化遗产态度上的共同追求和理想目标，也应在尊重这些代表人类基本价值共识公约的同时，充分考虑我国文化独特性，不仅要对我国传统儒家思想、农本思想等价值观进行诠释和取舍，还要结合我国国情对文化遗产价值体系和评判制度进行创造性探索。

（二）系统论

系统论的基本思想是把研究和处理的对象看作一个整体系统，研究系统的结构、特点、行为、动态、原则、规律以及系统间的联系。系统论的核心思想是系统的整体观念，任何系统都是一个有机的整体，它不是各个部分的机械组合或简单相加，系统的整体功能是各要素在孤立状态下所没有的性质，正如亚里士多德的名言"整体大于部分之和"。同时，系统中各要素不是孤立地存在着，每个要素在系统中都处于一定的位置上，起着特定的作用。要素之间相互关联，构成了一个不可分割的整体。要素是整体中的要素，如果将要素从系统整体中割离出来，它将失去要素的作用。

系统论的基本方法，就是把所研究和处理的对象当作一个系统，分析系统的结构和功能，研究系统、要素、环境三者的相互关系和变动的规律性，并优化系统观点看问题。系统论的主要任务是以系统为对象，从整体出发来研究系统整体和组成系统整体各要素的相互关系，从本质上说明其结构、功能、行为和动态，以把握系统整体，达到最优的目标。也就是说，研究系统的目的不仅在于认识系统的特点和规律，更重要的是调整优化系统结构，协调各要素关系，使系统的存在与发展合乎人的目的需要。

文化遗产保护是一个系统工程，运用系统论有助于厘清文化遗产保护系统内部、系统环境以及系统变化之间的逻辑关系。①文化遗产保护涉及建筑、考古、历史、地理等相关学科，是一个由各个子系统构成的整体，包括管理、法律、教育科研等各个亚系统，各子系统间相互影响、相互作用。②社会环境、自然环境和人是文化遗产保护系统外部边界的三大要素，社会环境中的政治制度、宗教信仰、经济状况和科技水平都对文化遗产保护发展有着巨大影响，而自然环境的差异可能导致保护手段与方法的区别，作为保护主体的人决定着保护研究、保存制度和民众意识。③系统内部之间关系链接，如教育培训对管理队伍的充实，法律体系对预防、治理、修缮的规定等，影响着文化遗产保护发展的实际运行状况。

（三）控制论

控制论是研究系统的状态、功能、行为方式及变动趋势，控制系统的稳定，揭示不同系统的共同的控制规律，使系统按预定目标运行的技术科学。现代社会的许多新概念和新技术几乎都与控制论有着密切关系。在控制论中，"控制"是指为了"改善"某个或某些受控对象的功能或发展，需要获得并使用信息，以这种信息为基础而选出的、于该对象上的作用。作为一门研究动态系统在变化的环境条件下如何保持平衡状态或稳定状态的科学，以及综合研究各类系统（动物、人类和机器）的控制、信息交换、反馈调节的科学，控制论已经渗透到几乎所有的自然科学和社会科学领域。

控制的思维是一个闭环，控制论的观点是高度抽象的，任何自洽系统都存在相类似的控制模式。借鉴现代控制论思想对文化遗产保护发展的意义在于，可将文化遗产看作是一个控制系统，探讨如何利用最优控制、最优设计和系统辨识使文化遗产保护发展达到最佳状态。尽管控制论发端于自然科学，但它所探讨的关于系统的相关关系、组织结构、运行机制、控制过程等方面，具有重要的方法论意义。从理论上讲，控制论适合于工程的、生物的控制论的理论与方法，也适合于分析和说明文化遗产保护发展管控问题，如新技术在文化遗产保护发展中的应用、分级干预保护中的控制方法等。

二、研究内容

（一）宏观层面

运用价值论方法，解析我国传统哲学思想对文化遗产保护发展理念的影响，包括各个流派的价值观思想，如儒家的道德哲学对文化遗产真善美价值的释义，道家的自然主义超越价值观与文化遗产意境美学的关系，墨家的功利实用价值观对文化遗产价值的认知及对修复方式的导向，以及宗法礼制、符号象征等民俗观念对建筑制式的影响。同时，构建中国文化遗产保护发展体系，也应了解西方主流价值观对西方文化遗产保护发展理念的指导意义，相关流派的主要思想及发展历程，以及对世界文化遗产保护发展理念的主要影响。

（二）中观层面

运用系统论的方法，研究文化遗产保护发展与外部边界环境之间，以及文化遗产保护发展内部各子系统间的相互渗透，揭示其通过系统良性运行机制所形成的有机联系性与系统整体性。外部环境研究包括如何将文化遗产保护纳入生态环境建设，以生态环境建设促进文化遗产保护发展，以文化遗产保护发展提升生态环境的文化内涵。内部结构主要研究内容应涵盖以下四个方面：①保护管理体系，包括研究如何建立或优化文化遗产登录制度、建筑管理制度、保护官员制度、公众参与制度及监督体系等；②资金保障体系，包括如何构建以国家占主体、市场资金参与运作、民间慈善及文化基金支持相结合的全方位资金保障体系；③教育科研体系，包括如何设立并发挥文化遗产保护发展的研究机构、教育体制与培训体系的作用；④法律保障体系，充分掌握我国法律保障体系现状和国家、地方各级法律法规内容，研究如何加强法律法规建设对我国文化遗产保护发展的规范、指导和引导作用。

（三）微观层面

运用控制论观点，进一步对国际普遍遵循的文化遗产保护修复原则展开"本土释义"，开发适合我国文化遗产结构特点的保护、修复技术措施。如对文化遗产资源进行分级干预，针对不同的遗产状况采用维持现状、加固性修复、修补性修复、复原性修复、重建性修复、适应性再利用等手段。研究运用新技术对文化遗产风貌进行维护，对文化遗产进行科学考据和技术处理，对数字博物馆进行信息化建设等。

第三节　中国文化遗产保护发展体系的内容构成

一、保护发展理念

按照新时代中国特色社会主义文化建设的实际需要，紧扣文化遗产的历史内涵和时代价值，中国特色文化遗产保护发展理念的主要内涵可概括为：保护与传承为主，发展与创新为要；保护与发展并重，传承与创新并举。

保护、传承、创新和发展是新时代中国文化遗产保护发展应秉承的根本理念，四者相互贯通、缺一不可。一是保护与传承是文化遗产事业永恒的主题，同时也是文化遗产工作者的主责和主业。任何时候、任何情况下都要始终坚持保护与传承为主的理念，要像爱惜自己的生命一样保护传承好中华民族的一切优秀文化遗产。二是发展与创新是践行保护与传承的关键和要害，同时也是行之有效的方法和手段。要始终坚持发展与创新为要的理念，以发展促保护，以创新促传承。三是保护与发展并重、传承与创新并举是推进文化遗产事业应坚持的正确态度。要始终把保护与发展、传承与创新摆在同等重要的位置，不可偏废。只有坚持保护与发展并重、传承与创新并举的态度，才能在文化遗产保护发展中化解矛盾，解决问题，变被动为主动，化消极为积极，真正实现文化遗产事业的大发展。

文化保护是文化发展的前提和基础，文化发展是文化保护的宗旨和目标。在推进文化遗产事业的过程中，不能将保护与发展相对立，只讲保护，不求发展，尤其是要坚决摒弃那种"发展就是破坏"的片面错误的观点。事实上，在文化遗产保护中，保护与发展不仅不矛盾，而且是相融相通、相互促进的。摒弃保护的发展，必然成为丧失根基与灵魂的盲目破坏。排斥发展的保护也必将成为迷失方向、缺乏活力的僵死的重复。无论是从文化发展的客观规律来说，还是就中国特色社会主义文化建设的实际需要来看，推进新时代中国文化遗产工作，都要冲破静态化、被动式为保护而保护的传统思维与模式，坚持在发展中保护、以发展促保护。保护遗产，珍视传统，决不能抱残守缺，言必古人，艺必古典，躺在祖先的功劳簿上坐享其成。新时代促进文化遗产自身发展，要立足经济社会发展的实际需要，按照文化发展规律，结合时代的新进步、新发展，在传承中华文化基因，弘扬遗产蕴含的思想智慧、精神力量基础上，创造、生产出更多更好的文化精品，不断丰富我国文化遗产的种类和内容。

文化传承是文化创新的基础，文化创新是文化传承的时代要求。文化发展是一个扬弃和创新的过程，每一个时代的文化总是在继承前一时代文化的精华并剔除其糟粕，同时再融入本时代新的文化成分而不断加以创新的基础上发展起来的。没有对以前文化的继承，文化的发展就没有根基。相应地，只是一味地继承，而不融入新时代的文化因素，不加以创新，文化发展只能是一种毫无生机、毫无价值的僵死的重复。文化遗产作为文化的物化表现，其发展也必然是一个扬弃和创新的过程。传承文化遗产，要坚持以创新促传承的理念，按照时代发展的实际需要，重点从遗产形式和内容两个方面做好创造性转化和创新性发展工作，使之与现实文化相融相通，更具生生不息的活力和魅力。一方面，要按照时代特点与要求，对那些至今仍有借鉴价值的内涵和陈旧的表现形式加以改造，赋予其新的时代内涵和现代表达方式，激活其生命力，实现其创造性转化；另一方面，要按照时代的新进步、新进展，对文化遗产的内涵加以补充、拓展、完善，增强其影响力和感召力，实现其创新性发展。

二、保护发展原则

（一）保护原则

1. 真实保护

所谓"真实保护"原则，就是要确保文化遗产现状的真实保留及其承载、传递历史信息的真实性。在具体保护实践中，要通过强调保护依据的准确性和保护手段的可靠性来实现文化遗产真实完整的保护。

①要确保文化遗产保护依据的准确性。任何形式的文化遗产保护实践，都要秉承客观、科学、礼敬的态度，要以可靠文献、数据等为依据，在真实、准确的历史资料支撑下制订科学求实的保护方案。例如，1973 年在制订五台山南禅寺大殿修复方案时，就参考了敦煌壁画、大雁塔门楣线刻佛殿、陕西乾县懿德太子墓唐代壁画阙楼和唐代鸱尾形制，以及宋《营造法式》等多种资料。又如，1945—1966 年，华沙古城重建工程完全以第二次世界大战前的实测图、照片等历史文献及相关古迹保护档案为施工依据。

②要确保文化遗产保护手段的可靠性。保护手段的可靠与否，直接决定文化遗产的保护成效。保护手段的选择运用要紧紧围绕最大限度地保存延续文化遗产现状和保存传承文化遗产真实历史信息两大目标，结合保护对象的实际情况综合研判，有的放矢地慎重决策。尤其是在当代科学、信息技术日新月异的时代条件

下，要积极采用现代科学技术手段和科学监测方法，提高文化遗产保护与动态管理水平。例如，运用信息技术手段加强文物的日常养护巡查与监测保护，注重与原材料、原结构相匹配的可逆性材料应用等，以最大限度地增强文化遗产保护手段的科学、可靠性。

2. 有效保护

所谓"有效保护"原则，就是要以实事求是的态度，运用务实、管用、对路的保护措施，切实保护好每一项文化遗产，确保文化遗产保护工作的实际效果。

①要在宏观上确保保护观念、思路的有效性。观念决定思路，思路决定出路。有效保护文化遗产，至关重要的是要树立符合中国文化遗产特性并遵从中国传统审美崇尚、价值取向的保护理念，并以此为基础，根据文化遗产的实际保存现状，有区别、有针对性地提出切实有效的保护思路。

②要在微观上确保保护方法、措施的有效性。要在始终坚持以保护传承为主的前提下，广泛借鉴汲取古今中外传统的、现代的行之有效的保护方法，并充分运用新科技、新材料、新工艺、新方法，研究制定具有较强针对性、可操作性的保护方案及方法、措施，力求在继承传统、博采众长的基础上，以最先进的科学技术实现文化遗产最有效、最持续的保护，真正做到应保尽保、能保则保。

3. 全面保护

所谓"全面保护"原则，就是要实现文化遗产"内涵"和"外延"上由点到面，由"躯体到灵魂"的保护，文化遗产种类上由传统文化遗产到其他类型文化遗产的保护。

①要重视文化遗产本体与环境"点""线""面"的全面保护。随着我国文化遗产保护发展理念和实践的不断深入，文化遗产保护的"内涵"有了新的发展和变化，遗产本体保护与遗产所依存的整体环境（包括历史的、文化的、生态的、社会的等因素的综合环境）保护构成当代文化遗产保护的重要内容。与之相应，文化遗产保护也要秉承"点线面、多层次、全覆盖"的工作思路，向"活态遗产""动态遗产"方向发展，从而实现由"躯体到灵魂"的全面保护。

②要重视文化遗产保护新领域的拓展与研究。随着人们对文化遗产价值认知

的不断深入，文化遗产的"外延"在不断扩大。新时代不仅要注重历史文化遗产、大型文化遗产、线性文化遗产、非物质文化遗产、民间文化遗产等传统领域遗产保护的纵向深入研究，还要加强对工业文化遗产、红色文化遗产、传媒文化遗产、信息文化遗产等新兴遗产保护的科学研究和技术创新，从种类上实现全面保护。

（二）传承原则

1. 传承遗产智慧

中国文化遗产作为中国优秀传统文化的物质与非物质载体，蕴含着中华民族独特的思想、艺术、建筑、科技等智慧，显示出中华民族高超的造物技艺、艺术水平与创新能力。尤其是中国丝绸、陶器、漆器、青铜器等造物文化产品，不仅是那个时代工艺、技术和美学上的引领者，而且许多技艺和创造成就时至今日也颇为精湛。保护发展文化遗产，要在保护好其本体及周边环境的同时，以丰富多样、灵活有效的方式方法，积极传承借鉴、发扬遗产智慧，使其更好地服务于当代经济社会发展。现存许多水利工程类文化遗产，如都江堰，运用到大量当时居于世界领先地位的科学技术，充分展示了古代人民的造物技术智慧，值得我们充分借鉴。应县木塔所采用的外观5层，内部实则9层的建筑结构，也与当前国际结构工程界最新抗震理论所认为的刚、柔混合结构可以克服传统结构抗震缺点的观点保持高度一致，所具有的科学价值不但可以作为人类建筑历史上的杰出范例，而且对当代高层及超高层建筑结构设计具有直接的借鉴意义。

2. 传承遗产精神

文化遗产是一个民族和国家在长期历史发展中逐渐形成和积淀情感、信仰、文化、身份认同的表达系统。中国文化遗产承载着绵延不绝的中华文明，积淀着民族精神的符号基因。我们所熟知的愚公移山、精卫填海、夸父逐日等传记，西汉史学家司马迁"究天人之际，通古今之变，成一家之言"的史学抱负，唐代诗人李白"乘风破浪会有时，直挂云帆济沧海"的刚毅果敢，北宋思想家张载"为天地立心，为生民立命，为往圣继绝学，为万世开太平"的哲学宏愿，特别是诸如井冈山、延安、西柏坡等地印证中国共产党人在近代革命斗争史上"敢于挽狂澜于既倒，扶大厦之将倾"的使命担当的革命史迹，无一不是中华民族自信自强精神的充分体现。无论时代如何变化，文化遗产蕴含的中华民族的工匠精神、创新精神和自立自强精神是永不褪色的精神力量。新时代保护发展文化遗产时，不能只看到其外在形式，停留在物质层面上的保护，还要洞悉其内在光华，传承、弘扬遗产精神，并使之成为当代文化和生活的有机组成部分。

（三）发展原则

1. 促进遗产发展

按照文化发展规律，任何时代的文化总是在发展中不断充实、完善和进步的，也总是在发展中不断充满生机、活力与魅力。法国著名思想家皮埃尔·布尔迪厄认为，文化是动态的，不断发展变化的，只有通过不断的"再生产"才能维持自身平衡，社会也才得以延续。文化遗产作为文化的历史见证和文化发展成果的承载者，必然伴随文化的发展而发展。推进文化遗产事业，要力促文化遗产自身的发展。

从事物发展的客观规律来讲，没有任何一种文化遗产能够以其诞生时的"原质""原貌"永久地留存于世，它总是在随着时间的推移而不断地被后人赋予新的时代内涵的过程中演变发展的。对具有活态传承特征的非物质文化遗产来说，更要通过促进其自身的发展以增强其生机与活力。2017 年，中共中央办公厅、国务院办公厅颁布的《关于实施中华优秀传统文化传承发展工程的意见》明确提出："深入开展'我们的节日'主题活动，实施中国传统节日振兴工程，丰富春节、元宵节、清明、端午、七夕、中秋、重阳等传统节日时代内涵，形成新的节日习俗。"没有文化遗产自身的发展，文化遗产保护事业在很大程度上只能是简单模仿与机械重复。珍视传统，决不能言必古人，艺必古典，躺在祖先的功劳簿上坐享其成。新时代特色社会主义伟大实践的深入推进，需要大量与之相匹配的具有鲜明时代特点和民族风格的文化创造，需要大量具有核心竞争力的文化精品。如果不能给后代留下诸多光耀千古的文化遗产，那就是当代人的失职。

从实践层面上讲，促进文化遗产自身发展，要从方法和内容两个方面积极作为。

一是在发展方法上，要以实事求是的科学态度，视遗产保存现状的实际情况，在最大限度保持其原真性的前提下，主动作为，积极施救，以创新发展理念，灵活、有效地运用新方法、新手段保护文化遗产的内在特质与外在风貌，在延续遗产生命力、传承优秀传统文化的同时，让文化遗产携带新时代的文化元素不断发展壮大。

二是在发展内容上，文化遗产保护内容要随着人们对文化遗产价值认知的更新而不断扩展，不仅要从整体上科学评判文化遗产所承载的不同历史时期的丰富信息与文化内涵，同时要用发展的眼光看待文化遗产当下的时代价值，将文化遗产的精神内核熔铸于新时代发展中，赋予文化遗产全新的生机与活力。

2. 促进文化发展

我国丰厚的文化遗产资源不仅是中国特色社会主义文化建设的重要内容，而且是提升和强化文化建设质量、特色的有力支撑。新时代保护发展文化遗产，一定要和文化建设相结合，让文化遗产作为丰富滋养在文化发展中"亮"起来、"活"起来、"用"起来，有效促进当下、当地文化发展。

（1）丰富文化建设内容

要积极创新方式方法，变"死"的遗产为"活"的素材，让文物藏品成为文物展品，让文化遗址成为文化公园，让革命遗迹成为爱国主义教育基地，切实增强文化遗产的可视性、可读性，变隐性遗产资源为显性文化产品，变书本里的遗产资源为可消费的文化产品，变口头上的遗产资源为可感知的文化产品，多措并举丰富文化建设内容，切实解决人民群众不断增长的精神文化需求与文化产品供给严重不足的矛盾。

（2）提升文化建设质量

中国文化遗产的表现形式、内容构成、价值特征在很大程度上反映了中华民族的思维方式、审美崇尚和价值取向。每一项文化遗产都有其独特的精神意识、思想内涵，是一种集体人格的表征，尤其是非物质文化遗产，更是植根于民族民间的活态文化，是发展着的传统生产、生活方式，也是现实中人民群众鲜活的生活和创造活动。保护发展文化遗产，要从当下文化发展需求出发，精心挖掘、提炼文化遗产中体现传统审美崇尚、反映共同价值追求、富有浓郁时代气息、彰显不同民族特点的文化元素，并使之浸入城乡、社区文化建设的方方面面，在弘扬传统、生动彰显中华文化基因密码和独特魅力的同时有效提升文化建设的质量与水平。

（3）强化文化建设特色

要加强对文化遗产的特色认知，通过遗产媒介的特色化表达，将文化遗产所承载的鲜明的地域特征和时代价值属性融入文化建设的形式和内容中，着力彰显新时代文化建设的地域特色、时代特色和产品特色，凸显个性化、差异化，做到"人无我有、人有我优"，避免单一保护、盲目发展和文化消失、文化趋同。

3. 促进经济发展

文化遗产既是一种文化资源，又是一种经济资源。新时代我国经济已由高速增长阶段转向高质量发展阶段。保护发展文化遗产，要充分依托其独特的经济价值属性，着力推动经济高质量发展。

（1）依托文化遗产资源，发展现代文化产业

要通过对文化遗产保护方式、保护内容和保护机制的创新，拓展文化产业发展的新领域和新途径，加快特色文化产业发展步伐。可充分依据各地独特的文化遗产资源，通过创意转化、科技提升和市场运作，提供具有鲜明地域特色和民族特色的文化产品服务和产业形态，推动特色文化产业不断取得新发展。并要通过对文化遗产文化元素内涵、特征的深入挖掘与创造提升，大力发展文化创意产业。通过创意思维、创意手法重构文化遗产文化元素，从内在精神上转换、传递遗产价值，在设计理念、设计语言、设计风格上体现当代设计精神和国际流行趋势，将文化遗产以文化创意产品的形式呈现，使其蕴含深厚的文化内涵和鲜明的地域特色，同时贴近实际、贴近生活、贴近群众，满足群众对文化产品多元化的需求，从而推动文化遗产价值在互动、传播中得到认知与提升，并给中国文化产品赋予特殊的文化魅力和市场竞争力，使其更好地在国际市场竞争中向世人传达中国审美和价值观念。

（2）依托文化遗产资源，调整产业结构

从一定程度上来说，文化遗产资源是调整产业结构的内容支撑。例如，世界文化遗产唐大明宫遗址在改造前被拥挤密集的城中村棚户区和堆积如山的垃圾堆覆盖，成为西安市城区一块难看的疮疤。实施遗址保护工程后，大明宫遗址搬迁了3.5平方千米范围内10多万居民，实施了一大批遗址保护项目和环境整治项目，使之变成了一个集遗产体验、文化旅游、研学教育、城市风光、休闲娱乐、体育赛事、健康养生、餐饮购物、儿童游憩、群众活动等多重功能于一体的城市

深度休闲游憩区，衍生出包括演艺、展览、影视拍摄、动漫设计、文物展示、艺术品创作等门类在内的文化产业集合，将一个昔日的城市衰退区转变为引领区域发展的大遗址保护典范区、文化产业集聚区，有力地推动了遗址保护、城市建设、民生改善、环境治理等方面的价值最大化。要在深挖文化遗产内在价值的基础上，充分发挥"文化遗产+"融合优势，积极推动文化遗产与文旅、教育、创意、影视、动漫、体育、水利、林业和农业等行业的深度融合，以文化遗产之魂入不同行业之体，催生主题突出、内涵丰富、形式新颖的新产业和新产品，调整优化产业结构。

（3）依托文化遗产资源，提升产品质量

在当今经济文化化、文化经济化的时代，一种产品质量的高低不仅取决于产品基础质量，即性能、耐用性、可靠性与维修性、安全性、适应性、经济性，更取决于它所蕴含的文化性、价值性和符号性。著名法国社会学家让·鲍德里亚在《消费社会》一书中指出，人们就是通过消费不同的物品来界定自己与物品相符的身份，将自己与某种类型等同而与其他人相区别，即人们现在消费的不是物品的使用价值而是符号价值，人类社会已经进入符号消费时代。符号消费根本的特点就是象征性和表征性，即通过对某一商品的消费来体现品位、个性、社会地位并实现社会认同、价值认同和文化认同。因此，要着力通过挖掘、阐释、表征遗产的"文化符号"，提升产品质量。首先，要以文化遗产价值内涵的独特性、地域文化的差异性提升产品质量，彰显文化遗产的"符号价值"，以增强文化产品的表现力和吸引力；其次，要重视遗产产品功能的现代转换。按照时代的新进步、新进展，对文化遗产内涵加以补充、拓展、完善，增强其影响力和感召力，在保留传统工艺和技艺的同时，将原有功能进行创新性发展，赋予新的内容，注入新的活力，研发出新的产品。

（四）创新原则

1. 创新遗产表现形式

每一种文化遗产都有其独特的静态或动态表现形式和风格，而且其形式和风格会随着社会的发展变化不断地演变创新，以适时体现展示新时代的发展内涵与特征。保护发展文化遗产，要按照时代特点和要求，从当下文化发展需要出发，将传统带入现代，深切领悟传统精髓与智慧，充分关注当下社会生产、民众生活和审美观念的新变化，对那些至今仍有借鉴价值的陈旧的表现形式加以改造，赋予其新的表达形式与风格，实现传统元素的现代表达。

2. 创新遗产内容构成

从文化发展的客观规律来讲，文化遗产内涵始终处于不断创新扬弃、充实完善的发展过程中。就物质文化遗产中的不可移动文物来说，历史上每一次对其进行的加固性修复、修补性修复、复原性修复、重建性修复和适应性再利用等保护，都在不同程度地赋予其新的时代内涵与特征。尤其是对具有活态传承独特性的非物质文化遗产来说，每一时代对其进行的保护传承，都是对其内涵的吐故纳新、改造提升。新时代保护发展文化遗产，要大胆超越传统与现实融合的阈限，在创新模式变革、创新领域延伸和创新空间拓展的现实面前，以跨界融合、边缘突围、探索未知的创新精神，按照时代的新进步、新发展，对文化遗产的内涵加以补充、拓展，不断深化对文化遗产的认知，完善遗产产品结构，增强其影响力和感召力，在保留传统工艺和技艺的同时，将原有功能进行创新性发展，赋予新的内容，注入新的活力。

3. 创新遗产价值追求

一个民族的文化遗产体现着该民族共有的价值追求。文化遗产的价值可以区分为以下两个方面：一是文化遗产自身所具有的历史、艺术、科学、文化、经济、社会等多重价值；二是作为创造和保护文化遗产的主体的人以文化遗产为载体实现自身价值追求所呈现出来的遗产价值。保护发展文化遗产，要系统梳理、深入挖掘、着力彰显文化遗产自身的多重价值，并及时运用各种平台和手段，全方位、多角度、多层次加以宣传普及，努力增强全国各族人民对中华文化价值的充分肯定和对中华文化生命力的坚定信念，以自觉、主动、积极地坚定文化自信。此外，保护发展文化遗产要立足新时代中国特色社会主义伟大实践的战略需要，把文化遗产作为坚定文化自信、推动文化繁荣兴盛，以文化人、培育和践行社会主义核心价值观，改善民生、推动经济高质量发展，参与全球治理、构建人类命运共同体的重要源泉和鲜活素材，把跨越时空的思维观念、价值标准、审美崇尚转化为人们的精神追求和行为习惯，不断丰富文化遗产的时代价值，努力创新文化遗产的价值追求。

三、保护发展的主要内容

当代文化遗产保护要向"混合遗产""动态遗产"保护方向发展，重视文化遗产"点""线""面"的全方位保护。我们要立足中国国情，按照"基础在环境、核心在文化、发展在产业、保障在制度、目标在价值"的总体思路，通过遗产环境、遗产内涵、遗产产业、遗产管理和遗产价值的保护、重塑来构建中国文化遗产保护发展体系的主要内容。

（一）文化遗产本体保护

无论是砖木还是土木结构文物建筑，对它的维修、保护可采用新科技、新材料、新方法和新工艺，力求以最先进的科学技术使文化遗产得到有效保护。例如，高速激光扫描技术用于大面积、高分辨率快速地获取三维坐标数据，建立三维影像模型。无损检测技术用于展开全面的工程资料收集并注重历史信息的提取与记录，采用先进的数字化记录手段，对重要的材料工艺进行取样和实验室分析，有助于为后期的修缮和研究提供扎实的科学数据。

在维修大遗址过程中，在无法按照原貌进行还原时，可以改变它原有结构、形态、用材，使其所表征的历史信息得以重现。历史上的建筑和物件，即使完全不存在，只要有历史根据和史料支撑，也可以在原址重建。对不可移动文化遗产保护时，不仅要开展抢救性保护，还要加强文化遗产日常养护巡查和监测保护，重视岁修，减少大修。

（二）文化遗产环境保护

文化遗产的保护对象要从文化遗产本体扩大到对其环境及环境所包含的一切历史的、社会的、精神的、风俗的、经济的和文化的活动，实现"从躯体到灵魂的保护"。保护文化遗产必须对其尚存的地形、水体、建筑物及树木等周边环境进行保护，同时还要考虑与外围环境的有机联系，保护有特色的自然风光和生态景观。要把文化遗产保护纳入生态环境建设，以生态环境建设促进文化遗产保护工作，以文化遗产保护工作提升生态环境的文化内涵。

（三）文化遗产内涵挖掘

针对体现中华文明独特魅力的典型性文化遗产，可开展多视角、多维度、多层次的价值挖掘，阐述文化遗产背后的故事，突出文化遗产的历史、艺术和科学价值。实施"互联网+文化遗产"战略，把互联网的创新成果与文化遗产保护、传承、创新、发展深度融合，挖掘和拓展文化遗产蕴含的历史、艺术、科学内涵和时代精神。

完善以大遗址、遗址城市、遗址村落、遗产廊道和历史街区等不可移动文化遗产和可移动文化遗产为产品基因的文化遗产谱系，重点创新"中国数字遗产"产品，健全中国文化遗产的实体谱系和数字谱系，彰显文化遗产的文化内涵。围绕文化遗产教育、文化遗产文创产品、文化遗产素材创新、文化遗产动漫游戏和文化遗产旅游等，把互联网的创新成果与文化遗产保护、传承、创新、发展深度融合，打造"互联网+文化遗产"的融合型文化产品，挖掘和拓展文化遗产蕴含的历史、艺术、科学内涵和时代精神。

（四）文化遗产产业激活

实施"文化遗产+"融合战略，构建"文化遗产+产业"（生态、旅游、科技、文创、体育、商贸等）和"文化遗产+支撑"（服务、消费、环境、内容、营销等）的文化遗产产业体系。围绕文化遗产教育、文化遗产文创产品、文化遗产素材创新、文化遗产动漫游戏、文化遗产旅游等方面，打造"互联网+文化遗产"的融合型文化产品；同时，文化遗产保护要考虑社区居民的利益，积极引导公众参与文化遗产的保护发展，带动区域旅游产业、文化产业及相关产业的发展。

（五）文化遗产制度再造

文化遗产保护发展是一个牵一发而动全身的系统工程，需要量化文化遗产保护工作的考核指标体系，建立联席领导工作制和文化遗产保护责任终身追究制，组建专家咨询委员会等，强化文化遗产保护工作的协同管理，通过各级财政资金优先保障文化遗产保护工作。同时，鼓励社会参与文化遗产保护，利用公益性基金等平台，采取社会募集等方式筹措文化遗产保护资金。加强与综合性大学的人才联合培养工作，共同培训能胜任文化遗产保护勘察、规划、设计、维护和管理等各方面工作需求的综合性和专业性人才。

（六）文化遗产价值重塑

针对中国文化遗产开展多视角、多维度、多层次的价值挖掘，重点研究中国文化遗产的中国性、东方性、世界性。在对传统生态哲学价值回归的基础上，注入"创新、协调、绿色、开放、共享"时代内涵，实现文化遗产价值的重塑、传承和创新。建立以中国文化遗产标志为导向的世界文化遗产价值传播体系，塑造中国文化遗产保护理念品牌，形成以中国为主导的国际文化遗产保护共识，打造"世界文化遗产保护命运共同体"。

四、保护发展价值系统

新时代中国文化遗产保护发展，既应该关注文化遗产本体的价值，也要关注作为主体的人以文化遗产为载体实现自身价值追求所呈现出来的遗产价值，构建历史价值、艺术价值、科学价值、文化价值、经济价值和社会价值六大价值系统。

（一）历史价值

历史价值是文化遗产的首要价值。无论是物质文化遗产，还是非物质文化遗产，都是一定时期或时代人类活动的产物，都具有历史性，包含当时社会的诸多信息。从历史唯物主义来讲，在人类发展史上，所有的活动都是人类活动，任何文化遗产都是在一定历史时期人类活动的产物，无不打上时代的烙印，包含当时社会的诸多信息。不同时期的文化遗产能从不同侧面或层面，反映当时政治、经济、军事、科学技术、文化艺术、宗教信仰、民俗风情等丰富的历史信息，同时见证历史发展过程，包含历史发展规律。

（二）艺术价值

文化遗产有审美、欣赏、愉悦、借鉴等方面的价值，承载着特定时期的审美特点和审美取向，能够给予人审美愉悦，有助于提高人的文化艺术修养和综合素质。比如，非物质文化遗产，有剪纸、雕刻等工艺品，有民间绘画等美术品，有戏曲、舞蹈等各种演艺，有音乐、器乐、说唱艺术等曲艺。每种艺术都是特定民族、地域不同风情的独特表现，具有很高的艺术价值和审美价值。从文化遗产中汲取民族传统文化艺术精华，在取材、表现形式、技巧等方面，学习借鉴，吸取文化营养以创新，则是文化遗产艺术价值的根本体现。

（三）科学价值

文化遗产的科学价值，主要包括知识、科学、技术等方面内容。这里的科学价值，在广义上，既包含人文社会科学，又包括自然科学和工程技术科学；狭义上主要是指自然科学、工程技术科学、工艺技术等。无论是物质文化遗产，还是非物质文化遗产，都从不同角度、不同侧面或层面反映了创造、制作它们的那个时代的科学技术发展水平。例如，通过历史遗迹和遗物，可以了解所在时代的社会经济、军事、文化状况等。另外，各个民族、族群处于不同的地理环境，有着不同的生产、生活方式，在处理与人的自然关系中，产生了不同的方法、技术，这是历代劳动人民传统知识和生活实践的积累，往往见于典籍或口耳相传于民间，也具有一定的科学价值。

（四）文化价值

文化遗产向人们展示了每一个社会发展阶段生产、生活、娱乐、信仰的特色，是一个国家历史文化演变的见证、社会发展的浓缩，能够比较全面地反映不同时代的政治经济制度、社会活动和文化特点，其文化价值可以从器物、秩序、艺术、宗教和精神等各层面体现出来。特别是不少文化遗产，由于其作为直至今日所能见到的很少的甚至唯一的携带准确而真实的重大史实信息的历史遗存，而具有无法估量的文化价值。例如，陕西榆林石峁遗址是已发现的中国史前时期规模最大城址，也是探寻中华文明起源的窗口，它还可能是夏早期中国北方的中心。探究陕西榆林石峁遗址，对于进一步了解早期的历史文明格局，探索中华文明起源具有重要意义。2019年，石峁遗址已被列入《中国世界文化遗产预备名单》。此外，文化遗产是展示民族文化和地域文化的橱窗。经过长期的历史积淀，文化遗产往往形成独特的建筑风格、园林景观、装饰形制等文化氛围，物质文化和精神文化内容丰富，可以从各个方面向人们传递丰富的特色文化信息。例如，苏州园林、福建土楼、北京四合院、山西王家大院、安徽西递宏村、河北石头房、关中古民居等优秀的民居建筑，无一不是地域文化的重要载体，在文化发掘和展示方面发挥着重要作用。

（五）经济价值

文化遗产是历史上经济形态、经济体制、经济机制的真实见证，其当代的经济价值则主要体现在旅游和文化产业开发等方面。一方面，文化遗产是得天独厚的旅游资源，在保持文化遗产可持续发展的前提下开发旅游业，文化遗产可最大化地、有效地转化为当地全面发展的软实力，带动当地经济和文化的同步发展，实现经济增长模式的良性发展。例如，2019 年，黄（渤）海候鸟栖息地和良渚古城遗址先后入选《世界遗产名录》。根据马蜂窝旅游网大数据显示，申遗成功后，江苏盐城的旅游热度环比增长 48%，浙江余杭的旅游热度环比增长 35%。良渚古城遗址公园开园当日，该公园的旅游热度上涨 59%，旅游热度持续升温。另一方面，文化遗产是中华传统文化的载体，能够带动文化经济发展，并以此为依托构建具有民族特色、地域特色的文化产业，产生新的经济增长点。此外，旅游业、文化产业可持续发展，又可进一步带动交通、餐饮、住宿、购物等多个行业的发展，增加就业、改善民生，产生长久性的综合经济收益。

（六）社会价值

文化遗产的社会价值主要是通过对社会产生精神影响而实现。文化遗产的有效保护及展示，对于传承、弘扬中华民族的优秀文化，进而提高人们对文化遗产保护工作的关注度，扩大文化遗产的社会影响力，使民众自觉参与到文化遗产保护发展中来具有无可替代的意义和作用，能够提高人们对国家的归属感和民族认同感。此外，文化遗产的社会价值还体现在满足精神需求和发挥宣传教育功能等方面。一些文化遗产能够满足人们陶冶情操的鉴赏需求，一些文化遗产历史与环境交相辉映，可以成为当地居民便利的休闲场所，还有一些文化遗产能充分发挥爱国主义基地的宣传教育功能，对培育民族精神，增强民族自豪感和凝聚力等具有重要意义。

总体来说，当今中国，文化遗产保护发展的内涵正在逐渐深化，文化遗产保护的要素、类型、空间、时间、性质、形态等各个方面都在发生着深刻变革，我们要积极响应当代文化遗产保护发展的时代诉求，并始终以中国文化遗产特性作为文化遗产保护研究与实践的出发点，紧紧围绕中国文化发展规律和中国传统审美崇尚、价值取向等学理内涵特征，充分借鉴汲取西方和我国历史上文物保护理念、思路、举措和典型案例的有益部分，客观求实地探索、构建一套契合中国文化本色和现实发展需求的中国文化遗产保护发展体系，为中国文化遗产可持续发展提供源源不断的生命力。同时，也要讲好中国遗产故事，塑造中国遗产品牌，为国际文化交流、竞争大格局中的世界文化遗产保护事业贡献中国特色的"遗产智慧"和"遗产力量"。

第四章 博物馆陶瓷类与纸质文物保护

第一节 博物馆陶瓷类文物保护

一、陶瓷器的原料

陶瓷器文物的化学组成成分、结构以及性能与陶瓷器原料关系至为密切，原料的情况直接决定了器物的化学组成成分，也是决定器物的结构及性能的两大因素之一（另一因素是器物的烧制工艺）；同时，还是造成陶与瓷分别的根本原因。一般陶器胎中的 Al_2O_3 含量低，因此不耐高温烧造，高温会使之发生变形、瘫软甚至发酵。而烧制瓷器的原料中 Al_2O_3 含量较高，因此可耐高温烧造而不变形，且在高温下，SiO_2 熔融流动生成玻璃体（这一过程叫"玻化"），将瓷器胎体内的空隙填塞致密。

中国古代陶瓷器原料情况十分复杂，一方面，由于中国幅员辽阔，地域上的差异非常明显，不同窑系所用原料自然有所不同；另一方面，随着漫长的历史发展，选料工艺的不断进步，就是同一窑系，不同时期所用原料也存在较大差异。但不论实际情况如何复杂，中国古代陶瓷器原料从总体上看主要有三大类，即黏土、石英和长石。

（一）黏土

1. 黏土的形成

黏土是一般黏土质原料的总称，它是一种含水铝硅酸盐矿物，是由地壳中含长石类岩石经过长期风化与地质作用而生成的。

2. 黏土的主要化学成分

较纯的黏土原料中，各含有一种主要的、具有一定化学组成和结晶结构的矿物，称为黏土矿物。如高岭土以高岭石为主要黏土矿物，瓷石、叙永土、膨润土、叶蜡石分别以伊利石、埃洛石、蒙脱石、叶蜡石为主要黏土矿物。黏土矿物的主体化学成分是 SiO_2、Al_2O_3 和水。黏土除含有黏土矿物外，在自然界形成过程中还混有一定量的杂质。常见的杂质有铁的氧化物或含铁矿物，以及含钙、镁、钛的矿物和长石与石英等风化后的残留物。

3. 黏土的主要矿物类型

根据现有研究发现，经肯定的黏土矿物类型主要有以下五种：

（1）高岭石类

属于这一类有石高岭石、珍珠陶土、迪开石和埃洛石，主要由它们构成的黏土称为高岭土，如我国著名的苏州高岭土、湖南界牌高岭土以及四川叙永多水高岭土等。

高岭土一般质地较纯，结晶结构比较完整，可塑性适中，是瓷器制造中最常用的原料。

（2）蒙脱石类

属于这一类的有蒙脱石、拜来石等，主要由它们构成的黏土称为膨润土，如福建连城、东北黑山所产膨润土等。

蒙脱石的晶状体呈细鳞片状，但结晶程度较差，轮廓不清楚。有的晶状体局部清楚，有的则呈模糊的变长了的片状。

（3）伊利石类

属于这一类的有水白云母、绢云母等。它们单独构成黏土的极少，多数是包含在其他黏土中。以伊利石为主的黏土主要是水云母质黏土或绢云母质黏土，如我国江西、安徽等省所产瓷石中包括此类黏土。

（4）水铝英石类

这一类黏土矿物不常见，往往少量包含在其他黏土中，呈无定形态存在。水铝英石的矿物实验式为 $Al_2O_3 \cdot nSiO_2 \cdot nH_2O$，n=1 或 n>1，它的存在可以提高黏土的可塑性与结合性。

（5）叶蜡石类

叶蜡石不属于黏土矿物，因其某些性质近于黏土，而划归黏土之列。

在陶瓷生产中，黏土原料是可塑性原料，因为尽管不同的黏土原料各有不同的化学组成和矿物类型，但它们都有一些共同的特征，如粉碎后与水掺和能产生可塑性，成形的生坯在干燥后有足够的强度即结合性，烧成后能转变成坚实的岩石般物质。这些重要特性成为陶瓷器成形和烧成的工艺基础。

（二）石英

1. 石英的主要类型及化学成分

石英在自然界中分布很广，一部分以硅酸盐化合物状态存在，构成各种矿物岩石；另一部分则以独立状态存在成为单独的矿物实体。在自然界中，石英的存在形式多种多样，主要类型有水晶、脉石英、石英岩、隐晶质石英以及蛋白石（$SiO_2 \cdot nH_2O$）和硅藻土（含水 SiO_2）等，陶瓷生产中使用的一般为脉石英或石英岩，其 SiO_2 的含量都在97%以上。

2. 石英的结构和物性特征

随温度和压力不同，石英存在一系列（10余种）同质多象变体，其中主要有 β-石英、α-石英、α-鳞石英及 α-方石英等。此外，还有 β-鳞石英、方石英等。

3. 石英的晶体构造

石英在自然界最常见，它属三方晶系，通常为由六方柱和菱面体等组成的聚形，有时出现三方双锥和三方偏方面体。其柱面常具有横纹，随着形成时的温度和过程、程度的不同，晶体习性也发生变化。

石英是瘠性原料。石英原料在陶瓷生产中的作用表现在：由于石英岩粉碎后与水掺和时不具有可塑性，因此可作为常温下坯料可塑性的调整剂；又由于石英在高温中具有适当的膨胀性，可以补偿坯体的收缩，减少变形，提高坯体的机械强度。

（三）长石

1. 长石的分类

长石是一族矿物的总称，约占地壳总重量的50%，呈架状硅酸盐结构。按化学组成说，长石族矿物是一种碱金属（钾、钠）或碱土金属（钙、钡）的无水硅酸盐。

由于存在钠长石与钾长石、钠长石与钙长石均可以互熔的情况，所以长石多以几种长石互溶物形式存在于地壳中，其最重要的矿物有以下两类：

（1）正长石

正长石是指解理面交角为 90° 的长石，属单斜晶系，成分上为钾长石或钾钠长石。若解理角稍小于 90° 的称为微斜长石，属三斜晶系。

（2）斜长石

斜长石是钠长石与钙长石的互溶物，钠（钙）长石若在 10% 以上，即为斜长石。

2. 长石的化学成分

长石的化学成分依其种类不同，主要成分为 SiO_2、Al_2O_3、K_2O、Na_2O、CaO、BaO，还含有少量其他杂质。

在实际生产中使用的长石原料的成分要稍复杂一些，但与黏土原料相比，其所含杂质成分要少一些。

长石在陶瓷生产中主要是作为熔剂原料，这是因为长石在 1160℃ 高温条件下，能分解熔融成黏稠的液态物质，可填充在陶瓷坯体的空隙中以增进坯体的致密性，提高透光度。长石的熔融物还能溶解石英及黏土原料，促进莫来石的形成，使陶瓷产品获得较高的机械强度。用作瓷器生产的长石通常为钾长石，这种长石结晶明晰，易于坼裂，比重为 2.56~2.59，硬度 6~6.5，断口呈玻璃光泽。

生产陶瓷器，就是将上述这些原料进行配方和制备，做陶瓷器成形的坯料和釉料。当然，如前所述，中国古代陶瓷器生产原料复杂，不同历史时期、不同窑系所用原料存在较大差异。根据现有研究，新石器时代早期的陶器所用原料具有随意性和原始性，人们只是用其居住区周围的泥土做制陶原料，它们都含有大小不等的沙砾，其中大者可达 8mm 左右；如南庄头陶片、仙人洞陶片、甑皮岩陶片、青塘陶片的分析都显示了这种特征。到了新石器时代中、晚期，虽然还是就地取土，但在一定范围内是选择那些易于成形、干燥收缩和烧成收缩都较小的易熔黏土作为制陶原料，可谓就地选土；当所用黏土还不能满足上述要求时，就会在黏土中加入诸如炭化后的草木碎叶和谷类的碎壳煅烧后的贝壳和各种沙砾，亦即考古界所谓的"羼和料"。自此以后，原料的选择、精制和配方工艺随经验的日益积累而不断取得进步，如人们逐渐认识到原料的粉碎和淘洗的作用，提高了原料的纯度和工艺性能；在北方从易熔黏土配方发展到高岭土和长石的配方，在南方则从易熔黏土配方经过瓷石质黏土配方到瓷石加高岭土的配方等。最终，陶瓷原料主要表现在地域的差异上：在南方，如浙江、江西、福建以及安徽南部都盛产瓷石，各地所产瓷石的化学成分相差不大，主要由石英和绢云母等矿物组成，是一种含 SiO_2 较高和 Al_2O_3 较低的，并有一定量的溶剂的制瓷原料，用此制成的瓷属高硅质瓷。在北方，如河南、河北、陕西和山西等地所产的制瓷原料，多为二次沉积黏土，其中纯者的化学组成接近纯高岭土；不纯者则含或多或少的石英、云母、碳酸盐矿物和铁、钛等杂质。但它们都是含 Al_2O_3 较高和 SiO_2 较低，并含有一定 CaO 的制瓷原料，用此黏土原料制成的瓷器都属高铝质瓷。

二、陶瓷器的化学组成与结构

（一）陶器的化学组成与结构

陶器一般由普通泥土制成，烧成温度较低（一般不超过 1000℃），烧成品的器体胎质疏松、吸水率高，器体外一般不施釉或施低温釉。

1. 新石器时代早期陶器的化学组成与结构

现出土有新石器时代早期陶器的遗址主要有河北徐水区南庄头、江西万年县仙人洞、广东英德青塘、广西桂林甑皮岩，以及稍晚于此的河南新郑裴李岗、河北武安州区磁山、浙江余姚市河姆渡和桐乡市罗家角等。前者出土陶器都是夹有大小不等的沙砾的粗沙陶，后者有夹沙陶、泥质陶和夹炭陶等。

陶器中 SiO_2 的含量在 54%～75% 之间变化，一般沙质陶 SiO_2 含量高于泥质陶。但也有例外，徐水南庄头夹沙陶的 SiO_2 含量只有 54.25%，其原因在于其所含粗沙粒不是 α-石英，而是大量的角闪石，这也同时说明了何以它的 CaO 和 MgO 含量很高，特别是 MgO 的含量高达 11.97%，因为角闪石中含有大量 MgO。 Al_2O_3 的含量则在 5.92%～26.03% 之间变化，这一很大的变化说明了早期陶器的化学组成的分散性和所用原料的多样性。

在结构上，早期陶器除都含有一定量的 α-石英外，还含有其他矿物，如徐水南庄头陶片即含石大量的大颗粒的角闪石和蛭石，其大者可长达 4mm。

2. 印纹硬陶的化学组成与结构

在总体上，印纹硬陶的分散性很大。如 SiO_2 的含量从 58.12% 增加到 80.77%；Al_2O_3 的含量则从 11.92% 增加到 29.86%；说明了印纹硬陶所用的原料的多样性。

在江西清江吴城出土的印纹硬陶含有较多棱角分明的石英颗粒而含铁质的黏土团粒的含量较少。但由于烧成温度较低，莫来石和玻璃相都很少见。

（二）瓷器的化学组成与结构

瓷器，是指以瓷土等为制胎原料，胎表施釉，经高温（一般 1200℃ 以上）焙烧，烧成品胎质致密、吸水率低或不吸水的器物。瓷与陶的区要差别在于：外观上，坚实致密，断面有玻璃态光泽，薄层微透光；性能上，具有较高的强度，气孔率和吸水率都非常小；显微结构上，含有较多的玻璃态和一定量的莫来石晶体。

1. 越窑青釉瓷胎的化学组成与结构

根据现有考古资料显示，越窑创建于东汉，鼎盛于唐、五代，衰落于宋，历时近千年。越窑分布在浙江东北部杭州湾南岸绍兴、上虞、余姚、慈溪至宁波、鄞州区一带的广大地区，其瓷器的化学组成与结构基本上代表了我国南方的情况。

绍兴、上虞、慈溪（上林湖）三地越窑的青釉瓷胎的化学组成均接近。SiO_2 的含量介于 72.55% ~ 80.65% 之间；与此相应，Al_2O_3 的含量则在 12.61% ~ 18.87% 之间；熔剂总量则在 6.74% ~ 8.65% 之间变化。其中，Fe_2O_3 和 TiO_2 含量多数分别在 2% 和 1% 左右波动。总体上看，都是一种高 SiO_2、低 Al_2O_3 和含有一定量的 Fe_2O_3 及 TiO_2 的瓷胎。这样的化学成分组成主要是因为它所用的原料是瓷石，而瓷石中主要有石英、绢云母以及少量长石和高岭石类矿物。这些矿物反映在化学组成上就是高 SiO_2、低 Al_2O_3 和一定量的 K_2O、Na_2O，以及少量的 CaO、MgO、Fe_2O_3 和 TiO_2 等杂质。

上虞小仙坛窑址和龙泉塘墓葬出土的东汉晚期及西晋的两个瓷片上发现，残留石英颗粒较细，多数在几十微米范围内，分布较均匀。石英周围有明显的熔蚀边，棱角均已圆钝。发育较好的莫来石在长石残骸中到处可见，偶尔还可见玻璃中析出的二次莫来石。也还可观察到少量云母残骸。整个结构中玻璃态物质较多。

2. 邢窑白釉瓷胎的化学组成与结构

邢窑白釉瓷是我国北方瓷器的代表，其化学组成亦能反映北方瓷器的化学组成情况。

总体上邢窑瓷胎化学组成变化较大，主要是 Al_2O_3 和 R_xO_y 含量变化较大，Al_2O_3 含量在 25%～35% 之间变化。但与越窑青釉瓷胎相比，SiO_2 含量明显较低，Al_2O_3 含量较高，Fe_2O_3 和 TiO_2 的含量也低了很多，其原因在于我国北方盛产优质高岭土原料，并在配方中使用了长石，从而形成了高铝的高岭石—石英—长石质瓷。

3. 瓷釉的化学组成与结构

根据现有资料显示，原始瓷釉远在 3000 多年前的商代就已经出现，它是一种具有透明、光亮、不吸水的高温玻璃釉。釉在我国的形成和发展大致经历了四个阶段：商前时期是釉的孕育阶段；商、周时期是釉的形成阶段；汉、晋、隋、唐、五代时期是釉的成熟阶段；宋代到清代是釉的发展阶段。中国瓷釉历来是 RO，CaO 起主要助熔作用。如原始瓷釉和越窑青瓷釉都是以 CaO 为主要熔剂，它一般来自石灰石或草木灰，故称为石灰釉或钙釉。在后来的历史发展中，釉中 RO 的含量逐渐减少，而 R_2O 含量增加（特别是随着长石原料的加入），甚至釉中 R_2O 的含量反而超过 RO 的含量血起主要的助熔作用，这种釉又称钙碱釉或碱钙釉。也有人在计算历代瓷釉和草木灰的釉式的基础上，提出用 RO 分子数大于 0.76、0.5～0.76 和大于 0.5 三个范围分别作为钙釉、钙碱釉和碱钙釉的划分标准。

以上所述是的高温釉，也是我国广泛使用的一种釉。此外，我国也还有以 PbO 为主要熔剂的低温釉，一般称为铅釉。尽管其使用的广泛性不及高温釉，但亦是我国瓷釉的一个重要品种，其中最右特色的是唐代以 CuO、Fe_2O_3 和 CoO 着色的绿、黄、蓝色的低温铅釉，即享誉中外的唐三彩。

三、博物馆陶瓷文物的保护与修复

(一) 陶瓷文物的损坏

1. 陶器文物的损坏

陶器文物的烧制温度较低，大多在 700~1000℃，在此温度下，石英、长石只是熔融，黏土中的有机质被氧化，生成二氧化碳气体逸出，因此烧成后陶器的结构不致密，孔隙度较大，一般在15%~35%；吸水性强，疏松，易破碎。一般情况下陶器比较稳定，具有良好的耐候性能和一定的机械强度和耐水性。但长期埋葬于地下的陶器文物由于受到地下水的不断侵蚀和盐的结晶与溶解的交替变化影响，陶器文物自身的抵抗力减弱；出土后的陶器文物，由于暴露在空气中，原有温度、湿度的平衡被打破，再加上日晒、雨淋、大气污染、霉菌及震动等多种因素的影响，都有可能遭到损坏。具体地说，常见的陶器文物损坏主要有以下几类：

(1) 可溶性盐类损坏

长期埋葬在地下的陶器文物，由于地下环境一般呈潮湿状态，地下水中含有大量的可溶性盐类，如碳酸盐、硫酸盐、卤化物等，这些可溶性盐类随地下水浸入多孔的陶器内部并积聚起来，因此器物含盐分很高，如甘肃酒泉出土的黑彩陶罐，利用 X 射线衍射测定其黑彩成分时，NaCl 的衍射峰强度很大，掩蔽了 Fe_2O_3 的衍射峰。这些可溶性盐类浸入陶器中，会出现两种情况。①与陶器中的金属矿物质发生置换反应，改变陶器的内部组成结构，引发陶器的劣化。②这些渗入并积聚在陶器孔隙中的可溶性盐类的溶解度会随环境温度、湿度的变化而变化，当环境中湿度增大时，陶器的水分含量升高，使得陶器中的可溶性盐类溶解；当环境温度升高时，随着陶器中水分的蒸发，可溶性盐类就会在陶器内部、外层或颜料层中结晶，造成体积膨胀，对孔隙四壁的压力增强，溶解后，这种膨胀压力又随之消失。这种现象，即可溶性盐类的溶解—结晶—再溶解—再结晶现象会随着环境温度、湿度的改变反复不断地出现，其后果就是不断结晶产生的膨胀作用使本来就不大坚实的陶器变得更加疏松和脆弱，稍遇外力就会很容易破碎，尤其是孔隙度较高的夹沙陶，更易损坏，这也是出土陶器完整器物很少的主要原因。可溶性盐类是陶器文物最主要的病害。

（2）难溶性盐类损坏

陶胎中钙、镁、铁等金属阳离子溶出后，会与地下水中的碳酸根离子、硫酸根离子、氢氧根离子、硅酸根离子、磷酸根离子等阴离子反应而往往在陶器表面形成一层坚硬的垢层。

这一类难溶物仅在陶器表面形成一层剪影的覆盖层，与陶器本体的结合力并不太强，对陶器本身的强度影响不大，但它易形成块状脱落而损伤陶器，尤其对彩陶影响更大，因为彩陶的颜料主要是 Fe_2O_3、Fe_3O_4 及 MnO_2 等矿物质，它们耐强酸、强碱性能都较差，与盐之间有一定的结合力，坚硬的外壳脱落以后，势必造成彩陶图案的破坏。

（3）温度、湿度变化造成的损坏

除前述温度、湿度的改变致使可溶性盐类对陶器造成损坏外，出土后暴露在空气中的陶器文物由于原有的温度、湿度平衡被破坏，温度、湿度变化造成的损坏更大，若温度低于 0℃，陶器中的水分就会结冰，水由液态变成固态时，其体积膨胀 8%，由此而产生的膨胀力大约为 $6×10^3 kg/cm^2$；当温度高于 0℃ 时，冰又融化成水，这个力随之消失，如此反复作用，陶器质地就会变得疏松，甚至出现裂隙。若是处于高温的夏季，气候干燥，空气湿度小，陶器中水分挥发速度加快，也易使陶器出现裂隙。若遇梅雨季节，温度高、湿度大，霉菌的繁殖速度和各种化学反应速度加快，同样会对陶器造成损害。

（4）空气污染造成的损坏

自 20 世纪六七十年代以来，主要由工业生产而导致的环境污染日趋严重，空气污染是其中的一个重要方面，主要表现在大气中二氧化硫、二氧化碳、硫化氢、氯化氢等有害气体的浓度逐渐增高，尘埃日益增多。对于那些出土后存放在潮湿环境以及空气污染较为严重的地方的陶器文物，当富含很多酸性废气、盐类、微生物及各种菌类的尘埃降落在陶器表面上时，久而久之会形成一层土灰色的覆盖层，它使得陶器表面的湿度较内层大，潮湿的表面更容易吸附酸性气体，并且利于霉菌的生长。霉菌新陈代谢产物中的硝酸、硫酸、亚硝酸及有机酸等和空气中的酸一起对含石钙盐结构（如 $CaCO_3$、$CaSiO_3$）的陶器文物将会产生一定程度的损害。特别是对彩陶，不仅能使器物褪色、整体强度下降，而且还会引起一连串的破坏，如引起器表剥落现象等。

（5）食物腐败物烟熏造成的损坏

有些陶器文物作为陪葬品，内盛食品等物，随着时间推移，食物腐败变质，结果造成器物受到污染。在古代，还有许多陶器文物用作炊具，长期受到烟熏以致器物表面变黑，此种污染及污迹对彩陶损害甚大。

另外，有一些彩绘俑仕，出土后由于原有平衡遭到破坏，俑仕表面彩绘会剥落、起翘，甚至精美彩绘完全消失，如秦始皇兵马俑二号坑出土的彩俑即其中最典例的一例。

2. 瓷器文物的损坏

与陶器相比，瓷器质地致密、坚硬、光滑，不易吸水；可溶性盐类也不易渗入瓷器内部。同时，凡瓷器均上釉，烧结后的釉即为硅酸盐，也就是玻璃。釉与瓷胎体之间有一个很薄的中间层，一般只有胎体厚度的 1%~3%，是釉在熔融过程中与胎体发生作用的结果，釉层虽然很薄，却能强烈地改变胎体的一些物理、化学性质，使瓷胎具有较好的热稳定性、化学稳定性和介电性。因此，瓷器的损坏多为机械性损坏。

（二）陶瓷文物的保护和修复

陶瓷文物在出土前，多在地下埋藏数百年乃至数千年，由于陶瓷文物本身脆性大，加之年代久远，出土时大多已破碎成片，而且充满各种污染物。因此，出土陶瓷文物一般都须经过修复处理，然后才能入馆保藏。陶瓷文物的修复一般都经过清洗、拼对、黏结、补配、加固、作色及做旧等几个步骤。

1. 清洗

清洗是进行陶瓷文物修复的第一步，其目的是将被修复器物表面及断裂部位的各种泥土、杂质和污垢去除干净，使陶瓷文物露出本来面目，为后道工序的修复提供条件。

陶瓷文物的清洗方法很多，归纳起来，常用的基本方法主要有机械清洗法和化学清洗法。

第一，机械清洗法。是用硬毛刷或细铜刷或刀锥、竹签等工具，对器物表面进行干刷，以去除覆在其上的泥土和杂质。硬毛刷主要用于胎质松软或风化严重的器物，而刀锥、竹签等尖利工具主要用于剔除较坚硬或存在于沟缝内的土锈、杂物等。一般而言，出土陶瓷文物都要先用此方法进行初步清洗处理，然后再用其他方法进一步清洗，特别是有些器物不宜采用水洗、酸洗和浸泡方法进行清洗处理，更须用此方法进行清洗。

第二，化学清洗法。是用化学药剂来清除陶瓷文物表面的锈碱、氧化物污染、油渍以及各种杂质等的方法。常用的化学药剂有盐酸溶液、甲酸溶液、高锰酸钾、过氧化氢以及乙醇、乙醚和丙酮等有机溶剂。

在清洗工作正式实施前，必须做好必要的和充分的准备工作，主要是须对修复对象进行全面仔细的观察和分析，具体而言，包括四个方面的内容。①确认器物胎质性质。首先是陶胎还是瓷胎，若是陶胎，应重点观察其是否有较严重的风化、粉化等现象。并根据胎质致密程度，估算出大概吸水率。②检查釉面情况。主要是明确釉性质、表面是否光滑、有无皲裂、釉层附着力如何以及釉层剥落等情况。③辨别器物上彩绘纹饰的情况和性质。加彩的陶器要注意区别彩陶与彩绘陶；观察剥彩现象是否严重，并找出防止继续剥落的方法。④研究分析器物表面及断面上的污染情况。主要是确定器物上泥土、杂质和污垢的性质、种类、附着力大小以及对器物本身的侵蚀情况等。在上述观察和分析的基础上，制定出正确有效的清洗方案、方法及步骤。另一项准备工作是拍照建档。修复前的器物原状须拍摄照片，连同修复过程和修复结果照片，以及器物的详细登记情况，一并存档。具体实施清洗时，不同器物、不同的污垢，应有针对性地采取不同的清洗方法。

（1）陶器文物的清洗

出土陶器文物的污染物主要有以下三大类：一为可溶性盐类；二为钙类、硅类难溶物；三为腐败物。陶器文物的清洗主要就是去除这三类污染物。

①可溶性盐类清洗。陶器中所含可溶性盐类与器物出土地域的地质状况有密切关系，一般主要为 $NaCl$、KCl、Na_2CO_3、$MgSO_4$ 以及这些金属阳离子的氢氧化物。若是含盐分高的陶器文物，时间稍长（2~3 年）器物表面就会泛白，且被盐结晶长出无数小花点，造成器物表面粗糙，釉陶甚至可使釉面剥落，同时使得器物内部松脆、容易碎裂，因此陶器中盐分必须去除。一般可采用水洗涤的方

法。但须注意器物表面装饰物（如彩绘）能否经得住清洗，否则应先进行加固保护然后才能清洗。

第一，素陶。指器物表面没有其他材料装饰的器物。这类器物一般用洗涤法除盐即可。具体做法是：把器物放入流动的水中，洗涤一两天，除去大量的盐分后，再换用蒸馏水浸泡洗涤。除盐程度的判断既可利用电导仪测量洗涤液的电导率，也可利用2%的$AgNO_3$溶液测定洗涤中Cl^-浓度。

第二，彩陶。彩陶是在坯体未干时将彩料绘于器物表面，经打磨压入器表，和器物结合很牢固，如马家窑文化时期的彩陶。此类器物可直接用洗涤法去除盐类。对虽经打磨、但因制作粗糙而使颜料图纹高于器物表面且很松散的彩陶，如甘肃玉门火烧沟文化类型彩陶，须先对其表面加固，后再用洗涤法除盐，常用的加固剂有2%的硝基纤维素丙酮溶液、2%的可溶性尼龙酒精溶液、3%的乙基纤维素酒精溶液。

还有一些器物由于本身非常脆弱，虽经高分子材料加固表面，仍不能用洗涤法除盐，可用纸浆包裹法。具体做法是：先把滤纸或吸墨纸撕成碎块，放入盛蒸馏水的烧杯中，加热搅拌使其成为纸浆；再把纸浆涂在器物表面且使纸浆干燥时，由于滤纸毛细管吸出作用，液体和盐类就会从器物内部转移到器物表面，并且在敷纸上结晶，如此反复数次，即可除去盐分。

第三，彩绘陶器。这类器物由于地下潮湿环境作用，颜料中的胶结材料已老化失去作用，出土后在干燥情况下彩绘颜料脱落起甲，对此类器物，应先整修、进行表面加固后视其强度选择洗涤法或纸浆包裹法除盐。

第四，釉陶。釉陶烧成温度较高，如著名的唐三彩素烧温度高达1100℃，其强度比一般陶器高，加之其表面覆盖有一层玻璃质石灰釉或铅釉层，故其稳定性也比一般陶器要好得多；但若釉层不全或不完整时，盐类也会渗入陶体内部，在温度、湿度变化时由于盐类结晶作用造成釉层剥落。对此类器物，若釉层与器物结合牢固，可直接用洗涤法除盐，若二者结合很松散应先加固，再视强度情况选用洗涤法或纸浆包裹法除盐。

②钙类、硅类难溶物清洗。此类难溶物在博物馆条件下很稳定，对文物也无任何损害，一般情况下不予去除，但若其掩蔽了彩陶文物的花纹图案，则必须将之清除，去除方法如下：

对石灰质覆盖层，视其厚薄，分别配制1%、2%和4%的稀盐酸溶液擦洗，有时也可加入0.5%的乌洛托品试剂作为缓蚀剂；等图案花纹快出现时，用5%的六偏磷酸钠溶液浸泡，以除去剩余石灰质。覆盖层除去后，再用大量清水冲洗。

对硅质类覆盖物，一般可用机械法去除，也可用1%氢氟酸溶液擦拭去除，但因氢氟酸有剧毒，应在通风处操作，同时它对陶质中的所有成分均有腐蚀作用，故操作应非常仔细。

③食物腐败物、烟熏污迹清洗。对于有机脂类污垢，可采用脱脂棉蘸乙醇、丙酮、乙醚或二甲苯等有机溶剂擦洗去除；对于油烟类污渍可用5%碳酸钠加0.5%的十二烷基苯磺酸钠的热溶液擦洗清除；对于炭黑，可用3%的过氧化氢溶液擦洗，使其氧化去除。

（2）瓷器文物的清洗

清洗瓷器的方法很多，常用的方法如下：①清水去尘、除泥。对残片上的泥土，灰尘和旧缝中存有的黄、黑垢迹，可用清水、洗洁精、漂白粉等浸泡，用刷子、竹签、刀子手工清洗。②机械去污。对有些坚硬的附着物用小型超声波清洗或电动刻字笔等清洗。③化学去污。瓷器上的 $CaCO_3$、$MgCO_3$ 等盐类物质可用5%~10%的稀盐酸、甲酸或醋酸等清洗。

在上述清洗过程中，必须注意以下四个问题：①无论采取何种清洗方法，均应以不伤害文物为基本原则，无此把握的方法必须先经过试验，取得满意效果后再使用；②陶器的质地较酥松，且吸水率高，故须尽量减少用水量及其他有害溶液的浸泡，对风化严重的低温陶器和彩绘陶器，严禁采用水洗方法，酸液除垢浓度也要低；③清洗瓷器的釉上彩时须格外小心，因其年深日久极易剥落，有的对酸液敏感，易被腐蚀掉色；④陶瓷文物并非清洗得越干净、越彻底越好，相反，有些器物上的异物应予以保留或保护。凡黏附在器物表面的各种历史遗迹应予以保留，如丝麻织品或其他印痕以及必要的各类锈蚀等；既有年代特征，又能反映品种特点的锈蚀应予以大部分保留，如汉代的所谓"银釉"；在不影响观看和鉴赏的基础上，应在不重要的部位上保留少部分能反映文物年代特征的各类锈蚀。

2. 拼对

拼对是陶瓷文物修复中最重要的环节之一。破碎不严重的器物拼对较易，关键是破碎严重的器物，对此，在拼合对接前，应仔细观察残件（片）的形状、颜色、纹饰，大体分一下类，初步确定其所在部位，然后再逐块进行试拼对并编号。同时，设计和做好黏结前的各项准备工作。

3. 黏结

黏结是修复陶瓷文物中难度较高的工序，黏结时一定要兼顾上下左右的关系，原则是由小到大，顺序可从底部往上黏结，也可从口沿部分开始黏结，但都务必做到每一片须整合的陶瓷片不能有丝毫的错位，否则，破损缝隙将无法复位。

（1）黏结剂

修复陶瓷器，黏结剂的选择是关键。常用的适合于陶器黏结的有硝基纤维素三甲树脂、环氧树脂黏合剂、聚乙酸乙烯酯、乙烯-醋酸乙烯酯共聚物等，其中环氧树脂黏结剂种类很多，有多种胶可用于修复瓷器。

（2）黏结方法

第一，直接对粘法。这是应用最多、最基本的黏结方法。操作过程如下：首先，将黏合剂均匀地涂敷在已清洁干净的断面上；其次，将两断口正确地吻合拼对在一起，用力按实；最后，用脱脂棉蘸取少许溶剂并挤成半干，将溢出断缝外的黏合剂擦拭干净。黏结拼合后的部位须加以固定，直至黏合剂完全固化后，除去固定用具和用品。此法适宜于环境温度20~22℃，相对湿度小于85%的条件下操作。

第二，灌注黏结法。是将需要黏结的各部位，先各自就位，然后再将黏合剂灌注到断裂的缝隙中去的黏结方法。其基本做法如下：将准备黏结的部位，调整固定好位置，再用橡皮泥或打样膏把断口两侧和下面的缝隙堵严，以防灌注时胶液外流；然后将配制好的黏合剂从断缝上方灌入；待黏合剂完全固化后，把橡皮泥去除干净即可。此法适用于经拼核发现裂缝间隙较宽的器物、各类非完全性断折者，以及用直接黏结法后而接缝尚有小部分缺损，又不必进行补配修复的器物。

第三，快速黏结法。是对破损不太严重的器物进行应急修复的一种方法。常用"502"瞬干胶或热固型环氧树脂胶进行黏结。

4. 补配

若一件陶瓷器的破损部位不存在了而不能通过黏结将其形体完全复原，此时就需要对其进行补配修复。常用材料有石膏粉、水泥、聚醋酸乙烯乳胶、钛门粉、滑石粉、虫胶清漆、丙烯酸清漆、白炭黑及环氧树脂黏合剂等，应根据修复对象、要求等的不同选择其中的某些材料进行配方。补配的主要方法有填补、塑补和模补三种，此外还有陶补法、瓷补法及插接法等。

5. 加固

陶瓷器物的加固分为机械加固和黏结加固两类。前者是指陶瓷文物在运输与展览过程中的保护性加固，多用于大型器物或易损器物。后者是利用黏合剂或涂料的联结力及其固化物的性能来提高器物表面或局部的牢度、强度和硬度；既可起到保护性、预防性作用，又可防止风化器壁及剥落彩绘和釉层的继续风化和剥落，应用十分广泛。根据不同对象，常用的加固方法有喷涂加固法、滴注加固法、浸泡加固法和玻璃钢加固法。

（1）喷涂加固法

此法是将黏合剂或涂料稀释后，直接喷洒或涂覆在加固处的表面。适用于风化较轻的器壁、欲剥落的彩绘和釉层以及对补配部位的强化处理。常用的材料有环氧树脂黏合剂、丙烯酸清漆或三甲树脂等。

（2）滴注加固法

此法是利用"502"黏合剂渗透性强的特点，对器物上非受力部位的裂缝、冲口以及黏接修补后尚不牢固者，进行加固的一种方法。

（3）浸泡加固法

此法是把整个器物直接放入涂料液中，浸泡一段时间后，取出器物放到一个装有少量溶剂的加盖玻璃容器中，使其在饱和溶剂蒸气条件下缓缓干燥。适用于整个器物风化侵蚀严重的低温陶器的加固。加固涂料可用三甲树脂稀释剂或丙烯酸清漆；溶剂可用1∶1的甲苯、丙酮溶液。

（4）玻璃钢加固法

此法采用压层工艺把环氧树脂黏合剂和玻璃纤维布制成性能优良的玻璃钢，再利用它来加固大型易损的陶器，仅用于展览修复，且仅限于器物的非暴露部位，如大型马俑的内腹、器物的内壁等。

6. 作色

为了便于展览或其他需要，对某些陶瓷器须作色，这也是最难的一道工序。对于涂釉的部位和器物，作色往往还要与仿釉工作同时进行。作色，首先，应根据器物的原色，选择好颜料，可从色彩、遮盖力、着色力、黏度、比重、分散性能、耐光性、耐热性、耐酸碱性、耐溶剂性 10 个方面考虑；其次，应拟订作色方案，并根据方案，进行调色；最后，着色，可根据不同情况，采取不同的着色方法，如喷涂法、刷涂法、擦涂法、勾画法、粘贴法、吹扑法等。

7. 做旧

（1）瓷釉光泽处理

出土的陶瓷器物由于长期埋藏在地下，受到地下的自然侵蚀，大多失去光泽，年代越久，光泽差异越大；有些瓷器表面有一层极薄的透明膜，俗称"哈俐光"，观其釉色有一种散光现象，如唐三彩上的"蝇翅纹"，就是其中的一类。对此，根据不同情况及需要分别采用压光法、抛光法或罩光法达到做旧目的。

（2）釉面锈蚀制作

第一，土锈。指由于陶瓷文物长期深埋地下，有些泥土变得坚硬板结，牢固地附着在器物表面，凝固成不同形状的土疤。可用扑撒法做旧：用"502"强力黏合剂或漆皮汁（虫胶酒精溶液）、清漆等喷在需要做锈的部分，然后将研磨好的黄土（发白的土锈可将黄土中加白粉子）撒在上面，干后即成土锈。也可将胶与泥浆混合，用牙刷弹、墩、刷，做出点状或斑状土锈。

第二，水锈。长期埋在地下的陶瓷文物的表面多附着一些白色沉积物，多呈水痕形状，俗称水锈。它们的主要成分是 $CaCO_3$、$MgCO_3$ 盐类物质，有些还杂有 Fe_2O_3 或 $CuCO_3$ 等物质。其做旧可采用扑撒法，即将清漆、漆皮汁，喷或刷在需要做水锈的部位，然后将滑石粉或其他体质颜料粉末扑撒在上面，等涂层完全干燥后，清除干净浮粉即成。也可用复分解法，即在需要做水锈部位涂一层硅酸钠水溶液，待其干燥后，再用 5% 的稀盐酸在涂层表面刷涂一遍，盐酸遇硅酸钠后发生复分解反应，生成白色盐类物质并附在器壁上。还可用"502"黏合剂滴涂在需要做水锈的部位上，胶液未固化前用水及时喷洒或冲洗有胶部位，胶遇水后即泛白并固化。

第三，"银釉"。墓葬中出土的铅绿釉器表面，常会发现一层有银白色金属光泽的物质，俗称"银釉"。它主要是处于潮湿环境，铅绿釉面受到轻微溶蚀，溶蚀下来的物质连同水中原有的可溶性盐类沉积下来的沉积物。这种"银釉"以汉绿釉陶器上最为常见，在唐三彩和其他彩釉器上有时也能见到。其做旧可采用清漆中加银粉刷喷的方法；也可采用云母粉硅酸钠溶液刷涂，然后再涂稀盐酸，硅酸钠与稀盐酸发生分解反应产生一层带云母光泽的盐类物质，反复几次即可出现"银釉"的效果；还可采用"银镜反应"制取出氧化银中的银，或用银箔中的银粉，然后用清漆调匀，喷刷在器物上。

陶瓷文物的日常保护主要是为其创造适宜的外部环境条件，包括建设一个选址科学、环境优美而无污染的库房建筑；控制好库房温度、湿度，按我国制定的标准，温度应在 18~24℃，相对湿度应在 50%~60%，且日变化幅度应分别不超过 5℃ 和 5%；陶瓷器都易破碎，要避免碰撞及成堆累放；应保持库房干燥，以免陶器受潮；对各类彩绘陶器应当进行必要的表面加固等。

第二节　博物馆纸质文物保护

一、纸质文物的化学组成和结构

纸的发明是我国劳动人民智慧的结晶和创造，在纸张出现以前，人类文化的记录和传播都是十分局限和困难的，纸张作为文字的主要载体材料，其重要地位自不待言。有人评价说，"纸有纸草之便而不易破裂，有竹木之廉而体积不大，有缣帛羊皮之软而无其贵，有金石之久而无其笨重，白纸黑字一目了然"。由此可见纸张作为文字载体的优越性。中国古代造纸技术的出现是图文载体划时代的革命，为人类文明做出了卓越的贡献，并留下了无数珍贵的纸质文物。

自西汉以来，各地遗留和保存了大量的纸质历史文献资料和图书档案等。世界上最早的植物纤维纸即中国古代西汉的陕西灞桥纸、甘肃金关纸、新疆罗布淖尔纸和陕西中颜纸，均不晚于汉宣帝时期，主要用于包装；而东汉的甘肃旱滩坡纸已有字迹可见，从西晋始，中国的纸张开始盛行。迄今发现的早期纸质文物，有汉代的古纸残片、魏晋的纸质文书、唐代为主的敦煌遗书、北宋江苏宜兴经卷册、明代九华山的血经等。千余年来留存下来的数量浩繁的书画作品也是纸质文物中的瑰宝。

纸质文物一般是指以纸张为载体材料的图书、法书、绘画、档案、文献、经卷、碑帖等形式的历史遗存物，是图书馆、档案馆和博物馆的主要收藏品。

（一）古代纸张及造纸工艺

1. 纸的概念及构成要素

（1）纸的概念

什么是纸？不同的著作和不同的人有不同的定义。如 1951 年版《大苏维埃百科全书》中认为"纸是基本上用特殊加工、主要由植物纤维层组成的纤维物，这些植物纤维加工时靠纤维间产生的联结力而相互交结"。1963 年版《美国百科全书》中将纸理解为"从水悬浮液中捞在帘上形成由植物纤维交结成毡的薄片"。1966 年版《韦氏大词典》中则认为"纸是由破布、木浆及其他材料制成的薄片，用于书写、印刷、糊墙和包装之物"。1979 年版中国《辞海》对纸的定义是"用以书写、印刷、绘画或包装等的片状制品。一般由经过制浆处理的植物纤维的水悬浮液在网上交错组合，初步脱水，再经压榨、烘干而成"。上述各种著作虽然说法不同，但归纳起来，仍有共同之处，最主要的是指出纸必须由植物纤维制成薄片状。仅凭此还不能将纸与其他物质相区别，故还要对纸的定义做附加的规定，有的在定义中概括了纸的形成过程，有的补充了纸的用途。这样，才能将纸与其他物质区别开来。

我国对纸的定义如下：传统上所谓的纸，指植物纤维原料经机械、化学作用制成纯度较大的分散纤维，与水配成浆液，使浆液经多孔模具帘滤去水，纤维在帘的表面形成湿的薄层，干燥后形成具有一定强度的由纤维素靠氢键缔合而交结成的片状物，用作书写、印刷和包装等用途的材料。此定义虽然文字较多，却将构成纸这一概念的各种因素都考虑在内了。若要更简洁些，可以简化为：纸是植物纤维经物理–化学作用所提纯与分散，其浆液在多孔模具帘上滤水并形成湿纤维层，干燥后交结成的薄片材料。

在此定义中有两点需要特别加以强调：一是造纸是机械过程和化学过程的结合；二是纸是纤维素大分子通过氢键缔合交织而成，也就是说纤维间产生的联结力不是物理学上的力，而是化学力，且这种联结可用化学结构式表示。

（2）纸的构成要素

由上述纸的概念可以看出，要成为传统意义上的纸，须具备以下四个方面的要素：①原料。必须是植物纤维，而非动物纤维、无机纤维或人造纤维，用植物纤维以外原料所制成的纸，不是传统意义上的纸。②制造过程。植物纤维原料经化学提纯、机械分散、成浆、抄造及干燥定型等工序处理而成者为纸，未经这些工序，用另外途径而成者，也不是传统意义上的纸。③外观形态。表面平整，体质柔韧，基本由分散纤维按不规则方向交结而成，整体呈薄片状。④用途。书写、印刷及包装等。只有同时满足这些条件的，才能称为纸，否则，不是传统意义上的纸。

2. 古代造纸的工艺流程

我国古代的纸均为手工造纸，造纸的原料主要是麻、树皮和竹等植物纤维。2000 余年的手工造纸方法，经过人们不断改进提高，已经形成了一整套的操作工艺。由于采用的原料和条件要求不同以及随着时代的发展，造纸工艺越来越精，造纸过程会有差别，但生产工艺流程基本如下：选料—浸泡—发酵—蒸煮—洗浆—堆晒—碾浆—抄帘—压榨—焙干—成纸。制造优质的手工纸必须具备以下五个要素。

（1）选择合适的原料

选用纤维较长、拉力强、有利于交织的优质麻、竹、树皮等原料，除去根、梢、叶、穗和杂草等杂质。选料要根据季节时令。

（2）将原料初步解离成造纸纤维

把原料投入清水池中浸泡数天。浸泡过程中，水中的微生物分解植物纤维中的胶质，从而达到脱胶的目的，并使其中的水溶性物质溶出。捞起后蘸石灰乳露天堆置发酵，进一步去除果胶、色素等。发酵后的原料放入倒扣在一口大铁锅上的木桶内，和石灰（或草木灰、碱）一起蒸煮。蒸煮后的原料在水池中反复清洗，把残灰、残渣、残碱等去除，在向阳的空地上摊开，通过日晒雨淋来自然漂白。通过这样的过程，造出的纸为中性偏碱，纯度较高，原料纤维损害较小。

（3）纸张纤维经捶捣后进一步细化帚化

漂白后的浆料用石碾或杵反复捶打，纸张纤维在水中进一步解离而细化和帚化，然后加入杨桃藤等植物胶质，用木棒搅拌。通过这样的过程，纤维较均匀。

（4）纤维均匀交织

纸张纤维均匀分散在水中，即可用竹帘抄纸。抄纸技艺越好，纤维越能在纵横方向均匀交织，有利于提高纸张强度。

（5）纸页干燥

抄起的湿纸反扣在潮湿的细白布上，待重叠近千张，以杠杆重力压榨，挤去多余水分而成湿纸饼。将湿纸饼一张张揭起，用毛刷轻刷到火墙（焙坑）上干燥即可得到平整的纸张。

手工造纸的生产周期长，劳动强度较大，工具设备简单，生产数量有限，但长期积累的抄纸工艺技术使植物纤维在纵横方向均匀交织、杂质少，能较好地满足书写、绘画等需要。

陕西省西安市长安区北张村有我国目前唯一现存的汉代手工纸作坊遗址，曾出土造纸器物，如纸槽、捣纸浆的石皿、踏压穰的杠杆、石碓等。

（二）古代手工纸

1. 古代传统造纸原料

古代传统的造纸原料取自植物纤维，大致可分为韧皮纤维和茎秆纤维两大类。①韧皮纤维，存在于植物的韧皮部，又可进一步细分为草本和木本两种。草本如芝麻等各种麻类，多为一年生植物；木本如楮、桑、藤、青檀等，多为多年生植物。②茎秆纤维，多属单子叶植物，由于其维管束（纤维与导管结合而成的束状组织）散生于基本组织中，不易用机械方法将纤维束分离，因此造纸时一般用其茎秆之全部。还可进一步细分为一年生及多年生两种。前者如稻草、麦秆、玉米秆等；后者如竹类、芦苇等。

不同的原料，其纤维长、宽度不同，所造出的纸的质量也存在很大差异。通常是长纤维比短纤维好，细而长的纤维更好，即纤维的长宽比越大越好，这是因为在造纸过程中，纤维必须经打浆而被断开，长纤维裂断后，仍有足够长度，且两端分丝帚化，成纸时组织紧密，纸的拉力强度大；同时，细长纤维的比表面大，相互之间交缠效果好。而短纤维在这两点上与长纤维相比，均存在差距，故成纸的拉力强度相对较小。

2. 古代手工纸主要类型

（1）麻纸

麻纸是出现最早的手工纸，以麻类为造纸原料，如亚麻、芝麻等。麻类是植物纤维最长的一种造纸原料，长达 120~180mm，其纤维的处理和分离都很容易。由于新麻的成本高和质地粗糙，古代造纸多用麻类的废弃物，如旧麻绳、麻袋片、麻头、旧渔网和破麻布等。

汉晋时期的麻纸质地较为粗糙，唐代的麻纸主要用来书写字帖、经文等，明代以后就很少以麻为造纸原料。

明代著名书画家董其昌的书法作品册《明董其昌字册》所用纸为"白色麻纸，质地粗厚坚硬，不易卷折，纤维毕现，润而无纹，白如春云，为粗制贡麻"。

（2）皮纸

皮纸的主要原料是从少数几种树种的嫩树枝或茎秆上剥离下来的内表皮，属于韧皮纤维类。其纤维很长，仅次于麻纤维。古代造纸采用的韧皮纤维有檀皮、楮皮（构皮）、桑皮、藤皮等。宣纸在我国历史悠久，源远流长，自 1886 年以来，宣纸在国内外多次获奖。宣纸即以青檀树皮为主要原料，青檀纤维上的皱褶紧密、吸墨性好，最适用于书法和绘画之用。古代宣纸比一般手工纸生产要细致得多，生产周期大约 300 天，为古代手工纸中的佳品。

（3）竹纸

竹纸以多年生禾本科植物嫩竹为原料制造，颜色多呈黄色，又称"黄纸"。竹纤维细於，平均长度为 1.5~2.0mm，较为柔顺，滤水性好，适合用来造纸。在唐末宋初开始试造，到了明清时期大量生产并广泛使用，主要为印刷书籍和文书书写而用。

至今流传于世的纸质文物一般保管良好，最为多见的是古代书籍和经卷，以及明清宫廷保存的大量皇家档案。唐代抄写佛经的藏经纸，主要原料是棉、麻组成，颜色似浓茶水，较粗糙。宋、元刻本多用黄竹纸或白麻纸，有厚薄之分，纹罗约两指宽。明代洪武至弘治的早期刻本，多以棉纸或皮纸为主，竹纸为次；正德至嘉靖中期，多用白棉纸、竹纸，皮纸为次；万历后刻本多用黄色竹纸。清初至康熙、雍正的刻本，基本上用竹纸。乾隆时期，又出现了连史纸。宫廷内武英殿聚珍版印的书籍多用太史连纸，这是清宫订制之纸。道光后基本上用黄纸或油印纸等低劣纸张。

（三）纸张原料的结构与化学成分

1. 植物纤维细胞的结构

（1）植物纤维细胞形态

造纸植物原料内有一种两头尖、中间空、细而长、细胞壁厚的死细胞，这类细胞呈纺锤状，富有挠曲性和柔韧性，彼此有很强的交织结合力。一个细胞就是一根植物纤维。

（2）植物纤维细胞壁结构

植物纤维的细胞壁有一定厚度，分为初生壁、次生壁（外、中、内三层）。两个相邻纤维细胞之间的细胞间隙质，称为胞间层。胞间层把各个相邻细胞连接起来，使植物有一定机械强度，胞间层与初生壁在一起合称复合胞间层。

不同种类的造纸纤维原料，其纤维的长度、宽度、细胞壁厚度均不相同。一般来说，长宽比越大，对纸张强度越产生有利的影响；越是壁薄腔大的纤维细胞，越富有柔韧性和弹性，相互之间交织越好，造出的纸强度越大。

2. 植物纤维细胞壁化学成分

无论何种原料的植物纤维，其细胞壁的主要化学成分都是纤维素、半纤维素和木质素。纤维素和半纤维素主要在次生壁的中层和内层，木质素主要在复合胞间层和次生壁外层。

古代手工纸制造过程中，选料后用净水浸泡就能去除少量杂质成分，如果胶、灰分和无机盐等，用弱碱液蒸煮、洗浆可使大多数木质素去除，将纤维素和半纤维素成分解离出来。从出土的古代手工纸分析来看，非植物纤维细胞（杂细胞）的比例很小。

（1）纤维素

纤维素是由若干个 β-葡萄糖脱水聚合形成的直链高分子化合物，在聚合过程中，前一个葡萄糖分子 C_1 上的羟基和后一个葡萄糖分子 C_4 上的羟基脱去一个分子的 H_2O，并构成分子链。

当纤维素分子间成千上万个羟基靠得很近时，一个纤维素分子链上羟基（-OH）中的 H 原子与另一个纤维素分子链上羟基（-OH）的 O 原子互相吸引形成氢键。分子链越长，氢键结合越多，键能总和越大，纸张强度也越大。

由于氢键的作用，若干个纤维素分子排列整齐有序，相互靠得很近，形成的结晶状态区域称为结晶区。结晶区内有害物质和水分难以侵入，纤维素分子不易产生有害反应，有利于提高纸张寿命。

（2）半纤维素

半纤维素与纤维素共生于植物纤维细胞壁中（主要在次生壁的中、内层）。半纤维素是由木糖、阿拉伯糖、甘露糖、葡萄糖等非均一单糖脱水聚合形成的高分子化合物。由于半纤维素分子聚合度小，且带有支链，造成分子间间隙大，分子间难以形成大量氢键，故耐久性和稳定性都较差，表现为容易发生水解反应、容易吸水润胀。半纤维素含量过多引起纸张发脆。但纸浆中含有适量的半纤维素，既有利于纤维纵向分细，便于打浆，又能保护纤维，使之不易被横向切断，从而提高纸张的机械强度。

（3）木质素

木质素也是由碳、氢、氧组成的高分子化合物，但分子结构很复杂。总体上看，它是一种以苯基丙烷为结构单元，具有网状的空间立体结构的高分子化合物，分子结构上存在许多活泼基团，如-OH、$-CH_3O$、-CHO、-COOH 等。因此，木质素的稳定性非常差，容易氧化，尤其在光照条件下，氧化更快，从而使纸张发黄变脆。

二、纸质文物的损毁原理

（一）古代纸质文物耐久性好的内因

1. 古代手工纸的耐久性

纸张耐久性就是纸张在保存和使用过程中，抵抗外界理化因素的损坏和维持原来理化性质的能力。造纸植物原料的种类、植物纤维的化学成分和生产加工工艺是影响纸张耐久性的三大主要因素。

从古代造纸的生产过程来看，其原料和生产工艺有利于纸张的耐久性。第一，造纸原料的质量好。古代造纸的原料主要是麻类、树皮和竹子，其中麻和树皮的纤维长，纤维素含量高，木素含量低，杂细胞极少。第二，生产过程处理缓和。生产过程中造纸原料仅仅和石灰、草木灰等弱碱一起蒸煮，对纤维素损害较小，并且纸张呈弱碱性，有利于长久保存。第三，使用流动水。古代生产纸张使用的水通常为清洁的天然纯净水，水质好，无污染、无金属离子。第四，生产工具多为竹木制品，避免了金属离子的危害。第五，长期积累的手工抄造工艺使纸张纤维在纵横方向交织均匀。

2. 字迹耐久性

（1）色素成分的耐久性

从汉代直至清末，我国纸质文物的书写方式以毛笔蘸墨为主。古代制墨工艺讲究，以原料不同可分为松烟、桐烟、漆烟和墨灰四种，尤以桐烟墨和漆烟墨为佳品。桐烟墨写成的字迹黑而有光泽，不易脱落；漆烟墨是燃烧桐油和一定数量的漆而制成的，其字迹也较稳定。尤以安徽皖南的胡开文、曹素功等作坊生产的徽墨为上品。

墨的主要成分是炭黑，属于"乱层石墨"型晶体结构，晶体能量低，理化性质稳定，表现为：不溶于水、油和一般有机溶剂；耐热、耐酸碱，不容易与其他物质起反应；耐光性好而不褪色，能吸收各种波长的可见光而呈黑色。古代印刷油墨的色素成分也是炭黑。其特点是黑度高、吸油量低、化学性质稳定。

（2）色素成分与纸张结合的耐久性

当字迹材料转移到纸张上时，干燥后会在纸张的表面结成一层薄膜，通过这层膜把字迹色素成分固定在纸张上的方式，称为结膜方式。这种结合方式是各种结合方式中最耐久的。

古代字迹色素成分与纸张的结合方式为结膜方式，优质块墨成分比例为"三碳二胶"，墨中的皮胶、骨胶的结膜是由于水分蒸发后，胶粒彼此紧密接触，分子间相互渗透扩散，紧密黏合在一起而形成牢固的薄膜，这种牢固的薄膜能将炭黑颗粒牢固地吸附在纸张载体上。油墨中内含植物干性调墨油（如草麻油、苏子油等）成分，其结膜是因分子内含较多的不饱和脂肪酸，在空气中均匀吸收氧气而形成的膜。这种物质成膜能力强，与纸张纤维的黏附能力也强，形成的结膜耐摩擦，不易扩散。

从承受信息内容的载体材料——手工纸和反映信息内容的记录材料——墨迹来分析，其化学成分是稳定的，制作工艺是精良的，因而古代纸质文物的耐久性较好。

（二）纸张老化

尽管古代纸张的耐久性较好，但在文物保管和利用过程中，随着时间的推移，纸张的外观、结构和理化性质等方面仍然会逐渐发生不可逆的变化称为纸张损坏或老化。纸张老化具体表现为变色泛黄、发脆强度下降和化学性质改变三个方面。引起纸张老化的原因错综复杂，往往是多种外界自然因素和纸张自身某些因素综合作用的结果。

纸质老化是纸质文物保存过程中常见的现象，也是必然的趋势。由于纸质老化，给文物保存造成巨大的损失，因而世界各国对纸张老化都进行了大量的研究。

1. 纸张文物损毁的内在因素

纸质文物损毁的内在因素是其载体材料——纸张的主要成分发生化学变化。

（1）纤维素水解

纤维素水解反应是纤维素分子在一定条件下，加水发生反应 β-葡萄糖 1，4 苷键断裂，水分子加入，生成比原来纤维素分子链短的一群物质，即水解纤维素的过程。

纤维素水解反应的结果是：纸张纤维素分子聚合度下降，分子间范德华力和氢键作用力减小，纸张机械强度下降，耐久性受损。

影响纤维素水解的因素有水分（空气湿度或纸张含水量）、酸的催化能力与种类、微生物分泌的胞外酶、温度、纤维的种类等。

（2）纤维素氧化

纤维素氧化就是纤维素分子在一定条件下，分子内的 -OH 被氧化成为 -CHO、-CO、-COOH 等，生成与原来纤维素结构不同的氧化纤维素的过程。

纤维素氧化反应的结果是：纸张发黄变脆，随着-OH 氧化，β-葡萄糖 1，4 苷键容易断裂，聚合度下降，葡萄糖基进一步氧化生成乙醛酸、片油酸、草酸等小分子物质，纸张耐久性受损。

影响纤维素氧化的因素有氧化剂的种类与数量、光、水分（空气湿度或纸张含水量）、温度等。

（3）半纤维素的水解和氧化

与纤维素分子相比，半纤维素分子聚合度小，有支链，分子间隙大，结晶区比例小，游离的-OH 多，具有较高的吸湿性和较好的润胀性，更容易发生水解和氧化反应。

（4）木质素氧化

木质素分子中的每个苯丙烷上都有许多活泼基团，反应能力很强，化学性质极不稳定。木质素分子中含有发色基团，常常呈黄褐色，木质素还能与某些物质作用，生成新的发色基团，形成特有的颜色反应。因此，木质素含量高的纸张容易被空气中的氧气氧化，降解成大量低分子化合物。

2. 纸质文物损毁的外在因素

（1）温度的危害

温度是物质分子、原子无规则运动的宏观表现，是用来衡量物体冷热程度的状态参数。

①高温的危害。在高温条件下，各种有害化学物质对纸张产生破坏作用，且温度越高，化学反应速度越快，破坏性越强，纸张老化速度加速。研究表明，在 38~98℃范围内，每升高 15℃，纸张老化速度平均增加到原来的 4.8 倍，相当于每升高 10℃，老化速度就增加 1.8 倍。

②低温的危害。外界温度低于结冰温度时，纸张中含有的游离水会结冰导致氢键结合力减弱，纸张内部结构遭到破坏，强度下降。

（2）湿度的危害

手工纸内纤维交织均匀，但有一定的空隙，当外界相对湿度较大时，纸张吸水，就有可能发生有害化学反应。此外，纸张受潮后纸张四边吸潮较快而伸长，中间部位仍保持原来含水量而尺寸基本不变，会形成"波浪边"；当环境湿度降低时，纸张四边缩水较快而紧缩，中间部位尺寸基本不变，会形成"紧边"，纸张就会柔性下降，发硬发脆。因此，纸张过于潮湿或干燥都影响纸张的机械强度和耐久性。

（3）光的危害

光具有一定的能量，能与物质材料之间发生能量传递，改变物质内部能级与能量，引起物质结构与性能的变化。光对纸张的破坏是十分显著而严重的，如亚麻纤维在阳光下照射 100h 强度就降低了一半。

（4）霉菌的危害

霉菌是丝状真菌的总称，霉菌对纸张的危害主要有以下三个方面：

①降解纸张化学成分。霉菌新陈代谢中分泌的各种胞外酶能将纸张上含有的纤维素、半纤维素、木质素、骨胶、皮胶、蛋白质、淀粉糨糊等降解成小分子的、溶于水的、能被其细胞膜直接吸收的营养成分，使纸张纤维结构遭到彻底破坏。

②增加纸张酸度。霉菌在代谢过程中产生多种的有机酸，如草酸、乳酸、甲酸、乙酸、丁酸、柠檬酸和琥珀酸等。酸作为催化剂可加速纸张的水解反应，导致纤维素和半纤维素聚合度下降，强度降低。

③污染纸张。霉菌的孢子一般带有较深的颜色，有些菌类还分泌各种色素，在纸张上面留下黄、绿、青、褐、黑等色斑。色斑影响了文物的原貌，严重时遮盖字迹或图像。

（5）害虫的危害

危害纸张的害虫种类繁多，导致纸张千疮百孔、污迹斑斑、缺边少角、残缺不全等，如对纸张危害最为严重的害虫有书蠹、竹蠹、药材甲、书虱、毛衣鱼等。

（6）有害气体的危害

有害气体主要来源于污染的空气，其中 SO_2、H_2S、NOx、Cl_2 为酸性有害气体，O_3、NOx、Cl_2 是氧化性有害气体，均为纸张化学反应的危害因素。

3. 书砖形成的机制

（1）书砖的概念

纸质文物保存多年后，由于各种因素的影响，部分纸张发生粘连，严重的黏结成块，像砖头一样很难分离，称为纸砖或书砖。

（2）书砖形成的原因

第一，纸张是由植物纤维交织形成的片状物，其化学成分结构中含有许多纤维素，能与水结合，纤维具有亲水性。此外，纤维在交织过程中形成许多毛细孔，能吸附空气中的水分，纸张具有吸湿性，当空气湿度较大时，纸张含水量大，纤维润胀，重量增加，纸张发生层降而使纸层逐渐闭合。

第二，造纸过程中为改善纸张抗水性而施胶，古代纸张主要用杨桃藤等植物胶，在高温、高压、高湿条件下，容易发生纸张粘连。

第三，古代纸张上的书写材料是墨。墨迹中含有相当多的皮胶、骨胶，其作用使字迹干燥后结膜，但在热和湿共同作用下，胶能溶化而使纸张黏连。古代印刷油墨中，也含有胶性的粘结剂，在一定条件下，也能使纸张粘连。

第四，在长期无人翻动的书籍和档案上，积沉着大量黏土和灰尘。此外灰尘中浮有霉菌孢子、细菌和放线菌。有些微生物在代谢过程中，分泌黏液、蛋白质、果胶、果糖等，纸张潮湿时，也会发生黏连。

在书砖的众多成因中，黏接物起了重要的作用。如果这些纸质文物放在热湿环境中，长期无人借阅，纸纤维具有湿胀干缩现象，中间缝隙越来越小，书砖越结越紧。

三、博物馆纸质文物的保护与修复

（一）我国传统的纸质文物保护

我国是一个历史悠久的文明古国，纸质文物十分丰富。先辈为了使其世代长存，延绵千古，创造了许多保护纸质文物的有效方法，积累了相当丰富的经验，并形成了一定的体系。

1. 库房建筑

古代典籍收藏非常重视其建筑的选址、设计和建造，对于防热、防潮、防光、防霉、防火、防盗等，在构建时都采取了相应的措施。

2. 防蠹纸

纸张内含有 C、H、O 等有机物，是害虫和霉菌的营养物。当库房保管环境潮湿、温热时，就会生虫长霉。于是古人在长期的摸索中创造了防蠹纸，以防害虫对珍贵典籍的危害。

（1）黄檗纸

黄檗又称黄柏，是一种芸香科落叶乔木，内皮呈黄色，味苦，气微香。经化学分析，黄檗皮中主要含小柏碱，还含有少量棕榈碱、黄柏酮、黄柏内酯等多种生物碱。这些生物碱具有较好的杀虫功能。所以，将纸张用黄棠树皮浸泡出的溶液渍染，晾干后再用来书写，就可防止蠹虫的危害。敦煌石室的石经，很多都是采用黄纸书写的，至今纸质完好，无蛀痕。

（2）雌黄纸

雌黄是一种含有砷的有毒物质，可毒杀害虫。将雌黄加水研磨，配入胶清融合染纸，阴干即可。此法为黄檗染纸法的一种补充。

（3）椒纸

椒纸是宋代的一种印书纸。它是将胡椒、花椒或辣椒的浸渍汁液渗透入纸内而成的。花椒中含有柠檬烯、枯醇和香叶醇等挥发油，散发出辛辣气味，具有驱虫、杀虫作用。现存的南宋刻本《名公增修标注南史洋节》一书即用椒纸所印，至今未见蠹虫危害。

（4）万年红纸

万年红纸出现于明清时期，是用红丹（又称铅丹）为涂料涂刷在纸上而制成的一种防蠹纸。这种纸主要用作古籍的扉页或衬底，既可以防蛀，又有美化装饰古籍的作用。铅丹，即四氧化三铅，是一种鲜红色有毒的物质，化学性质稳定，不易挥发，所以能在几百年内都具有防蠹的效能。明代宋应星在《天工开物》中详述了铅丹的制作方法。

3. 香药避蠹

香药避蠹就是在书库、书橱或书页中放置某些含有挥发性成分的药材，让其挥发出来的气味在文物典籍周围保持一定的浓度，以使害虫不敢接近的一种防虫方法。所用的香药有芸香、麝香、檀香、艾叶、辣蓼、皂角以及烟叶等。

（1）芸香避蠹

在香药中尤以芸香最常用。芸香能驱避害虫，是因为叶内含有菌茅碱、香叶醇等挥发性物质。古代使用芸香避蠹保护书籍文献始于西晋，盛于唐宋。北宋科学家沈括在《梦溪笔谈》中有关于芸香驱避的记载："古人藏书避蠹用芸香。"此法简单易行、安全有效，运用和流传也最久。由于常用芸香避蠹，故藏书的房屋有"芸阁""芸署"之称。宁波"天一阁"内的藏书，就是用芸香草来驱避害虫。

（2）麝香避蠹

麝香的主要成分是麝香酮，具有杀菌防腐功能，可做香料和药用。北魏贾思勰《齐民要术》中就载有"厨中安麝香、木瓜，令蠹虫不生"。

4. 装帧保护

我国典籍装帧已有千余年历史。古籍经过装帧，不但美观，而且易于保护和收藏。

（1）卷轴装的保护

卷轴装是纸本书和书画艺术品的最早形制，它继承了竹简和帛书的卷束形式，流行于东汉末年，隋唐时期更为盛行。卷轴装由卷、轴、缥和带四个部分组成。卷轴装内卷子的纸需要装潢，以免卷子因经常翻阅而破裂；染潢则可避蠹。轴不但便于舒展书卷，还可防潮避蠹。缥又称"包头""护首"，它是在卷的最前端留有的一段空白，是粘裱的一段韧性较强的纸或丝织品，以保护内部卷子。

（2）册页装的保护

把长幅卷子折叠成方形书本形式为册页装，便于阅读。印刷术出现后，册页装开始流行，装帧上先后出现旋风装、蝴蝶装、包背装、线装等形式，其中"护页""副页"及"封面"都起保护书页的作用。

（3）护书用品

①帙。一部书往往由很多卷轴构成，为了防止互相混杂，用布、帛、细竹等软质材料将许多卷轴汇集、包裹成为一帙，以五卷或十卷包成一帙。

②函。古代用所谓玉函、石函等硬质材料盛装册页书籍，避免书籍的棱角损坏。

③匣。制作匣的材料要精选，防止木材中油性分泌物污染纸张，以楠木、樟木等木质材料为原料做成的匣盛装书籍，既可防虫，又可保持书页平整。一般木匣以多层材料复合为好，外层是樟木，中间为楠木，最里层为上等丝绸衬垫。此外，以硬纸为胎，外包以布做成的纸匣，也可保护图书免受污损。

5. 晾晒制度

明清时期皇家立有定期晾晒制度，并设有专职官员负责对文献典籍的晾晒。明代定在每年六月初六日，清代则为每年夏秋两季。私家藏书也有定期晾晒措施，一般每年在梅雨季节过后，将重要的书籍、字画拿出通风晾晒，以达到防潮、防霉和杀菌的效果。

（二）我国传统纸质文物修裱技术

修裱技术是中华民族博大精深文化园地中的一朵艳丽奇葩，因纸张老化、纸质文物酥解破损需要修补而起源，距今有 1500 年以上历史。修裱技术的出现，对延长纸质文物的寿命、保护珍贵文化遗产起了重要的作用，是世界上公认的实用有效的传统纸张保护方法。

1. 修裱的概念

纸张在保存和使用过程中会发生强度下降、脆化或部分残缺等现象，修裱就是将破损的文物原纸与特选的修裱新纸进行黏合加固的过程，通过加固能增加纸张强度，恢复原貌和耐久性。

从某种意义上说，中国传统修裱技术并没脱离造纸的基本方法，造纸过程中疏散的植物纤维靠胶黏和加压成为纸张薄页；修裱过程是先用较多的水分浸润文物原纸或修裱新纸，使其纤维疏胀松软，后用胶黏剂使两种纤维紧密黏合，加压排实，最后排除多余水分，恢复纸页的平整干燥。

2. 胶黏剂的选择

（1）胶黏剂的概念

凡能将两个物体的表面紧密相连，并能满足一定物理和化学要求的物质，称为胶黏剂。

胶黏剂必须满足以下条件：①不论何种状态，在涂布时应是液态（液流性）；②对被黏物表面应能充分湿润（浸润性）；③必须能从液态向固态转变（固化）的过程中形成坚韧的胶膜（胶黏性或膜性），固化后有一定的强度，可以传递应力，抵抗破坏，胶膜有一定的机械强度；④必须能经受一定的时间考验。

（2）胶黏剂作用机制

液态胶黏剂涂布在纸张或丝织物表面后，慢慢扩散并浸润到纤维内，当胶黏剂分子与纤维素分子接近到一定距离时，在分子间范德华力和氢键力的作用下互相吸引而产生黏附力；胶黏剂在固化过程中，慢慢形成的薄膜具有胀紧力，使新材料与原纸黏合为一。

（3）修裱胶黏剂理化性质

修裱胶黏剂的理化性质直接影响着修裱的质量，因此对修裱使用的胶黏剂有如下要求：①黏性适中，修裱后的纸张要柔软；②化学性质稳定；③呈中性或微碱性；④不易生虫、长霉；⑤无色透明或白色；⑥具有可逆性。

能达到以上要求的最佳胶黏剂是淀粉糨糊，因为纸张是以葡萄糖脱水聚合形成的多糖类高分子化合物，淀粉是以 β-葡萄糖脱水聚合形成的多糖类高分子化合物，两者分子式相同，最容易形成氢键结合力。古人虽然对以上的现代胶黏理论并不理解，但从一开始就将淀粉糨糊作为黏合加固纸质文物所用，确实具有相当强的科学性。

（4）小麦淀粉糨糊的制作

古人对淀粉糨糊的制作有一套较为科学的方法：洗粉去筋—浸泡沉淀—发酵漂洗—干燥—制糊，使用时稀释。操作时，每一步骤都非常重要，其中去除蛋白质和制糊更为关键。

①去筋。面粉内含有 8%~15% 的蛋白质成分，不去蛋白质的糨糊，黏性强、浸润流动性差、修裱后纸质文物易起皱、柔性差；蛋白质内含黏源，更容易生虫长霉；蛋白质内含有许多活性基团，化学性质不如淀粉稳定，在热、酸、碱、氧化剂条件下，容易发生变性。

②制糊。糨糊制作是淀粉分子受热溶胀产生黏性，由悬浮液转变成胶凝系统的不可逆过程。这个过程在化学上称为胶化，制作糨糊则称为糊化。淀粉悬浮在冷水中—加热，温度升高，吸水能力增强，直链淀粉溶于热水→温度继续升高，淀粉微粒体积迅速膨胀→体积超过原来的几十倍，微粒在水中相互挤压—支链淀粉分子形成凝聚的网络结构，黏度迅速增大→形成胶黏体系→冷却后在水中呈不溶解、不溶胀的凝胶态。

修裱时要对凝胶态的糨糊进行稀释，修裱一般要求用糊如水，根据纸张的种类、吸水性和厚度对稠糊进行稀释，配制成不同比例的稀糊。制糊的关键主要控制糊化温度，一般为 70~75℃。温度过高，糊化过热，黏度太大，不能完全浸润纸张；温度过低，微粒膨胀不足，达不到一定黏度。

另一关键是控制水量，如果水量适合，微粒正好把水分全部吸收，分子间膨胀适当，容易挤压成网络，则黏度适中，此时，糨糊形成的冷凝胶最为稳定，不易形成干膜，也不易产生沉降。

3. 修裱技术

（1）揭黏

纸质文物在保存过程中，基于种种原因，部分纸张发生黏连，严重的结成砖块，难以逐页分离，影响利用。其原因极其复杂，是纸张、环境、生物、人为等因素综合作用的结果。

揭黏技术有干揭、湿揭（水冲法、水泡法、蒸汽渗透法）、酶解法（淀粉酶、蛋白质酶）、综合法等几种方法。一般对难揭的纸砖可几种方法并用。

无论采用上述哪种揭黏方法，当纸张处于潮湿状态时，都不能马上揭。纸张中含有较多水分，纤维之间距离大，纤维间的氢键力和各种结合力都下降，使纸张强度降低，容易揭烂。此外，揭开后，由于污垢尘土很多，在修裱前须进行清洗。待通风干燥使纸张有一定强度后，再进行纸片拼接。揭开后，应及时进行修补和托裱，以免丢失文字。

（2）修补

修补就是选用与文物原纸的纤维方向、厚薄、颜色、质地基本一致的纸张，对有孔洞、残缺或折叠磨损的部位进行修复。

第一，补缺。对残缺或虫孔的部位进行修补，补纸直径比孔洞大 2~3mm。

第二，溜口。在磨损折叠处补上一条补纸，溜口的补纸宽度一般为 1cm 左右。

第三，加边。在纸张四周加上补纸，有挖镶、拼条镶、接后背等。

（3）托裱

托裱就是特选整页的新纸（托纸）和胶黏剂，对破损的纸质原件进行黏合加固的过程，以提高纸张的机械强度。托裱有湿托、干托两种。

①湿托。湿托就是把糨糊刷在原件上，然后再上托纸，适用于字迹遇水不扩散的原件。

②干托。干托就是把糨糊刷在托纸上，再与破损的原件进行黏合，特别适用于字迹遇水扩散和破损严重的原件。

我国古代书画作品是纸质文物的重要组成部分，多为历代皇帝、大臣、名人的手迹，如故宫博物院和第一历史档案馆馆藏的明清两代御制诗文及画稿，中国第二历史档案馆珍藏的孙中山、于右任等名人书画手迹，大多为卷轴装。其载体材料多为宣纸和丝绢，由于质地纤薄、性质柔软不坚挺，且着墨或着色后，褶皱不平，不利于保管和展示，因此须先裱后装。部分时间久远而破损的书画文物也需要揭旧重裱。

对这些文物除托画心外，还要经过配镶料、覆背、研光、装轴、系丝带等工序，使书画艺术突出色彩美、结构美、艺术美的整体效应。

（三）纸质文物的现代保护技术

1. 温度、湿度控制

在纸质文物的保护工作中，控制调节库房的温度、湿度是最关键、最根本、最有效的措施。温度和湿度是直接作用于纸质文物的两个最普遍的因素，而且是互相关联的两个因素。

实验证明，温度和湿度对纸张耐久性的综合作用大于单因子独立作用之和，表现为协同效应。在温度 15℃、相对湿度 10% 的保管条件下比在 25℃、50% 条件下，纸张保存寿命增加 20 倍左右。

纸质文物的库房温度、湿度要求：冬天室内保持在 12~18℃，夏天不超过 25℃；相对湿度保持在 50%~65%。24 小时内温度的变化不应超过 5℃，湿度变化不应超过 5%。

（1）防热

①外围结构防热。室外的热源通过辐射热、对流热、导热传入库内，最好的隔热措施是利用导热系数小、热阻大的建筑材料。此外，还可利用加大墙体厚度、注意门窗密闭、使用遮阳板等防热措施。

②空调系统降温。空调系统是文物库房取得符合保护要求的气候条件的理想设备，降温效果良好。

（2）防潮

①外围结构防潮。库内潮湿的因素主要包括地下水通过地面和墙体向内蒸发、雨水通过外围结构向内渗透、潮湿空气通过门窗缝隙浸入库内等。最好的防潮措施是在外围结构层中使用结构紧密、能隔断水分渗透的防水材料。此外，还要注意库房建筑的自身排水和防潮效果。

②去湿机除湿。库房内使用去湿机，可将空气中的水蒸气降温、结露、析出液态水。冷冻去湿机一般具有不需要冷却水源、使用方便、性能稳定可靠、能连续运行等优点。

2. 杀虫

（1）高温、低温杀虫法

环境温度因子对纸质文物库房滋生的害虫的新陈代谢活动影响很大，温度既可以加速或减缓害虫新陈代谢的速度，也可以使害虫代谢完全停止而死亡。

①高温法。40~45℃为昆虫生长的亚致死高温区，又称热休克区。昆虫生活在这一温度区域内，持续数天，就会因代谢失调而死亡。

②低温法。-10~8℃为昆虫生长的亚致死低温区，又称冷昏迷区。昆虫生活在这一温度区域内，持续数天，就会使代谢速度变慢，生理功能失调，体液冰冻和结晶，原生质遭到机械损伤而死亡。

（2）γ射线辐照杀虫

γ射线是一种波长极短、能量较高的电磁波，对生命细胞的穿透力较强，对各种昆虫（微生物）均有杀伤作用。

（3）气调杀虫

空气是昆虫重要的生态因子，缺少氧气，昆虫便不能正常生长、发育、繁殖。在密闭的条件下，将空气中各种气体的正常比例加以调整，减少 O_2，充入 N_2 或 CO_2 气体，使昆虫的正常活动受到抑制，窒息而死。

（4）化学熏蒸杀虫

熏蒸就是在密闭条件下，使用化学熏蒸剂以毒气分子的状态穿透到生物体内，使其中毒而死。目前，常用的熏蒸剂为磷化铝片剂，释放出来的 pH，气体主要作用于昆虫的神经系统，使昆虫死亡，对成虫和幼虫均能达到100%的杀虫效果。

(四) 纸质文物的现代修复技术

除了传统的修裱技术以外，纸质文物还可采用一系列的现代物理化学技术，进行修复处理。

1. 去酸

纸张呈现酸性，是因为含有大量的 H^+。H^+ 是纤维素、半纤维素水解反应的催化剂，对破损不很严重的纸质文物，去酸处理有利于长期保护。纸张去酸方法很多，主要有液相去酸和气相去酸两大类。

(1) 液相去酸

首先，将含酸纸张在清水中充分浸透，放入 0.15% 的 $Ca(OH)_2$ 溶液中 10~20 分钟，$Ca(OH)_2$ 溶液中的 OH^- 与纸张中的 H^+ 发生中和反应达到去酸效果；其次，在清水中冲洗以去除纸张上的 $Ca(OH)_2$ 残液，再放入 0.15%~0.20% 的 $Ca(HCO_3)_2$ 溶液中 10~15 分钟，$Ca(OH)_2$ 和 $Ca(HCO_3)_2$ 反应生成 CaO_3；最后，将去酸的纸张放在吸水纸中压干即可。此法的优点是残留在纸张上的 $CaCO_3$ 细微白色颗粒会渗入纸张纤维中，既增加了纸张的白度，又能防御酸性有害气体的侵入。以缓冲溶液去酸为例。缓冲溶液是一组能够抵制外加少量强酸或强碱的影响，并使原来溶液 pH 值基本保持不变的混合溶液，具有调节控制溶液酸碱度的能力。对纸质文物去酸，应该选用一组 pH 值为 7~8 的多元弱酸的酸式盐和它所对应的次级盐组合。按体积之比 1 : 10.8 配制 KH_2PO_4 和 Na_2HPO_4 水溶液。在 KH_2PO_4 和 Na_2HPO_4 的缓冲溶液组合中，纸质文物的 H^+ 被大量的 HPO_4^{2-} 所吸收，变成了 $H_2PO_4^-$，溶液 pH 值基本保持不变。缓冲溶液去酸的优点是纸张去酸后 pH 值保持碱性或微碱性，具有进一步的抗酸作用。

(2) 气相去酸

气相去酸就是将纸张放在碱性气体或碱性蒸气中去酸。

①氨气去酸。氨气（NH_3）是弱碱性气体，能与纸张中的 H^+，作用。氨气去酸的优点是原料价廉易得、操作简单、对字迹无影响、可以大批量处理。

②二乙基锌去酸。二乙基锌去酸可以提高纸张的寿命，但 ZnO 的存在会加速纤维素在紫外线中的降解，同时二乙基锌在液态时易自燃，或与水发生强烈的反

应生成可燃性气体乙烷，容易发生事故，因此操作时要注意安全。

2. 去污

纸质文物在保存和利用过程中由于环境及人为因素的影响，很容易粘上各种污斑，如泥斑、蜡斑、油斑、墨迹斑、霉斑等，不仅影响字迹的清晰度，还影响纸张和字迹的耐久性，对此可用物理和化学的方法加以清除。

（1）机械去污

对于纸张强高好且污斑较厚易除的纸质文物，可用手术刀、毛刷等工具依靠机械力量去除污斑。

（2）溶剂去污

溶剂去污就是利用溶剂与污斑之间的作用力大于污斑内分子之间的作用力及污斑与纸张纤维之间的作用力，使污斑溶解于溶剂的去污方法。其原理为相似相溶原理，即当溶剂与污斑分子的极性相似时，污斑容易被溶解。极性污斑分子容易溶于极性溶剂中，非极性污斑分子容易溶于非极性溶剂中。

（3）氧化去污

氧化去污就是利用氧化剂使污斑中的色素成分氧化，分子结构遭破坏，变成无色物质，以达到去污效果。使用氧化去污法须考虑纸质纤维素及字迹色素的耐久性，避免去污的同时降低了纸张机械强度，导致字迹褪色。

3. 加固

对破损的纸质文物，现代的加固技术有丝网加固法、派拉纶真空涂膜法等。

（1）丝网加固

丝网加固就是用蚕丝织成网膜，并喷上聚乙烯醇丁醛胶黏剂，在一定的温度和压力下使丝网与纸张黏结在一起的加固方法。

蚕茧经抽丝、纺织织成一定规格的单丝丝网，按照丝网—纸张—丝网的顺序排列，用热压熨烫的方法将丝网与纸张黏合在一起。丝网加固的优点是透明度好、重量轻、手感好、耐老化。特别适用于两面有文字的脆弱纸张的保护加固，不影响文字的识读、拍照，需要时又可用溶剂将丝网从纸张上剥离下来。

（2）派拉纶真空涂膜法

利用对二甲基苯的二聚体加热气化、裂解，转变为对二甲基苯自由基单体，在真空室温条件下，该自由基单体能自发地聚合成派拉纶膜。采用真空涂膜技术可以在纸张表面涂上 0.25~20μm 任意厚度的派拉纶膜，使纸张的强度大大增加，并提高了纸张耐酸、耐碱、耐水能力。用派拉纶涂膜保护纸张，文字不受任何影响，手感略有变化。该法优点是保护效果好，可以对整本书加固而无须折页。但此法技术工艺复杂，材料成本较高，大规模推广受制于经济条件。

第五章 博物馆青铜器与金、银器保护

第一节 博物馆青铜器文物保护

一、青铜器的工艺

（一）陶质块范铸造工艺

随着社会经济的发展、新兴城市的建立，商品交换开始活跃起来，青铜礼器随着奴隶制的崩溃而逐渐改变了性质，作为日常生活用具，为适应地主阶级的需要，在生产上有了很大的提高。当时青铜器已作为商品出现在市场上，以往一模一范的生产方法，显然已不能满足社会日益增长的需要，于是青铜器铸造技术得到进一步改进和发展。

1. 分模制范

山西省侯马铸铜遗址出土有许多陶质的母模。模就是母范，在大型器物的陶模残块中，还发现不少鼎、鉴等器物局部完整的块模。根据这一现象可以推测，这时铸造青铜器的陶模不是做铸件的整体，而是根据铸件的形制和纹饰分为若干组，而陶模只做其中的一组，然后反复印制在范上，合成整器的陶范。如鼎的耳部、腹部和足部，都具有不同的陶模，钟则二等分做半个模。在工业生产上，分工越是细，越是程序化、规格化，生产效率也越高，侯马陶模的解剖式分型，很明显地具有这种特征。如果是一些小的器件，不宜于分范的，则就用完整的实体模，如器物上一些主体的兽形、人形之类。

母模的制造是用手工直接雕刻的，也有从器物上复制的，侯马一些精雕细刻的陶模一丝不苟，例如千百点如钉尖的地纹或鳞纹，毫不紊乱，花纹很少有缺陷。有一些陶模可能不是直接雕刻的，而是在极为精细的器物上局部复制的。做这个判断的理由是，在这些陶模上完全没有刀尖或雕刻器刻画的痕迹，尤其是特别精丽的花纹，更是如此。

侯马陶范的泥质较纯，烧成的温度较高，陶质没有疏松的现象，这样的陶模可以反复使用而不易受损坏。

在侯马出土的陶模上，还可以看到当时工匠们在制作陶模时的一些痕迹。在陶模上画有很细的分格、线条，或用两脚规画成圆圈。有的陶模只有粗花纹，就不再刻下去，大概是雕刻过程中的废品，从花纹的精密度和光洁度来看，当时的雕模应有相当精确的工具。

2. 侯马陶范的翻制

陶模和陶范在铸造青铜器时所起的作用是不相同的，前者决定器物的造型，而后者却需要承受上千摄氏度的铜液，并在其中冷却，除了耐温以外，还要有良好的机械强度，经得起铜液灌浇冲刷而不致损坏。另外，铜液灌入后，会在范中产生不同程度的气体，这些气体大部分通过浇口和冒气口排出体外，以保证在外观上看不出气孔这类铸造缺陷，而陶范的泥土必须是很细腻的，以便能够清晰反映出青铜器上的铭文和花纹。

侯马陶范耐热性能优良，机械强度也相当好。用来制范的泥土是经过精心淘洗的，淘洗的目的有两个：一方面是把泥料按粒度分级；另一方面把泥料中所含碳酸钙、硫酸盐等有机物溶于水中，以降低这种盐类的危害，否则会造成降低耐火度、烧结温度并提升发气性。

从侯马出土残陶范的断裂面上可以看到，陶范的表面即铜液接触的表层和支撑这一表层厚厚的加固层，表层的陶土致密，掺石匀净的细沙，有的厚度在5毫米左右。基体层除了同样掺和细沙以外，还包含有丰富的孔洞，主要是在土中拌和切峰的植物茎叶和麦秸等草料，像殷墟出土陶范一样，使阴干时不致开裂变形。这表层花纹，形态都是从母模上翻制的，大面积的花纹是有小块印模反复印成的。有的器物印模的单位有数十个之多。由于压印的单位总不是整数，而是或多或少地需要切割，在东周铸件纹饰上，常可看到陶范表层切割补合的痕迹。

商和西周时代青铜器上已经使用的有些部件分铸的方法，在东周晚期大为盛行。在这个基础上，发展到陶范的部件也可以分别铸造。在侯马出土的钟范中，发现了许多单独的枚范，它的外观呈上大下小的方锥形，后来发现这种已经焙烧过的枚范，是嵌在钟范上的，在钟范上有嵌枚范的方孔。这种装配式的范，无疑可以大大提高生产效率。

范的拼合需要很高的技术，稍有不规整，就有可能出现铸造缺陷，拼合小的块范，应当有适当的工具，否则不易精确。春秋、战国时的青铜器，大多器壁较薄，所以内外范的适当安置很重要，在合范定型之前，要进行校正，主要是解决厚度匀称问题，在这时，校正最为方便的是内范，因为内范没有花纹，又是处在泥质阶段，故可做适当修正，成组分制的内外范，都有相应的记号，以防错配。

内范和外范的固定，除了块范之间做上各种形状的子母榫以外，为了保证器壁的厚薄均匀，器物的容器部分，在合范以前，内外范之间，还垫有小的铜片，以控制厚度，这种小铜片在灌注铜液后，就固定在器壁上。需要封闭的部分如足、耳等的内范上，常有角锥状凸起，这凸起的高度，正好是所要浇铸的足、耳等的厚度。这里的泥心，是指四周用铜包住的、永久性的内范，常见做尖角形，它和外范之间的接触面非常小，有的仅是一小点孔隙，浇铸后泥心就会均匀地封闭在铸件的内部。有的钟舞和枚间，也有这种空隙。

（二）失蜡铸造工艺

失蜡法铸造青铜器，在我国有着悠久的历史，但见于文献记载却比较晚。宋人王溥《唐会要·卷八十九·泉货》引郑虔《会粹》说：唐初铸开元通宝，（欧阳）询初进呈"蝎样"，自文德皇后在蝎样上掐一甲迹（指甲的痕迹），因此钱上割有掐痕。"蝎"是蜡的古写，"蝎样"就是蜡模。这是有关熔模法的最早记载。但对此也有不同看法，有人认为钱上所留的痕迹是四痕。宋赵希鹄《洞天清禄集》最早叙述了失蜡法的工艺过程。明宋濂等撰《元史·卷八十五·百官志第三十五·百官一》有"出蜡局提举司"，专司铜器铸造。明宋应星《天工开物》详细记载了万钧钟的失蜡铸造工艺，并载有蜡料配方。

失蜡法在我国的起始和应用，是冶铸史上一个重要的课题，长期来，对中国什么时代开始用失蜡铸造存在不同的看法。1938年，湖南省宁乡出土了商代四羊方尊，尊肩的四角有四只羊头，羊角呈立体状而且弯曲度很小，有人认为是用失蜡法铸造的，否则羊角就无法脱范，经过实物仔细分析，发现羊角尚留有合范痕迹，证实它确实是使用传统的陶范法分铸的。

云南省晋宁县石寨山出土的滇族贮贝器，盖上的附饰已确认是用失蜡法铸造的，但它是西汉时代的。1968 年，湖北省满城刘胜墓所出土的错金博山炉和鎏金长信官灯，也是用失蜡法铸造的，它也是西汉时代的。

目前，中国最早使用失蜡法的铸件是 1978 年 5 月河南省淅川楚王子午墓所出土的青铜禁，这禁四周围着的龙纹饰结构复杂的框边，是用失蜡法铸造的，框边立体的错综结构的内部支条，尚可见蜡条支撑的铸心。王子午即楚王的令尹子庚，其活动时期在公元前 6 世纪中叶。令尹王子午墓的禁，失蜡铸造的技巧已相当成熟。所以在春秋中期和晚期之际，使用失蜡铸造的技术已能成功地铸造最复杂的器件。

1977 年，在河北省平山县中山国王䁆墓出土战国晚期镶嵌金银四鹿四凤四龙青铜方案，高 37.4 厘米、长 48 厘米。方案最下面是四只梅花鹿，承托一圆圈，上面立有四龙四凤，交错盘绕成半球形，龙顶斗拱承一方案。四鹿神态温顺，四龙姿态雄健有力，四凤展翅引颈长鸣，表现了巧妙的工艺构思。

1978 年，湖北省随县擂鼓墩曾侯乙墓出土的尊和盘，出土时尊置于盘内，两件器物风格一致，口沿为多层套合的镂空细密龙纹，是由表层纹饰和内部多层次的铜梗所组成，结构复杂，腹部和底部为龙形和豹形装饰。曾侯乙墓器物的年代在公元前 5 世纪下半叶至公元前 5 世纪末。这是迄今我国发现最早的一批失蜡铸件。

虽然失蜡法在中国的起源还不清楚，但是从王子午墓出土的禁和曾侯乙墓出土的尊盘失蜡铸造技巧如此高超，而且都出土于豫南鄂北这一地区的情形来看，可以认为这种铸造方法是在我国独立发明的，有自己的民族特色。由于失蜡法的铸件出土不多，也没有发现铸造的遗址，因而有关的蜡料、泥料的成分配制和火候等，有待做进一步的探讨。

（三）复合金属铸造工艺

商周时代铸造青铜器已能使用两次或多次的分铸法，或局部嵌铸法，如铁刃铜钺或铜戈。春秋晚期到战国时代，出现了用两种不同成分的青铜合金熔铸或嵌铸成器，也有用青铜和铁合铸的。这类工艺，有的为了提高装饰性，也有为了实用效果，在当时能起到很好的作用。

1. 表面合金化技术

越国是铸剑的名邦，著名的越王勾践剑的剑体上布满了精美的菱形图案，因为这剑没有严重腐蚀，所以金属质地看得比较清楚。表现图案的线条，是一种浅色的金属，与剑的基体稍有氧化的青铜色彩不一样，这浅色的金属是与基体碃合在一起，而不是镶嵌的。这一类剑，楚越兵器中都有，而且戈、矛上也有类似的菱纹。根据表面分析，因为有硫化物，所以原来认为这种花纹是在剑的基体上腐蚀出来的。后据对同类剑的纹饰做取样化学分析，发现纹饰深度可以厚达 1 毫米左右，因而绝非硫化物腐蚀的结果。菱形纹饰金属经光谱分析，铜、锡含量大，硅、铁、银、钙、镁、砷、铋、铝、铬、锰、磷、锌含量很小。由于菱形花纹中的金属已腐蚀成黑色，少量取样的化学分析，定量参考的数值为锡小于 47%，铜小于 31.27%、铅小于 11.8%，其余为杂质。这剑的基体是铜 77.62%、锡 20.50%、铅 0.25%，原来的剑之基体应呈金黄色，而菱纹则呈银白色。

这一现象经研究发现，菱形纹饰的制作采用了合金热扩散原理，即用锡基合金粉末涂覆于青铜剑表面，经加热使合金成分扩散到青铜剑基体之中，使涂敷部分呈白色，未涂部分仍为铜黄色，形成黄白相间，极富装饰性的非机械镶嵌菱形花纹。这表明中国早在 2500 多年前已发明了金属表面合金化技术。

研究还发现，白色部分不仅富锡，还生成细晶区，因而耐蚀性大为提高，经过千百年的腐蚀作用，剑体和菱形纹饰由于耐蚀性能差异，便形成了现今黑和白灰色相间的菱形暗格纹。战国时代一部分巴蜀式兵器和楚兵上，常有一些亮色的斑点和条纹。这些斑点和条纹有的是对称的，每一斑点都有圆形或方形的界限，有的则采取不规则的自然分布，或做流动骤凝状态。这些发银亮色的斑点，在有一些器物上呈现墨绿色，这是因氧化和腐蚀的条件不同所致。未经氧化的斑点硬度很高，而且这些金属物质与器物表面平整一致。加以解剖，可以观察到亮斑有不甚匀称的厚度，与基体是熔铸状态，即一次铸成的，就是所谓浑铸。这类兵器的基础成分是常规的战国铜兵，而银色亮斑经分析也是低铜、高锡、高铅的合金，并含有少量的铁。这种特殊的合金是按照不同的设计形状，先固定在范上，然后浇铸融合在一起。它的关键在于合金的配比和浇铸的火候，如果掌握不当，银色亮斑将会流失变形，或与基体铜液化合。

以上两种复合金属铸造的技术，在秦汉时代已经消失。

2. 青铜复合材料铸造技术

春秋时期成书的《考工记》，已总结出铜锡合金的六种配比，用以铸造不同使用要求的青铜器物。为了锋利，作为刺杀的青铜剑须用质硬的高锡青铜，但格斗时因脆性易折断。为克服此矛盾就用不同成分的青铜合金，采用两次铸造工艺，先用低锡青铜铸造剑脊，再用高锡青铜铸造锋刃部分并包住剑脊，使青铜剑刚柔相济，大大提高了青铜剑的格斗性能，由于高锡部分色泽黄白，低锡部分色泽偏红，所以又称双色剑。这表明中国在 2500 多年前就创造性地应用青铜复合材料提高兵器的使用性能。

3. 铜铁合铸件

所谓铜铁合铸件，是指器物的主体或部件为铁质，而与青铜合铸。以铁为主体的铜铸件，如铁刃铜兵，特见于商和西周时代，这时的铁不是铸铁，而是天然的陨铁。1972 年，河北省藁城出土一柄商晚期陨铁刃青铜钺。1972 年 8 月，又在北京市平谷区南独乐河公社刘家河大队出土一柄陨铁刃青铜钺。

以铸铁和青铜合铸的器件，主要出现在战国时代。铜和铁合铸，较早的是中山王墓期，为铁足铜期，此鼎的铭文纪年，当在公元前 4 世纪初。安徽省寿县李三孤堆楚王墓出，土的瓶下部的鬲亦为铁足，墓为楚幽王陵，为公元前 3 世纪初。其他如湖北襄阳蔡坡、鄂城、江陵雨台山，湖南长沙识字岭、广西平乐银山岭等都曾出土过铁足铜帅。此外，还有铜柄铁剑等，在全国各地发现较多。

铜铁合铸件对于珍贵的青铜器来说，并不是很理想，这样做不是为了提高器物的价值，而是为了节省铜料，但在使用上是没有影响的。这种用铜铁两种不同金属合铸的方法，一直传到后世。

二、青铜器的保护、修复技术

（一）青铜器传统修复和现代保护修复技术

1. 青铜器传统修复技术

按照传统修复技术流程来说，一般有焊接或黏结、矫形、补配、鎏金、作锈和去锈六个技术步骤。

青铜器的焊接主要用金属锡作为焊料。焊接前，先将需要焊接的部位用锉刀锉出铜胎，锉口排上薄锡，对好锉口，再用烙铁焊接。电烙铁出现之前多用火烙铁。焊接剂采用焊锡膏或者焊药水（盐酸和锌），松香一般用作烙铁去脏。黏结主要采用 AB 胶和胶棒（主要为环氧树脂类的化合物）。

青铜器的矫形也是传统修复中重要的工艺步骤。矫形的方法一般有锤击法、钳夹法、锯解法、撬压法和支撑法。锤击法采用橡胶锤或木槌敲击青铜器变形部位，敲打整形，一般适用于铜质较好的器物。钳夹法采用钳具和垫片夹紧铜器的须整形部位，缓慢加力，调整变形部位的应力，直至达到要求。撬压法和支撑法均采用不同的整形工具消除器物变形的部位应力，以达到整形的目的。有的变形较大的器物，往往对变形部位采用锯解法。现在还有根据金属加热软化的原理采用加温法来进行矫形。

青铜器的补配。对无花纹部位的补配往往采用厚度合适的铜皮，在铜皮上排上锡，打磨平整直至与原器物厚度一致，对好缺失部位的尺寸，再焊接在器物上。对有花纹的残缺部位，需要翻模补配。翻模的方法有蜡模、沙模、石膏模等。翻模后做好补块，经过修模、作色、磨光、修整等多道工序，方可完成。现在也有把锉下的青铜粉末直接用胶黏结在纹饰上制成模块，再将其用排锡焊接到铜皮上，打磨控制好厚度和大小进行补配。

鎏金工艺往往采用金和水银制成金汞齐，涂在铜器表面，加热后水银蒸发，金就附在器物表面了。这种方法我国古代从春秋时期就采用了，传统保护修复也一直延续使用这种方法。

青铜器的作色，主要分为作地子和作锈两类。作地子和作锈一般用酒精稀释虫胶片，再调入颜料。颜料往往是化工原料如铁红、铁黑、钛白、靛蓝等，过去传统作地子采用各种矿石颜料。其他一些作锈的方法如溶液浸泡、埋入地下"闷锈"等技术，都是为了获得生动自然的"红斑绿锈"的效果。作色这一步骤对传统修复工匠的经验要求较高，有的工匠跟师父学习了很多年，仍然没有掌握作地子和锈色的方法。

通过对我国青铜器传统文物修复历史和技术进行梳理，可以看出青铜器的保护和修复技艺的源远流长。其技术的产生、发展和成熟均与当时的社会环境相关，无论这些传统修复工匠的目的是什么，不可否认的是，我国青铜器传统修复技艺正是在他们的手上得到了传承。

2. 青铜器现代保护技术

中华人民共和国成立后，随着科学技术的进步、新材料和新工具的出现，以及国内外青铜器保护理论的建立和充实，青铜器的保护技术得到了长足发展，相关保护修复的实际问题也普遍得到了较好的解决。

总的来说，青铜器现代保护技术的理论依据主要来源于文物保护工作者对青铜牌腐蚀机制的科学认知。文物保护工作者对青铜器所采取的干预措施和施用的材料，其主要目的是终止青铜器继续腐蚀，延长文物寿命，这与青铜器传统修复技术在理念上是有差别的。因此，青铜器现代保护技术和传统修复技术是不同的，不妨认为这是青铜器保护修复技术的新阶段。这一阶段出现了很多依据青铜器腐蚀机制形成的方法，主要有以下特点：

在国家文物局颁布的行业标准《馆藏青铜质和铁质文物病害与图示》中，明确了青铜器保护的相关术语以及青铜器的病害类型。例如，青铜质文物是以铜锡铅合金为主要基体材料的器物，通常也称为"青铜器"。青铜质文物病害是因物理、化学及生物因素而造成的腐蚀现象。此外，该行业标准将青铜质病害进行了科学分类，将其分为：残缺、断裂、裂隙、变形、层状堆积、孔洞、表面硬结物、矿化、点腐蚀、微生物损害等病害形式。

此外，通过国内外文物保护人员的大量实践，利用现代科学分析仪器对青铜器进行全面的分析研究，以及对青铜器的埋藏环境、出土保存环境等广泛研究，人们对青铜器腐蚀机制的认识逐渐加深。从利用化学腐蚀原理发展至电化学腐蚀原理解释腐蚀现象。对青铜器的腐蚀形式也进行了总结和分类，指出全面腐蚀和小孔腐蚀形式是青铜器腐蚀的两种主要形式。同时，也深入研究了青铜器的锈蚀产物，辩证地将锈蚀产物分为无害锈和有害锈，认识到无害锈是对青铜器有保护作用的产物，有害锈才是影响青铜器长久保存的主要因素。

这些在行业标准中体现的术语和定义，以及人们对青铜器腐蚀机制的研究成果，深刻反映了人们对青铜器腐蚀机制的认知。在实际工作中，面对一件残破的青铜器，文物保护工作者不仅要考虑将其修复完整，还要考虑对青铜器病害的处理以及如何减缓青铜器的腐蚀速度，这是对传统修复工作的进一步要求。对于青铜器保护工作者来说，不仅要掌握传统修复方法，还要掌握现代物理、化学、电化学、材料学知识以及青铜器的病害分类和特点，能够准确辨识青铜器的病害类型和区域，学会用合适的病害图标标识其病害类型。

（二）青铜器传统修复和现代保护理念和技术的融合

1. 青铜器传统修复和现代保护技术结合的必要性

（1）两者结合的现实要求

由于文物的特殊性，每件文物进行保护和修复时，必须先制订保护修复方案，并将方案上报至国家文物局或省一级文物管理部门。对于青铜器保护而言，如果缺少了相关分析检测结果、保存现状和病害描述以及拟采取的脱盐、缓蚀和封护方法，而仅有传统修复办法，保护修复方案是很难通过批准的。此外，现行的三部行业标准并没有明确提出必须对残损青铜器进行传统修复。没有要求对青铜器进行矫形、焊接和作色等传统修复，并不意味着传统修复工作就没有必要了。在实际工作中，从人们审美习惯角度出发，尤其是考虑到博物馆的展陈需求，文物保护工作者对残损青铜器都进行了修复处理。可见，传统修复工作仍然是现代文物保护修复工作不可或缺的内容。在现行条件下，青铜器的保护修复既要符合文物保护行业要求，又要兼顾人们的审美习惯和博物馆展览要求。

（2）青铜器传统修复技术的传承与发扬需要现代科技的支撑

通过对青铜器传统修复和现代保护技术的梳理，可以看出青铜器传统修复技术存在如下问题：①传统工艺中没有认识到清洗、缓蚀和封护的问题；②传统工艺中缺少保护修复过程档案记录；③传统工艺中缺少必要的分析检测；④传统修复工艺缺少对青铜器腐蚀机制和方法原理的科学认识。

现代保护技术虽然对青铜器的保护效果显著，但也存在一定问题，如：①没有较好地解决青铜器保护与人们审美观念和博物馆展览间的关系；②现代保护技术仍然不够成熟。

因此，青铜器传统修复的发扬离不开现代保护技术，同时现代保护技术也离不开传统保护技术，两者的结合将是一个必然的过程。

2. 青铜器修复理念

现代保护修复理念经过了多年的发展和完善，最终形成了"真实性""不改变原状""最小干预""可逆性原则"等文物保护修复原则。其中，真实性原则和不改变原状的原则可以划归为一类，可称为客观原则，也就是在实施保护修复过程中应该以客观事实为依据，出土时文物的原貌是什么样子，就应该保持其原貌。最小干预原则是指所保护修复过程中所采用方法、技术和材料对文物的影响最小，最低限度影响文物。可逆性原则是指保护修复过程中对文物所使用的材料能够被清除，能够发生逆向的反应。这些现代保护修复理念逐渐被国内外文物保护人员所接受，也成了他们实际工作的指导思想和原则。

3. 青铜器修复技术

青铜器传统修复的科学化不仅在修复理念方面要进行自我审视和更新，能够跟上现代保护修复理念的发展。还需要对青铜器修复技术进行科学化的探索。

第一，应该将传统修复过程进行详细的记录和描述，形成可留存查阅的资料，便于后人再对其进行保护时有据可查。这一点对于传统修复人员来说，做得还不够充分。比如，对于某件青铜器进行补配时，没有详细地记录补配的位置，当人们再对其进行处理时，就难以准确把握原先的处理信息。

第二，青铜器传统修复需要对使用的材料、工艺进行规范化，对传统的工艺、材料以及技术进行科学的评估，有些不够完善和科学的地方，应采用合理的方式进行完善。例如，在青铜文物保护修复实践中，在对破损或残缺的部位进行焊接时，采用了松香作为焊接助剂，并没有选择效果更好的焊锡膏，主要原因就是焊锡膏含有氯元素。因此，要对传统修复中所使用的材料、工艺和技术进行科学化的提升。但是，这并不是否定传统保护修复，其在长期的实际工作中形成的一套行之有效的办法有其合理和科学的成分，虽然一些老一辈的修复工匠讲不出其中的科学原理，但是通过大量实践，往往摸索出的办法是暗含科学性的。例如，在一些青铜器保护修复工作中，作色所使用的黏结剂是虫胶漆片，将各种颜色的矿物颜料调入用乙醇溶解的虫胶漆片中，涂刷或弹拨到要作色的部位，这种虫胶漆片凝固后，就会把颜料黏到文物表面，形成各种锈色。其中，使用虫胶漆片作为黏结剂是十分合理与科学的，因为其具备良好的可逆性，即使凝固后还可以用乙醇溶解，这样就使得黏接到器物表面作色部位的矿物原料，很容易就洗掉。因此，要对传统修复中合理的部分予以肯定和发扬。对于一些不科学的地方应加以完善。

第三，我们还应该意识到，不应将传统修复和现代保护技术划开界限。修复在某种意义上也是一种有效保护文物的手段，两者之间应该有机结合。并借鉴其他学科的技术、方法和原理，将青铜器传统修复和现代保护技术进行合理化和科学化的有益结合，真正使青铜器传统修复跟上时代的步伐，并形成真正意义上的兼顾审美性和科学性的青铜器保护修复技术。在实际工作中，要从档案建立、保护修复工艺、科学仪器分析和保护修复实践等角度进行有益的尝试，兼顾传统修复和现代保护技术，对两者的融合形成一定意义上的探索。

三、博物馆青铜器文物的保护与修复

在数千年遗留的传世品和出土青铜器中，有些由于外界环境的影响和自身结构的缺陷，出现了不同程度的腐蚀。部分出土的青铜器甚至破烂不堪。要使这类受腐蚀的青铜器能够长期保存下去，关键在于深入分析其损害因素，采取相应保护措施，尽快将其修复起来。

（一）青铜器的保护

保护腐蚀青铜器的基础是对导致其腐蚀劣化的原因和青铜器的腐蚀机制的研究。可以看出，青铜器所处环境中氯离子是锈蚀的内因，只要外界条件有利，它就会对器物造成损害。因而对于一般青铜器的保护处理，就是对氯化亚铜进行机械和物理、化学的清除处理。

为了维持古代青铜器的原貌，应具体分析每个青铜器受腐蚀损害程度的不同，有针对性地采取不同的相应措施。

1. 传统去锈法

（1）醋酸水溶液去锈

对于铜器的底子较好，且有一定硬度，但被锈色包住器物表面的现状，可使用此方法。具体操作是用70%醋酸水溶液（蒸馏水）浸泡铜器，用软尼龙刷刷洗去锈。

（2）酸梅糊去锈

其操作方法是将锈蚀的青铜器先用稀醋酸溶液浸没以除去油泥，然后再涂一层乙酸，糊上酸梅泥糊进行去锈。酸梅泥糊由酸梅 500 克、冰醋酸 250 克、硫酸铜 100 克组成，三者混合搅匀呈糊状。对于那些被水浸底或器底已翘的青铜器不宜使用此方法。

（3）红果糊（山里红）去锈

将 500 克以上的生红果去掉子，250 克上等米醋、250 克冰醋酸、100 克硫酸铜，一齐放入砂锅中烧煮，至红果烂透。待凉后捣成泥状，搅拌匀即可，将其糊在器物上除锈。以上两种果糊煮后可留住长期使用，用红果糊去锈时间较长，但其性柔不会伤铜器。

（4）碳酸铵去锈

其操作方法是将碳酸铵砸碎后过筛，筛成粉状，放在瓷碗里，加进蒸馏水，调成糊状，然后用小竹片涂抹在铜器的锈处，最后用蒸馏水冲干净。此方法要小心谨慎，否则将会使铜器损坏。

（5）盐酸去锈

其操作方法是 60% 盐酸蒸馏水，多次浸泡反复洗擦去锈。最后用蒸馏水冲洗干净。这种方法使用的前提要求青铜器铜质强，机械性能好，如已糟朽，不宜使用。

（6）硝酸去锈

其操作方法是在瓷碗内配 10% 的硝酸蒸馏水溶液，然后拿镊子夹棉球蘸药液，在铜器生锈处反复擦拭去锈，最后用蒸馏水冲洗干净。这种方法要求铜器质地坚硬，否则不宜使用。

2. 机械去锈法

这种方法常用于已经暴露在青铜器表面的粉状锈。一般借助放大镜或显微镜观察，使用手术刀、钢针、錾子、锤子、凿子、雕刻刀和多功能笔等，对所须去除铜锈部位进行仔细清理。还可利用超声波震动法去除青铜器上的有害锈，其最大优点是去除粉状锈较彻底干净，而且不损及其他铜锈。又有一种小型研磨去锈笔，其笔尖可更换不同型号的小砂轮。笔头连接有蒸馏水喷管，在砂轮转动去锈时，可不断喷出蒸馏水，能防止锈尘吸入人体造成危害。还有一种超声波洗涤器，放入青铜器并加入 70% 乙醇蒸馏水溶液，利用超声波震动洗涤去锈。机械方法不能根除有害锈，一般总是和化学试剂去锈混合用，使两者相互补充，达到更理想的效果。

3. 化学去锈法

使用化学药物配制的除锈液，清除青铜器上的腐蚀物。除锈液的配方较多，主要有以下六种：

（1）柠檬酸溶液

柠檬酸属有机弱酸，为无色晶状体，易溶于水、乙醇和乙醚。5%浓度的柠檬酸蒸馏水溶液浸泡，能相当缓慢地溶解氧化铜，对金属作用小，但能防止在浸泡洗刷过程中使铜器受损害。

（2）倍半碳酸钠溶液

用倍半碳酸钠溶液浸泡腐蚀青铜器，置换腐蚀层中氯化物除锈。该方法的机制是，用此溶液浸泡青铜器时，有害锈（氯化亚铜）逐渐转换为稳定的碳酸铜。具体操作方法是：将碳酸钠与碳酸氢钠以等摩尔数混合后，溶解于蒸馏水中，配制成5%～10%的系列溶液，较常用的为5%的溶液，一般碳酸钠中含有结晶水（配制时应考虑在内）。在擦洗过程中，青铜器上的氯离子会被转换出来并转入浸液中。这种安全、方便的处理方法，被广泛采用。此方法虽然平稳，但费时很长，甚至花一至二年时间方能完成一件铜器的清洗。因为，氯化物不仅附在表面，有的还在器物锈蚀层深部，置换过程中并不能彻底将其置换出来。同时，青铜器表层会新生成孔雀石样腐蚀层，色彩均匀艳丽，从而使人产生原貌已改变的感觉。但它对抢救有害锈严重的青铜器，仍不失为一种较好的办法。

（3）六偏磷酸钠溶液

用六偏磷酸钠溶液除去青铜器表面的钙质沉积物，一般用5%六偏磷酸钠溶液浸泡，但速度很慢。对于钙质沉积物很厚的器物，用15%六偏磷酸钠溶液浸泡，并对浸泡液进行加热，即能增快清除的速度。

（4）稀硫酸水溶液

用稀硫酸水溶液可去除鎏金铜器外表的铜锈，方法是用镊子夹棉球蘸取5%～10%的稀硫酸，在铜锈处涂敷，即有气泡产生，每次涂敷面积不能超过2cm² 范围，清除完一块，再清除一块，待不冒气泡时，用竹刀施加适当的力量使酥软的铜锈脱落，清除完铜锈后，用饱和的碳酸钠溶液中和，最后用蒸馏水煮沸并置换水冲洗数次。

（5）电化学方法

青铜器的腐蚀是一种电化学反应，因而可以利用电化学的方法使其还原。有的器物不能或没有必要采取全面去锈时，只须做些局部处理就可以了。用电化学还原法进行局部去锈时，电解质溶液可为10%氢氧化钠溶液，还原金属则用锌粉或铝粉。操作方法是先把锌粉或铝粉与电解质溶液调成糊状，立即将糊浆敷于铜器上要除铜锈的部位。待反应结束后，立即用棉花抹去，接着用蒸馏水反复冲擦干净，去除残余药剂。如果操作一次尚未达到除锈的目的，可再反复处理几次。

（6）氧化银局部封闭法

当青铜器有害锈尚未蔓延开来，仅有一些小斑点时，可用氧化银封闭处理。处理方法是：先用细钢针或解剖刀将铜锈斑剔除掉，特别要把灰白色蜡状物有害锈清除干净，直至看到露出新鲜的青铜色为止。清除范围可比锈斑范围稍大些。然后用丙酮溶液擦洗洞口干净，待干燥后把氧化银和乙醇调成糊状，将其塞入已清理过的洞孔中，置于潮湿的环境里放上24小时。氧化银在潮湿的条件下，遇氯化物会形成氯化银的棕褐色薄膜，把含有氯化亚铜的病区封闭起来。为了使氧化银能够形成完整的角银薄膜，必须使它与氯化亚铜充分地接触。

（二）青铜器的修复

青铜器修复技术有很久的历史，北宋至晚清，不少青铜器是经过修复技术加工的。其中，伪造的青铜器也量存在，故有"十彝九伪"之说。青铜器的修复，其目的在于使破碎或变形的铜器通过整形、焊接（或黏结）、修补恢复其原来形状，以便利于科学研究和展览陈列。对于很重要的青铜器，在修复之前应采样进行金相分析和成分分析并存档。

1. 变形青铜器的整修方法

出土的古代青铜器被不同的土质长期侵蚀，又因墓穴的塌陷、地层的变化挤压撞击和人为破坏等，使得青铜器产生不同程度的变形。在整形修复之前，先要了解青铜器的原始情况，如铸造年代、合金成分、器物造型、质地好坏、碎块机械强度以及残缺的具体位置等，针对不同情况采用不同的整形方法。

（1）模压法

青铜器大多数是铜锡合金，无论是铸造的或打制的青铜器都多少有些弹性。

对于质地好、铜胎薄、韧性强、腐蚀轻的铜器，可采用模压法。用锡制成模具，共分两块，一块是内模，一块是外模，合起为一套。把变形的铜片按照合适弧度置于模具之间，与模具形状相对，然后将模具夹在大台钳口内或液压机上施压，注意动作要小心缓慢。第一次的压力使变形的铜片大约恢复1/3，停一段时间，去掉压力，然后检查所恢复的变形是否正确。第二次加压时，须时紧时松，直至青铜器变形部位恢复原形。模压后会稍有小的变形，可用捶打方法来解决。

（2）捶打法

这对韧性强的青铜器进行矫形有良好的效果。如果青铜器弧度向外扩张，可在变形部位先垫一个凹的铅砧子，再用铅锤从内壁轻轻捶打，使弧度逐渐向里收缩。也可用半球体的铅砧子，垫在青铜器弧壁内侧上，再从外面轻轻捶击，使变形部分慢慢向外扩张而得以纠正。

（3）锯解法

对于质地较差、弹性较差、铜胎厚、损伤或腐蚀严重的青铜器，可采用加温矫形、锯解分割拼接法。如圆形或椭圆形的鼎，先根据鼎口周长，求出变形前的口径，依此在变形的口上设计锯缝。锯缝一般选在器壁受压变形的那些断口上，不要选在有铭文及纹饰的部位，尤以最短锯缝为好。根据经验，应从青铜器内壁用钢锯锯开一条缝，锯缝深度约为铜器厚度的2/3，余下1/3用台钳夹开，锯下的各块先做矫形然后再拼接。也可自制一些矫形机使用。

2. 青铜器的拼接方法

青铜器残片的拼接方法有焊接、销钉和黏结。要拼接的铜片如果要去锈，进行化学保护，应在拼接开始之前进行。

（1）焊接法

破碎青铜器的传统修复方法，多采用锡焊法，是将碎块与碎块之间加热，用锡作为黏结剂，使其修复完整的一种方法。常用的焊接还有点焊、连续焊、堆焊、附加强件四种方式。具体视文物受损不同情况加以运用，有时使用几种互用。焊接前，首先对铜器做细致的观察了解，掌握铜器有无铭文、纹饰、嵌饰以及锈层下是否有铭文等。焊口一般选在器形内壁，使外表纹饰得以完整保持。如果器形特别，但又不得已在正面焊接，焊口必须在无纹饰处。有时为增加整体牢固强度，可采用间断点焊或两面焊口，大件铜器则用连续焊口。但从另一角度看，由于焊接方法温度高，同时要铿焊口，它对青铜器破坏较大，建议尽量少用。

（2）销钉法

对于器形较大的铜器，比如青铜鼎，由于口边宽厚，器件沉重，用胶黏结或焊接强度不够，可在口边上另加销打。如铜鼎口沿宽8cm断口两侧打孔，两孔间剔出一个长形嵌槽宽0.5cm、深0.8cm，按照嵌槽大小的尺寸制作一个销钉，销钉嵌入槽内以低于嵌槽口0.2cm为宜。

（3）钻接和黏接法

有些特殊的铜器面上有纹饰或彩绘，不允许大面积的焊接。这时可采用钻接或黏接法。钻接一般是对剑、刀、戈、钺等兵器之类的器物使用。因其形体多属扁平窄长，采用钻接方法，能增强器物的机械强度和拉力。其操作步骤是：先将器物裂口处的铜锈清理干净，接着在裂口两侧钻若干小孔，用丙酮清净碴口，尔后灌抹环氧树脂胶，内加扒钉固定对准接口压拢断缝，待固化。有些残片修复时，可相对钻小孔，一边拧入螺钉或铆钉，一边用环氧树脂胶固连，对准接口压拢。待树脂胶固化后，拆掉加压用的夹具，修整外表。对于一些残壁薄的器件，可在两块之间内壁加一块薄铜片，采用焊接或黏接固定。黏接，指的是用环氧树脂胶（或其他黏接剂）将残片黏接起来。钻接法和黏接法总是连着使用，起到更加牢固的作用。钻接和黏接法对那些已经断裂，但还未完全脱离的器件更为适宜。它们能将那些腐蚀较严重的，铜胎质薄的残片，要进行修复时，又无法焊接的器件有效地连接起来。

（4）补配法

补配法是青铜器修复工艺中的一种重要方法。青铜器上常有小面积的残缺形成空洞，须及时修补，以加强连接强度。过去残缺补配是将铜板反复敲打成形，最后用焊接法将其补配到器物上。这种工艺劳动强度大，操作复杂，工效又低。特别是对一些铜质矿化严重、器壁薄、机械强度低的器物，没有效果。现采用铸型补配或补锡方法，即在器物相应完整部位翻取一套模型。干后将模型预热，用铅锡合金溶液浇铸出所需刻嵌配件，而铅锡的比例可灵活掌握使用。然后将配件准确地焊补到器物残缺的部位上，接口处按原貌修整好。

同时，还可以用高分子材料补配，如环氧树脂胶，操作方便，性质坚硬，黏接力强，抗老化性能强。它可用石膏、油泥和硅橡胶等材料做模具。复制补件灌注时，无须将模具加热，只须涂上隔离剂即可，既简单，又方便。在用环氧树脂补做大配件时，须加入金属粉或滑石粉等做填充材料，必要时加铺玻璃纤维布，以增强其韧性。待树脂胶在模中固化后，便脱模取出，修整形状。然后先把铜器残缺断面全部锉出新口，用环氧树脂作为黏结剂补配。对于青铜器上面的洞口，可用环氧树脂胶调铜粉直接黏补上。最后锈色做旧。

3. 青铜器做旧

经过整形、补配缺块、錾刻花纹、焊接等修复工序，残破的青铜器基本恢复了原形。但要再现其古朴的风格色调，还须对焊道和补配部位进行做旧处理，即用人工的方法，将一些化学黏剂和各种颜料调成漆料，涂抹在补配和黏结的部位，使它们产生一种腐蚀生锈的古朴效果。

第二节　博物馆金、银器的保护

一、金、银器的材料性质与劣化

（一）金器的材料性质与劣化

金在地壳中含量稀少，主要以游离状态存在，即以金颗粒存在，称自然金。自然金通常含少量银和其他金属。金矿床分原生脉金矿床和次生沙金矿床，脉矿中的金叫山金或脉金，沙矿中的金叫沙金。黄金很少以化合物出现，但有少量的佛化金。自然金的颗粒很细，如辽宁的排山楼金矿床，金颗粒断面为 0.001 ~ 0.015 毫米，最大的小于 0.04 毫米。世界上最大的自然金颗粒，发现于美国加利福尼亚，颗粒断面为 25.4 毫米。地质作用有时使分散的金颗粒集中起来成为金块，即狗头金。世界上最大的狗头金，在 19 世纪发现于澳大利亚，重 285.77 千克，其中含纯金 95 千克。中国金矿资源主要集中在山东、辽宁、河南等省，辽宁曾发现过黄瓜大小的狗头金。中国古代采金业很发达，据《宋史》记载，元丰元年全国采金 1 万余两。

在有色金属中金为贵金属。金质地柔软而韧，具有极好的延展性，可制成厚度为 0.000 01 毫米的金箔，可拉成只有 0.5 毫克/米的细丝，纯金呈艳黄悦目的金属光泽，极细的金粉则为黑色，金的胶状溶液呈红色、蓝色或紫色。金化学性质稳定，耐腐蚀，不与水和氧反应，也不与酸碱作用，但溶于王水（王水是浓硝酸和浓盐酸以 1∶3 体积比制成的混合物，为强氧化剂）。在 20℃ 常温下黄金的密度为 18.88 克/立方厘米，熔点 1064℃。古文献记载："黄金入火，百炼不消。金入猛火，色不夺精光。" 表明金化学性质稳定不易氧化的特点。

根据金器在试金石上划痕的颜色，可以判断其含金量。金饰品的含金量通常用 K 表示，纯金为 24K。实际上金无足赤，24K 为理论纯度，并非含纯金 100%。金饰品上的 K 金印记为实际含金量，如足金含金量不小于 99.0%，印记为 999；千足金含金量不小于 99.9%，印记为 999。而 8K 金为 333，9K 金为 375，14K 金为 585，18K 金为 750，20K 金为 833，21K 金为 875，均为金的合金。

（二）银器的材料性质与劣化

银为白色、柔软而具光泽的贵金属，熔点为 961.93℃，密度为 10.5 克/立方厘米，硬度大于金。具良好的延展性，仅次于金，易拉成丝。银是导电性和导热性最好的金属，且有特别强的反光能力，抛光后可反射 95% 的可见光。银的化学性质较稳定，但在贵金属中最活泼，在空气中表面能生成极薄的氧化膜。

银广泛分布于自然界，在地壳中的存在形式，呈单质状态自然银的较少，多以银的化合物状态存在于其他有色金属矿石中。含银矿物有：辉银矿（Ag_2S）、角银矿（$AgCl$）、淡红银矿（$3Ag_2S \cdot As_2S_3$）、硫锑银矿（Ag_3SbS_3）等。世界上 75% 的银来源于含银的铜、铅、锌、锑的硫化矿和金矿。

古籍《山海经》列举出 "银之山" 10 处。东汉狐刚子的《出金矿图录》和张道陵的《太清经天师口诀》，是记载中国古代利用吹灰法炼银的最早文献。宋代《云麓漫钞》、明代《菽园杂记》等著作，详细记述了银矿的开采和吹灰法炼银技术。宋代陈元靓《事林广记》、明代曹昭《格古要论》、明代方以智《物理小识》、明代宋应星《天工开物》等，均有银与黄金分离技术的记述。

　　银虽然稳定性较强，但在潮湿且有硫、氯、氧等污染物的环境中，也容易发生腐蚀劣化，引起色变。在大气中银器极易受含硫物质的侵蚀而颜色变得灰暗，这是因为银与二氧化硫或硫化氢，生成黑色硫化银。在银器表面多有一层薄而均匀并且有些发亮的硫化银黝黑色斑，这种腐蚀矿化层是稳定的，且为年代久远的标志，应予保留。

　　银器埋藏于地下长期受土壤中氯化物的侵蚀，在器表形成氯化银，即角银，此腐蚀产物为微带褐色或紫色的灰色物质，软如泥土，用刀可切开，密度只有5.6 克/立方厘米。如仅在表面生成一层氯化银薄膜，会呈现悦目的古斑色调，有时氯化银会被其他腐蚀物染成各种颜色，如被氧化亚铜染成淡红色，被碱式碳酸铜染成绿色等，这些古斑较稳定，且增加艺术魅力，一般也应保存。但腐蚀严重时，会逐渐向器内扩散，使器物膨胀变形，胎体酥松脆裂，导致损坏。

　　银的腐蚀还来自强光的照射，因光辐射中的紫外线可分解氧分子，产生活化态的氧，银吸收紫外线而转为银离子从而形成氧化银，故银器应避免光线照射。若银器材质为银铜合金，在地下埋藏环境中，由于腐蚀介质的作用，易发生电化学腐蚀，其中银受到阴极保护，而铜则受到阳极氧化，结果在银器表面形成铜锈覆盖层，若该器有鎏金也会受损害。

　　当环境湿度过高时，银器表面易凝结成水膜，腐蚀介质易在表面滞留并参与反应，而加速银的变质。大气中的氧会更促进潮湿环境中银的变色反应。

二、博物馆金、银器的保护与修复

（一）金器的修复保养方法

1. 腐蚀饰金器的除锈缓蚀工艺

　　错金、鎏金、贴金等饰金器物，虽金质地稳定，但鎏金器物的微孔、裂隙，可使水蒸气、电解质等不断地进入饰金器物基体，使铜、银、铁等金属腐蚀矿化，导致饰金器被锈蚀物所覆盖，或使金膜、金丝与胎体脱离受损。

　　（1）试剂除锈法

　　金器的腐蚀，都是金之外的其他成分氧化的结果。一般可用15%碱性酒石酸钾钠清除锈蚀物。碱性酒石酸钾钠溶液配方为酒石酸钾钠 15 克，氢氧化钠 2 克，蒸馏水 100 毫升。铜的绿色腐蚀物，可用氨水清除；铁的红色腐蚀物，可用盐酸溶液去除。

（2）机械除锈法

如对饰金膜层内金属胎体的情况不明，可用机械除锈法，在放大镜下用手工小工具清除，待金膜显露后，可用 1%硝酸擦洗表面，再用蒸馏水冲洗，但不能用硝酸清除锈蚀物。手工小工具有骨签、竹签、刻刀、钢针等。

西汉错金银云纹铜犀尊，1963 年出土时器物表面被均匀致密的锈层覆盖，仅臀部有小面积粉状锈。该尊出土于窖藏，原放置在大陶瓮中，避免了土壤中无机盐及其他污物的侵蚀，表面仅有一层蓝绿色的碱式碳酸铜。按常规该尊的锈层应原状保存，但锈层覆盖了错金银纹饰，如不选择性地清除锈层，就不能展示其精湛的错金银工艺。为此，采用了机械除锈法，先用超声波洁牙机，振动清除锈层的坚硬部分；紧贴纹饰的锈沿着纹饰的走向，用金相砂纸卷筒，蘸甘油或蒸馏水手工研磨。由于金相砂纸粒度细，甘油润滑，应用此法除锈不伤花纹，不留磨痕，效果很好。技术处理结果错金银纹饰显露，但原有整体的碱式碳酸铜绿锈仍保留完好。

（3）粉状锈清除缓蚀处理法

当饰金铜器出现粉状有害锈时，可按青铜器有害锈处理方法做除锈缓蚀处理。包括氧化银法、苯骈三氮唑法、倍半碳酸钠法等。

2. 金器的去污除垢方法

发掘出土的纯金制品如被碳酸钙、碳酸氢钙等石灰质覆盖粘连，可用棉签蘸 1%~5%的硝酸溶液清除。对有机质污垢，可用 2%氢氧化钠溶液浸泡数分钟，待污垢松动，再用棉签去除。也可用乙酰等溶剂或中性洗涤剂清洗，还可用 10%氢氧化铵溶液洗涤去污，再用蒸馏水冲洗并烘干。灰尘用软毛刷、羚羊皮拂拭，注意防止机械损伤。用冷热蒸储水浸洗法也可除去金器表面的土锈和污垢。

3. 残损金器的修复工艺

对胎体薄的变形金器可用适当压力展平，胎体厚者恐压力加工易折裂，则可稍做加热回火处理再软化展平。碎裂的金器，可用黏结的方法处理。

对贴金、鎏金的金膜脱落者，一般可在腐蚀物及污垢清除后，做缓蚀封护处理，其金膜残缺处一般不再补全，必要时亦可采用鎏金或贴金技术将金膜残缺处补全。

4. 鎏金修复工艺

为保持器物的艺术价值和陈列效果，对受损的鎏金器可做修补复原技术处理。鎏金工艺的主要工序为以下几点。

（1）配制金汞齐

将汞和金制成金汞合金的工艺称杀金，制得的金汞合金古称金汞齐，俗称金泥，其方法为：将金条或金锭锤锻成金箔，剪成碎片，放入加热到400℃左右的石墨坩埚中，纯金箔在坩埚中微有白烟时，将坩埚取下，倒入水银，按一两黄金七两水银比例，亦有3：7或3：8的比例。以无烟木炭棍或竹棒、玻璃棒不停地搅动。此时汞蒸发，冒出浓白烟。待白烟下沉，坩埚中水银冒泡，黄金即全部被汞溶解。将坩埚中溶液倒入盛清水的玻璃烧杯或瓷盆中，使其急冷，金汞齐冷却后呈银白色浓稠泥状，澄去清水用手捞起将其捻捏成团。制好的金汞齐须置于容器中，用蒸馏水封护严密，以防汞蒸发。

（2）鎏金器物的表面处理

先用铜丝刷将器物待鎏金部位表面打磨干净，除去锈斑及污物，然后进行除油处理。除油剂配方：氢氧化钠30克、水玻璃30克、磷酸三钠30克、水100毫升。除油污亦可使用有机溶剂，将表面刷洗干净后，用蒸馏水冲洗，并做干燥处理。

（3）残缺胎体的补配

对残损的鎏鎏金铜器，应首先进行缺件补配。薄的配件可用铜片剪切打制，厚而大的配件则须翻模铸造。经上述工艺后应做表面修饰处理，用镏刀刮挤、红铜丝嵌斜及铜焊或电焊的手段来清除裂痕沙眼和粗糙不平等缺陷。但不可用锡焊，因开金烘烤时，锡即熔化。再逐步用锉刀、粗沙布、细砂纸、磨炭和砂轮将配件磨细抛光。最后用10%的硝酸或右机酸溶液清洗，去除油污及腐蚀物。

（4）抹金

抹金是将金泥涂抹于鎏金件上的工序。该工序的传统工具为抹金棍，此棍以红铜为原料，长 15~20 厘米，表面打磨光洁，用锤将一端打成扁平勺状略翘起。将制得的铜棍扁勺部浸入热酸梅汤或稀硝酸溶液中，干净后再浸入水银内，反复涂擦，使铜棍前端沾满水银，铜棍即呈白色。水银沾满后晾干，再于金泥上反复擦拭，直至铜棍勺部蘸满金泥，即成抹金棍。

鎏金工艺的另一件专用工具叫栓，它是用人发或牛尾毛制成的毛刷，将毛发束成扁平状，以布缠裹，外涂大漆封护，漆干后即可使用。

抹金之前，须配制盐矾水混合液或 50% 的硝酸溶液备用。抹金时用金棍抹点金泥，再蘸点盐矾水或硝酸溶液，逐渐将金泥涂抹于鎏件表面，尤其是有细深花纹处，经反复细心抹涂，再用毛栓将金泥刷匀散开，使鎏金件表面被一层均匀的银白色金泥覆盖。将器件放入开水中冲洗，再浸入蒸馏水中浸泡，以清除残留的酸液。

（5）开金

将抹好金泥并清除残留酸液的器件，尽快用加热设备做烘烤处理，加热能源可用优质木材烧制的无烟木炭，加热器具有炎炉或用铁丝笼盛烧红的木炭，亦可用电炉。烘烤过程中要缓慢移动器件，使其受热均匀。

器件受热升温至 300℃后，金汞齐中的汞会蒸发，黄金则收缩成小颗粒，可用硬棕刷在器件表面做捶、蹭、路、磨等加工处理，如此边烘烤边捶打加工，使沉积在器件表面的黄金与铜基体表面结合牢固。

此后将鎏金件浸入 3% 硫酸溶液或乌梅水、杏干水等有机酸溶液中刷洗，最后用铜丝刷蘸皂角水，轻轻刷洗器件表面的污物，操作时宜缓慢，器件经刷洗后金光闪亮。皂角水清洗液的制备很简单，即将皂角折断，浸于蒸馏水中，约 30 分钟后，搅拌溶液出现白色泡沫，即可使用。

（6）轧光

为增加器件鎏金层的光泽度，使鎏金层致密平整，可用特制的工具轧子，将其轧光。轧子用硬度较高的材料制成，有玛瑙、玉石等。操作时，用轧子蘸少许皂角水，在鎏金层上以弧形或平行方向轻轻划动，呈均匀且一定的顺序，不要方向混乱，影响光亮度。鎏金器件需重复进行抹金、开金、轧光工艺多次，一般需要三至五遍或更多遍，可获得较厚的鎏金层。

鎏金工艺为有毒作业，特别是传统操作方式烘烤时汞蒸气散发至工作室空间，污染和毒害更为严重。经改进的工艺，应强化环境保护意识，注意工作室的通风和排气回收处理，以降低作业环境中汞的浓度，避免环境污染。还应注意作业空间汞齐的散失，经常检查并用金棍将其收集，以免扩大污染。工作室应定期做清洁处理，用碘熏蒸墙壁、天花板，用20%漂白粉清洁地面。

5. 错金修复工艺

错金器的金丝脱落者，一般应以保留原状为宜，不必重补新的金丝。若要求补配者，根据其具体情况采用下述方法：

（1）嵌金丝法

对器物的铜基体材质较好，缺欠金丝的錾口明显者，可选用相同细度的金丝嵌入錾口内，再轻轻压平。但不宜将突出的金丝错平，以防错磨时损伤铜器锈层和颜色。

（2）抹金泥法

对铜器胎体材质劣化者，为避免金丝嵌入錾口，因受力而造成器物受损，可将金汞齐涂抹于金丝缺欠处，以鎏金工艺处理，操作中要注意不得损伤器物。

6. 贴金修复工艺

金箔脱落的饰金器物，一般也不做补配处理，保持饰金残存的现状。但对要求做整体复原技术处理者，可用金箔贴补于残缺处。其方法是：首先，对待修补的部位进行清洁处理；其次，涂上黏结剂形成具有黏性的地子；最后，用竹夹子将金箔夹起，置于待补地子上，碾压平整即可。贴金地子的传统黏结剂有鱼鳔胶液、豆浆液、大蒜汁、山药汁、冰糖水等。

7. 黄金合金制品修复工艺

由于金具有耐腐蚀性能，故纯金制品一般不会发生质变，但金的合金制品则不然。金的合金一般是在金中加入银、铜、钯等成分，使其硬度提高、颜色丰富、价格降低。对黄金及其合金色彩的评定，自古有"七青、八黄、九紫、十赤"之说，即七成金为黄中透青，八成金为黄色，九成金为黄中透紫，九成九的纯金为黄中透红。

金和铜、银的合金，呈淡黄色乃至带绿色。含银量超过20%的金银合金制品呈白色。金钯合金也为白色。金的合金制品长期在地下环境中，易劣化变质，含铜合金出现绿锈，含铁合金则出现红锈。有的腐蚀严重者，易变质成分已消失，仅留下艳丽的纯金薄层。

对以金铜合金为青铜器饰金材料者，由于铜质腐蚀产生绿色锈蚀物，可用15%碱性酒石酸钾钠溶液清除。对铜质腐蚀物亦可采用小型研磨器、喷沙机和不锈钢针等机械方法细心清除，当黄金薄层显露时，可用1%硝酸溶液清洗表面，但不能用其软化锈层，以防金层脱落。还应采取适当的手段稳定青铜基体，通常选用铜的缓蚀剂苯骈三氮唑乙醇溶液，防止铜胎继续腐蚀。还可使用经稀释的高分子材料黏合剂，沿铜胎与金膜的间隙渗入，也能对铜基体起保护作用并加固饰金层。若出现红色的铁质腐蚀物，可用盐酸去除：

（二）银器的修复保养方法

1. 控制环境

防止硫、氯等腐蚀介质、氧化剂及紫外线对银的作用，收藏保存在空气洁净、无紫外线和干燥的环境中。贮藏文物特别是银器的库房和陈列室应禁用硫化橡胶地毯，保存银器的箱柜不能使用含硫的油漆涂布，文物柜内装饰的织物不可用含硫染料处理。当环境空间的含硫量达到百万分之二时，就足以使银器劣化。

未经保护处理的银器，用数层柔软的中性纸包裹，置于密封的聚乙烯塑料袋中，防止空气污染物侵蚀和紫外线辐射，其保存效果较佳。

银器的陈列柜应强调防污染、防紫外线。柜内衬垫织物，可用经10%醋酸铅溶液浸泡晒干并烫平的丝织品，该微环境可保持银器的光亮。若该柜内有通风设施，可通过管口将经脱硫处理的洁净气体输入，而将柜内污气排出，则使银器得以完好保存。

2. 清除锈垢

对银器的保护应依据维持原貌的原则，轻微的腐蚀层，虽外观欠佳，却往往是稳定的，且对基体起保护作用，故一般不进行清洁处理。但对有损器物的形貌，覆盖银器表面的纹饰图案和重要考古信息的锈垢，可用下述方法去除。

（1）溶除法

使用化学药物，将器物浸入药物溶液中，使银器表面的污垢锈层溶解去除。经药剂浸洗后，必须使用蒸馏水反复冲洗，清除残留器物上的药液。清除银器污物的化学药剂有以下几种：

第一，氨水。氨水能溶解铜的腐蚀物，对清除银器铜锈斑很有效。

第二，硫代硫酸钠。硫代硫酸钠水溶液，可溶除银器上氯化银腐蚀物。

第三，硫脲。硫脲为白色晶体，溶于水，加热可溶于乙醇，一般用5%的硫脲水溶液，可溶除银器表面厚积的氯化银。

第四，甲酸。甲酸俗名蚁酸，为无色、具刺激气味的液体，共酸性强有腐蚀性，可溶解铜的腐蚀物，而不影响银器基体。一般用浓度为30%的甲酸热溶液冲洗20分钟，浓度为10%的甲酸沸溶液，浸洗1~2小时，即可溶除银器表面铜盐。

第五，醋酸。用2%~5%的醋酸水溶液清洗，亦可除去银器表面铜锈。

第六，柠檬酸。用5%的柠檬酸水溶液浸洗，可以溶除覆盖银器的腐蚀物。

第七，硫酸钾铝。硫酸钾铝即明矾，将银器放入明矾水中加热煮，即可将银器表面的腐蚀薄层清除。因明矾溶于水后水解，硫酸根离子与银器表面的银盐作用，生成白色硫酸银，可溶于水而清除，但要注意避免腐蚀银器。

（2）擦拭法

使用去污材料涂布于银器表面，并用毛刷、绒布、棉签等，手工擦拭，即可清除器表的污斑锈垢。

第一，去污粉。选用不含磷酸盐的精细去污粉擦拭。

第二，洗涤剂。选用中性洗涤液或中性肥皂水，用毛刷蘸洗涤剂清除油污。

第三，牙膏。牙膏内含钛白粉、滑石粉等材料。故涂布于银器上，用软绒布擦拭，可起到机械去污抛光作用。

第四，白垩粉。白垩粉即碳酸钙，白垩粉10克加10毫升乙醇，调成糊状去污剂，用绒布擦拭器表即可去除银器锈垢。更简易的操作方法，仅在白垩粉中加数滴氨水和乙醇，即可有良好清污效果。

第五，乙醇。用棉签蘸 30% 的乙醇水溶液，沿同方向擦拭银器，即可清除污垢。

（3）还原法

对银器的腐蚀物，也可用电化还原法清除。其程序为，将银器和锌粉、铝粉浸入 5% 的氢氧化钠溶液中，直至银器上的污斑消失为止。取出银器后用蒸馏水清洗干净，再用软布擦干。操作中注意观察，防止损伤器物。还原法适用于轻微腐蚀的银器。

3. 增韧整形

对变脆的银器，可用加热升温的方法使其韧性提高，强度增加。把器物放入电热烘箱中，温度从 250℃ 经两小时逐渐上升到 500℃，使其软化后，即可达到增韧的目的。若银器基体质地完好，不含盐类，可用电炉加热，温度控制在 600℃，操作中以温度偏低，加热时间稍长的效果更好。加温过高会导致银器的鎏金色彩变淡。银器含铜者，加热会生成黑色氧化铜薄层，此污斑可用 5% 硫酸溶液去除。

对受外界压力而变形的银器做矫正处理时，先加热增韧后再做处理。可用木材或锡锭，按照银器局部造型，制成模型做托垫，顶端衬羊毛毡或软牛皮，置于银器变形部位，使之缓缓矫正。亦可用锤具打压，恢复原状。但要注意尽量少用锤打法，更不能用钢钻为垫捶打，因银质软，用力过度反导致器胎体变形，会增加整形的复杂性。

4. 缓蚀封护

银器受硫化物腐蚀形成的黑色硫化银膜，虽较稳定，但它的保护作用仅限于减缓银的硫化过程。在硫化物污染介质浓度高的环境中，银器的腐蚀仍会继续下去，严重者使器物变得又黑又脆，乃至银基体不复存在。对严重受硫化物或氧化物腐蚀而全部矿化的银器，用去除锈壳的方法已不可能，仅做局部清洗去垢，干燥封护后即可。可用高分子树脂材料、聚乙酸乙烯酯、三甲树脂等做封护剂。前述各种方法处理的银器，最后均做封护处理为宜。

采用药物除垢去锈，有损伤银器基体的危险，可加入减缓腐蚀速度的缓蚀剂，如苯骈三氮唑（BTA）、巯基苯基四氮唑（PMTA）等。由于 BTA 和 PTA 能在银器表面形成致密的透明薄膜，有效地控制腐蚀介质与银表面的反应，还能降低紫外线及氧对银变质的影响。

PMTA 为白色粉状杂环化合物，溶于乙醇、丙酮，微溶于水。可按 0.15% 的比例称取 PMTA，先用少量无水乙醇将其溶解，再加入稀甲酸水溶液配成缓蚀液。对银器锈垢去除时，可用脱脂棉浸入缓释液中，再覆盖于去锈处，30 分钟后，锈垢会逐渐溶解，经擦洗可除。反复几次可清除锈垢，并使银器得以缓蚀。

第六章　非物质文化遗产的保护

第一节　非物质文化遗产的类型

一、非物质文化遗产概念初探

（一）非物质文化遗产概念的提出

社会组成不断变化，人们的精神思想随之改变，人类创造的文化成果也在不断地丰富发展。这些文化成果被称为文化遗产，由物质文化遗产和非物质文化遗产构成。对于一个民族乃至全人类来说，物质文化遗产和非物质文化遗产作为现存文化的记忆是同等重要的。人类社会需要全面可持续发展，进入 21 世纪后，人们越发重视文化遗产，其中非物质文化遗产因其存在形式的特殊性尤其被人们重视。在理解非物质文化遗产之前，我们有必要回顾联合国在保护遗产过程中的几个重要事件，正是这些事件推动了对非物质文化遗产的保护进程。

1. 自然遗产与文化遗产概念的提出

1965 年，美国白宫首次提出设立"世界遗产信托基金"组织。这个组织成立之初以保护人类非物质文化遗产为目标，呼吁世界各国一起行动进行保护工作。1970 年，美国发布《国家环境政策法案》，将设立"世界遗产信托基金"的理念写入其中。两年后，《人类环境宣言》和《人类环境行动计划》在美国同一时间发表。前者阐释了人与环境的关系问题，认为人与环境并不对立，应该协同发展；后者的主要内容则是要尽快通过《保护世界文化和自然遗产公约》。这几项措施有着深远意义，得到了联合国教科文组织的认可。《保护世界文化和自然遗产公约》（以下简称《世界遗产公约》）于 1972 年在巴黎提出，由联合国教科文组织创建。《关于国家一级保护文化和自然遗产的建议案》也在同一时间发表。"世界遗产""文化遗产"和"自然遗产"的概念因为这两个法案在世界范围内开始流传。事实上，当时的局势也促使联合国必须加强对世界遗产的保护。

《世界遗产公约》出台的目的是使遗产免遭破坏。在这项文件中，反映人类文化的手工艺品、自然景观等各种事物被列为保护对象，对自然遗产和文化遗产进行了相应的界定。公约确定的保护对象最后一项是文化与自然双重遗产。在地球上，存在许多反映文化价值的事物，如文物、古代建筑物，我们可以称为文化遗产；而自然遗产则是指地球上本来存在的、天然形成的、没有人工干预的景观奇迹。一方水土养一方人，自然中养育了人，人们进行文化活动，两者结合就是文化与自然双重遗产。仅仅是人类活动加上自然景观涵盖不了这项遗产的丰富内涵，更可贵的是孕育了其中的人文精神。例如，我国泰山就完全称得上文化与自然双重遗产：泰山巍峨壮观，雄伟瑰丽，闻名天下；同时，在泰山上举行了很多意义重大的文化活动，如古代帝王封禅就在泰山。只有像泰山这样，文化意蕴与自然景观结合起来的景观才能成为自然与文化双重遗产。

2. 非物质文化遗产概念的提出和深化

随着时间的推移，非物质文化遗产保护工作被列入联合国的工作日程。以保护原有世界自然文化遗产为基础，1987 年联合国确定非物质文化遗产为保护对象。20 世纪 90 年代，保护传统民俗文化的建议书《保护民间创作建议案》在联合国教科文组织的第 25 届巴黎大会上通过。然而，非物质文化遗产的概念并没有在这个建议中使用，而是使用了民间传统文化这个词汇。实际上，非物质文化遗产包括建议中的民间传统文化。《人类口头和非物质代表作申报书编写指南》于 1997 年 11 月在联合国教科文组织第 29 届全体会议上通过，此次会议正式确定了非物质文化遗产的概念，基本遵循了先前对民间传统文化的理解。

21 世纪初，非物质文化遗产的重要法案在联合国颁布。2001 年，《世界文化多样性宣言》在巴黎总部由联合国教科文组织第 31 届大会通过，宣言指出："文化多样性事关人类发展，对我们非常重要，如同生物多样性的意义对于生物平衡一样，文化是一种传承，关乎我们的子孙后代"。在这种背景下，地球上所有民族应该平等相处，互相肯定其存在的价值，在交流中相互尊重、相互促进、共同发展。值得指出的是，中国昆曲入选了世界上第一批口头和非物质文化遗产代表作，此外还有 18 个来自不同国家的优秀作品。

2003 年，《保护非物质文化遗产公约》在联合国的推动下成功发表，非物质文化遗产的概念得到了明确，非物质文化遗产所包括的范围更加清晰，《申报书编写指南》也得到通过。至此，有关非物质文化遗产的立法已较为完备，各国的非物质文化遗产保护工作也有了可进行操作的申报细则。特别是中国，作为常任理事国之一，不仅对公约的内容进行了完善修改，其后更是以实际活动落实了公约的规定。同时，《人类口头和非物质遗产代表作申报书编写指南》也做出了阐释：口头和非物质遗产是得到了全球确认的有历史文化价值的非物质文化遗产，然而因为其存在形式特殊性，有着消失的危险。

回顾联合国教科文组织主导的、各成员国参与的非物质文化遗产的保护工作，可以将联合国为复兴非物质文化遗产采取的措施概括为以下四个阶段：第一阶段，对历史上的文化活动进行保护工作；第二阶段，完善有关文化遗产保护的法律制度；第三阶段，在社会公布具有价值的非物质文化遗产；第四阶段，发布《保护非物质文化遗产公约》。随着对非物质文化遗产认识的加深，联合国加强了立法建设，与各国团结一致，求同存异，制定了反映大多数国家意愿的非物质文化遗产保护原则和规定，为各国申报奠定了良好基础。同时，积极吸取意见、建议和各个方面的经验，并制定各种具体可实现的操作规则，为保护非遗工作的进一步发展奠定了基础。非物质文化遗产保护工作不仅可以对世界和平发展起到重要推动作用，而且可以改善人类生活环境，丰富人类的精神生活，为人类和平、稳定和可持续发展做出独特贡献。

（二）非物质文化遗产概念释义

1. 非物质文化遗产相关概念

在理解非物质文化遗产概念之前，我们有必要先解释和辨析几个概念，以加深对非物质文化遗产概念的理解。

首先，什么是文化遗产。

在中国古文化典籍中，"文""化"最早见于战国末年的《易·贲卦·象传》的记载："关乎天文，以察事变；观乎天下，以化成天下。"现代通行的"文化"一词其实来自对外语的意译，英国著名人类学家泰勒在 1871 年出版的《原始文化》中做出定义："文化，或文明，就其广泛的民族学意义来说，是包括全部的知识、信仰、艺术、道德、法律、风俗以及作为社会成员的人所掌握和接受的任何其他才能和习惯的复合体。"在这里，文化并没有明确拓展到实物层面。

而中国学者钟敬文的定义是将文化的范畴拓展到实物的层面："凡人类（具体点说，是各民族、各部落乃至于各氏族）在经营社会生活过程中，为了生存或发展的需要，人为地创造、传承和享用的东西，大都属于文化范畴。它既有物质的东西（如衣、食、住、工具及一切器物），也有精神的东西（如语言、文学、艺术、道德、哲学、风俗等），当然还有那些为取得生活物资而进行的活动（如打猎、农耕、匠作等）和为延续人种而存在的家族结构以及其他各种社会组织。"①

"遗产"作为名词最早见于《后汉书》："（郭）丹出典州郡，人为三分，而家无遗产，子孙困匮。"这里指先人遗留、遗存的物质属性的财产或财物。现代意义上的"遗产"包含了非艺术、非历史的方面，涉及自然遗产、科学技术遗产以及传统和民俗方面的遗产。因此，现代意义上的"遗产"指"人类历史上遗留下来的精神财富的总和"。

1972年联合国教科文组织颁布的《保护世界文化与自然遗产公约》中关于"文化遗产"的定义如下：

文物：从历史、艺术或科学角度看，具有突出的普遍价值的建筑物、碑雕和碑画、具有考古性质成分或结构、铭文、窟洞以及联合体。建筑群：从历史、艺术或科学角度看，在建筑式样、分布均匀或与环境景色结合方面具有突出的普遍价值的单立或连接的建筑群。遗址：从历史、审美、人种学或人类学角度看，具有突出的普遍价值的人类工程或自然与人联合工程以及考古地址等地方。

公约从保护的角度以权威的形式为人们提供了明确的指向。在联合国教科文组织的视野中，文化遗产包括文物、建筑群和遗址三大部分。这样的定义固然反映了"文化"概念向实物层面的扩张，但物化的所指则将"文化"本身的精神内涵及"遗产"概念的精神属性摒弃在公约之外。

中国民间文化遗产抢救委员会将"文化遗产"定义为"人们所承袭的前任

---

①李庆新.中国民俗学奠基人——钟敬文[M].广州:广东人民出版社,2009.

创造的文化或文化的产物"，该定义包括了文化遗产的物化层面和精神内涵。

其次，什么是非物质文化遗产。

2003 年 10 月 17 日，联合国教科文组织第 32 届大会通过了《保护非物质文化遗产公约》，该公约使用了规范的非物质文化遗产的概念，并详细界定了非物质文化遗产的概念及其包括的范围。

根据《保护非物质文化遗产公约》定义，非物质文化遗产指被各群体、团体，有时为个人，视为其文化遗产组成部分的各种实践、观念表述、表现形式、知识、技能以及相关的工具、实物、手工艺品和文化场所。各个群体和团体随着其所处环境、与自然界的相互关系和历史条件的变化而不断使这种代代相传的非物质文化遗产得到创新，同时使他们自己具有一种认同感和历史感，从而促进了文化多样性和激发人类的创造力。非物质文化遗产所涵盖的内容包括：①口头传统和表现形式，包括作为非物质文化遗产媒介的语言；②表演艺术；③社会实践、礼仪、节庆活动；④有关自然界和宇宙的知识和实践；⑤传统手工艺。

非物质文化遗产概念中的非物质性的含义是与满足人们物质生活基本需求的物质生产相对而言的，是指以满足人们的精神生活需求为目的的精神生产这层含义上的非物质性。多数时候，非物质文化遗产以物化的形态呈现，所谓非物质性，并不是与物质隔绝，而是指其偏重于以非物质形态存在的精神领域的创造活动及其结晶。

各种形式的非物质文化遗产，如我国汉族的古琴、昆曲艺术，维吾尔族的木卡姆艺术，蒙古族的长调民歌等，都要靠表演者和一定的乐器、道具以及具体的表演过程这些物化的载体和表现形式才能呈现出来。然而，非物质文化遗产所重点强调的并不是这些物质层面的载体和呈现形式，而是蕴藏在这些物化形式背后的精湛技艺、独到的思维形式、丰富的精神蕴含等非物质形态的内容。那么，怎么区分物质遗产和非物质遗产呢？如"中国古琴艺术"被联合国教科文组织列入第一批人类口头和非物质遗产代表名录。在这里，古琴是物，它不是非物质文化遗产；古琴演奏家是人，也不是非物质文化遗产，只有古琴的发明、制作、弹奏技巧、曲调谱写、演奏仪式、传承体系、思想内涵等才是非物质文化遗产的本体。古琴艺术与古琴以及古琴演奏家之间的关系很好地说明了非物质文化遗产与其物质载体、物化形式之间的关系。

2. 中国对非物质文化遗产概念的补充

《保护非物质文化遗产公约》所界定的非物质文化遗产的概念是面向世界各国、各种文化样式的，在很多方面并不完全切合我国的实际情况。所以，在联合国教科文组织公布《保护非物质文化遗产公约》之后，根据我国实际国情，国务院于 2005 年 3 月颁布了《国家级非物质文化遗产代表作申报评定暂行办法》，并对非物质文化遗产的定义重新做出了界定：非物质文化遗产指各族人民世代相传承的、与群众生活密切相关的各种传统文化表现形式（如民俗活动、表演艺术、传统知识和技能以及与之相关的器具、实物、手工制品等）和文化空间。涵盖的内容包括以下六个方面：①口头传统，包括作为文化载体的语言；②传统表演艺术；③民俗活动、礼仪、节庆；④有关自然界和宇宙的民间传统知识和实践；⑤传统手工艺技能；⑥与上述表现形式相关的文化空间。

从非物质文化遗产的概念及其涵盖的内容可以看出，非物质文化遗产主要表现为人们的生产和生活方式，虽然很多非物质文化遗产项目需要通过一定的物化形式得以呈现，但它主要是以一种不断传承的形式存在，并主要依赖传承人口传心授的方式传承。活态流变性是它的主要特征。而物质文化遗产则更多表现为固化、凝定的物质形态。从这一层面上说，如果将物质文化遗产称为固态文化遗产，与之相对应，非物质文化遗产则表述为活态文化遗产，会更鲜明形象地体现这类文化遗产的本质特征。

我国是统一的多民族国家，历史悠久、幅员辽阔、文化灿烂，具有悠久的文明史，积淀着十分丰富而又独特的优秀遗产文化。昆曲艺术、古琴艺术、新疆维吾尔木卡姆艺术和我国与蒙古国联合申报的蒙古族长调民歌最早被联合国教科文组织列入《人类口头和非物质文化遗产名录》。到 2012 年，我国又有传统桑蚕织技艺、京剧、皮影等 29 项遗产被列入《人类口头和非物质文化遗产名录》，羌族庆祝风俗等 7 项遗产被列入《急需保护的非物质文化遗产名录》。2006 年 5 月 20 日，国务院批准公布了我国第一批国家级非物质文化遗产名录，包括 518 个项目，涉及 758 家保护单位。这些成绩都显示出中国丰富的文化遗产，以及中国人民积极推进非物质文化遗产保护的进程。

申请非物质文化遗产最大的作用是确认民族身份，它是"一个民族的身份证"。每一种文化代表自成一体的独特的不可替代的价值观念，因为每一个民族的传统和表达形式是证明其在世界上存在的最有效的手段。非物质文化遗产是中国历史的见证和中华文化的重要载体，蕴含着中华民族特有的精神价值、思维方式、想象力和文化意识，体现着中华民族的生命力和创造力。我国各族人民在长期生产生活实践中创造的丰富多彩的非物质文化遗产，是中华民族智慧与文明的结晶，是连接民族情感的纽带和维系国家统一的基础。

保护和利用好非物质文化遗产，对于继承和发扬民族优秀文化传统，增进民族自信心和凝聚力，实现经济社会的全面、协调、可持续发展具有重要意义。

二、非物质文化遗产的类型划分

探讨概念旨在认识非物质文化遗产本质，即回答非物质文化遗产是什么的问题；分析类型则旨在从内部区别非物质文化遗产，即回答非物质文化遗产内部各部分之间有什么不同的问题。

所以，类型分析是人类区分、认识对象的重要方法，所有成熟的科学研究都离不开类型分析。非物质文化遗产对象是复杂多样的，只有经过类型分析，我们才能准确、清晰地认识它们，才能建立规范、科学的非物质文化遗产理论体系，也才能有效地研究、传承和保护它们。

联合国教科文组织对非物质文化遗产概念的认识经过了曲折的历程，其对非物质文化遗产类型的认识也是如此。

联合国教科文组织有关非物质文化遗产的文件及其最终成果——《保护非物质文化遗产公约》是这样分析非物质文化遗产类型的：一是以价值标准包括国际人权文件、相互尊重需要和可持续发展等限定下，把非物质文化遗产分为受《保护非物质文化遗产公约》保护的非物质文化遗产与不受《保护非物质文化遗产公约》保护的非物质文化遗产两类；二是以非物质文化遗产生存状况为标准，把非物质文化遗产分为濒危非物质文化遗产与非濒危的非物质文化遗产两类；三是以价值、存亡状况、实用性等综合标准，把非物质文化遗产分为"非物质文化遗产代表作"与其他非物质文化遗产两类。

另外，联合国教科文组织《保护非物质文化遗产公约》在对非物质文化遗产概念说明时，指出以下五种文化形态属于非物质文化遗产，这一表达也具有分析类型的意义。

一是口头传说和表述，包括作为非物质文化遗产媒介的语言；

二是表演艺术；

三是社会风俗、礼仪、节庆；

四是有关自然界和宇宙的知识和实践；

五是传统的手工艺技能。

我国政府对非物质文化遗产的分类，见于《国务院办公厅关于加强我国非物质文化遗产保护工作的意见》（国办发〔2005〕16号）所附《国家级非物质文化遗产代表作申报评定暂行办法》第三条，"非物质文化遗产可分为两类：①传统的文化表现形式，如民俗活动、表演艺术、传统知识和技能等；②文化空间，即定期举行传统文化活动或集中展现传统文化表现形式的场所，兼具空间性和时间性"。并指出非物质文化遗产的范围包括如下内容：

一是口头传统，包括作为文化载体的语言；

二是传统表演艺术；

三是民俗活动、礼仪、节庆；

四是有关自然界和宇宙的民间传统知识和实践；

五是传统手工艺技能；

六是与上述表现形式相关的文化空间。

可以看出，我国政府对非物质文化遗产类型的划分最初与联合国教科文组织大同小异，都是从非物质文化遗产概念界定和保护实践需要去认识非物质文化遗产类型的，只是列举或规定了一些非物质文化遗产形态，以便在实践中判断或保护非物质文化遗产，还不是一种有意的、科学的类型分析。

到了我国政府评审与公布第一、二、三批国家级非物质文化遗产代表作名录过程中，代表国家官方意志的非物质文化遗产"十大门类"的分类原则被确定下来并付诸实践。国家级非物质文化遗产代表作名录评审与公布所确定的非物质文化遗产十大门类分别如下：

一是民间文学；

二是传统音乐（第一批名为"民间音乐"，从第二批起改为现名）；

三是传统舞蹈（第一批名为民间舞蹈，从第二批起改为现名）；

四是传统戏剧；

五是曲艺；

六是传统体育、游艺与杂技（第一批名为"杂技与竞技"，从第二批起改为现名）；

七是传统美术（第一批名为"民间美术"，从第二批起改为现名）；

八是传统技艺（第一批名为"传统手工技艺"，从第二批起改为现名）；

九是传统医药；

十是民俗。

显然，十大门类是建立在传统学科分工基础上的，如文学与艺术之分，艺术中音乐、舞蹈、美术、戏剧与曲艺之分，杂技、竞技、传统手工技艺与民俗之分。正因如此，这种分类对于非物质文化遗产代表作申报、评审在较短时间内迅速得以开展起了积极作用，容易被人们接受，可操作性强，但这种分类毕竟不是专门针对非物质文化遗产的，很难揭示非物质文化遗产各形态之间的真正差异。如从音乐学与曲艺学角度看，传统音乐与曲艺是不同的门类，但如果从非物质文化遗产学角度看，则同属于口传遗产。再如，从民俗学角度看，物质民俗如房屋建筑、生产工具、生活工具等，与非物质民俗如节日、信仰等，都属于民俗学研究的范畴，而从非物质文化遗产学角度看，只有非物质民俗才真正属于非物质文化遗产学的范畴。

正因如此，向云驹在《非物质文化遗产的若干哲学问题及其他》中就针对非物质文化遗产"以人为本"的文化特点，尝试以"人体文化"为基点，根据非物质文化遗产依赖人体载体特性的不同，把非物质文化遗产分为以下四类：

一是口头文化（语言、口头文学、口技、口头艺术、山歌、传统声乐）；

二是体形文化（体饰、形体、行为）；

三是综合文化（口语为主、口语形体并重）；

四是当下的造型文化（建筑术与建筑物、民间艺人传人造型技艺、艺术家造型艺术）。

显然，这一尝试是十分有意义的，至少表明了对非物质文化遗产的分类应该从非物质文化遗产自身特性出发，而不是简单套用现有学科的分类模式。当然，这个分类也存在一定问题，如第四类"当下的造型文化"就容易把文化遗产与当代文化、物质文化与非物质文化相混淆，因为当下的造型文化不仅是遗产，也不仅是非物质文化。

从非物质文化遗产自身实际出发，对其进行分类，这是非物质文化遗产类型研究的必由之路。非物质文化遗产是一种代际传承文化，人是非物质文化遗产的传承载体，精神创造与交流是非物质文化遗产创造与传承的基本方式，从人在创造与传承非物质文化遗产的方式来看，非物质文化遗产包括以下四个类型：口述非物质文化遗产、身传非物质文化遗产、心授非物质文化遗产、综合性非物质文化遗产。

（一）口述非物质文化遗产

口述非物质文化遗产是以口述形式创造和传承的人类遗产，即通过人的说、吟、唱等表达和传承的人声文化遗产，如口语、说书、相声、山歌等。

口述非物质文化遗产又称口述传统，有广义和狭义之分，前者指人类通过口述进行的一切传统活动及其内容，后者则专指人类口述进行的传统艺术活动及其内容，如神话、传说、歌谣、谚语、谜语、史诗、故事、口技、相声、评书、评话、谑语、山歌、传统声乐等的口述及内容。

据朝戈金的梳理，口头传统研究最初是从狭义的口头传统入手的。随后，在西方围绕"口头"与"书写"问题展开了一系列的论辩，论辩的焦点是口头传统与书写传统之间是否存在人类认知与现代心智的鸿沟。结构主义人类学家列维-斯特劳斯、传播学家麦克鲁汉、社会人类学家杰克·古迪以及古典学者埃瑞克·哈夫洛克都曾参与到这场论辩中来，并引发了多个学科的热烈反应和踊跃参与。"书写论"派认为逻辑思维（演绎推理、形式运算、高次心理过程）的发展取决于书写，"口头论"学则认为口头与书写在本质上都承载着相似的功能，它们在心理学上的差异不应过分强调。口头传统作为一个跨学科的兴起，可以追溯到十八九世纪的"大理论"时期。"浪漫主义的民族主义""文化进化理论""太阳神话学说"等理论，分别把口头传统看作一个民族的"档案馆"或"文化遗留物"。到了 20 世纪后，米尔曼·帕里和理查德·鲍曼进一步发展了口头传统研究，并使其具有了学科特征。哈佛大学古典学者米尔曼·帕里在研究荷马史诗时，提出荷马史诗必定是"传统的"和"口述的"的论断。随后，他的学生和追随者艾伯特·洛德将他所开创的学术方向进行了系统化和体系化调整成就了以他们两人命名的"帕里洛德理论"（"口头程式理论"）。1970 年，标志着"民族志诗学"兴起的刊物《黄金时代：民族志诗学》面世，强调对无文字社会文化传统中的诗学研究。1986 年，民俗学家理查德·鲍曼在《故事、表演和事件：口头叙事的语境研究》中提出了"表演理论"，认为表演是一种语言使用模式，以一种说话的方式支配着作为口头传统的语言艺术。此外，瓦尔特·翁的《口头性与书面型：语词技术化》和鲁斯·芬尼根的《书面性与口头性：传统技术研究》对口头传统理论做了进一步的丰富和发展。①

到 20 世纪 90 年代后期，口述传统理论已成为西方学术界的显学，著述十分丰富，并影响到文学、史学、哲学、社会学、人类学、民俗学、政治学、传播学甚至自然科学史等各个领域。口头传统的研究不仅是对特定信息传播方式的研究，而且是对特定文化传统的研究。口头传统研究凸显了口头传统在文化类型学上的意义，为口述非物质文化遗产类型提供了依据。

口述非物质文化遗产具有一定体系性。从口述遗产的功能看，口述非物质文化遗产体系由口头语言遗产与口述文艺遗产两个部分组成。

1. 口头语言遗产

所谓口头语言遗产，是指某一民族或地区的人世代通过口述形式传承的语言，如各民族口语、方言口语等。口头语言遗产与人类在生产、生活实践中使用的手势语、旗语、拟声、仿声、信号、记号和文字等语言形态一样，是人类传情达意的手段、工具。此外，作为一种文化遗产，口头语言遗产对人类还具有一些特殊的意义。

（1）人类发生学意义

语言是人类区别于动物的一个重要标志。《光明日报》上曾经登过断言已经找到人类开口说话的起点的一则消息。从事这项研究的是英国牛津大学遗传学专家安东尼·玛纳克教授领导的一个研究小组。他们的研究成果公布在近期的《自然》杂志上。该小组发现，老鼠和所有灵长类动物身上都有一种让语言表达"行不通"的属于 5% 最稳定遗传物质的 FOXP2 基因。在生物进化史上，在人类、

①朝戈金. 中国西部的文化多样性与族群认同:沿丝绸之路的少数民族口头传统现状报告[M]. 北京:社会科学文献出版社,2008.

黑猩猩和老鼠"分道扬镳"的 13 亿年中，FOXP2 蛋白质只改变了一个氨基酸。而在人类和其他灵长类动物"人猿相揖别"的 400 万到 600 万年之间，两个语言基因中的氨基酸在人类身上却完成了突变，并最终成为遗传性基因。科学家们计算的结果是，这个关键性的基因突变发生在距今 12 万~20 万年之间。因此，口头语言文化遗产是人类发生学研究的重要资料。

（2）思维价值

语言是思维的外壳，不同的语言往往表现出不同的思维方式。口头语言遗产是研究人类思维的重要资料。一些地方仍保留着大量的原始口语或原始民族口语，这些口头语言往往表现为以直觉思维、形象思维、象征思维为特征的语言禁忌、语言象征等。

阿兰达部落有 7 种鹦鹉名称却没有"鹦鹉"一词，（爱斯基摩人）用 20 个不同词语称呼从冻结到融解不同状态的冰，印第安人用狮子表示将士的勇猛，用鹰比喻眼光锐利者，而且"一切的度量都是借喻。当人们说一件东西有三尺二寸长，这就是说它的长度等于三只脚和两只大拇指"。

（3）记忆价值

与人们常说的"口说无凭"不同，现代学术研究表明，口语有两个重要特征——高度发达的记忆功能，忠实于事实具体细节的信念，二者互为因果。研究古代非洲帝国和非洲文明的著名学者 A. 哈姆帕特·巴为了撰写《马西纳富拉尼帝国史》，曾耗费 15 年时间在非洲大陆广泛收集有关该帝国的历史传说，记录了至少 1000 人的讲述，最后他得出结论："我发现，整个说来，这 1000 位陈述人尊重了事实真相，历史的主线处处相同。"

2. 口述文艺遗产

所谓口述文艺遗产，是指人类在生产或生活实践中通过口述形式创造和传承的具有艺术审美特性的文化遗产。口述文艺遗产根据其内容与形式等的不同可分为以下几类：

（1）口头文学遗产

口头文学遗产主要指通过口述语言形式塑造文学艺术形象反映现实或表达情感的文化遗产，如神话、民间传说、传统故事、传统歌谣、民族史诗等。

口头文学遗产往往具有以下特点：一是采用纯粹口述形式创造和传承，即徒口讲说吟诵，不外带音乐、舞蹈、图像等视听形式；二是通过叙事或抒情来塑造文学形象，具有文学感染力；三是多为群体或集体创造和世代传承，具有群体性、历史性。

（2）口头技艺遗产

口头技艺遗产主要是指人采用独特的发声技巧模仿自然界或人类社会中的各种声音而创造、传承的人声遗产，这种遗产侧重展示人类利用自己的发音器官模仿外界声音的技巧和能力。

口技是口头技艺遗产的主要代表，又叫"象声"，即以口音模仿各种人声、鸟声、市声等。

清末有个口技艺人绰号叫"百鸟张"。百鸟张原名张昆山，辛亥年间在天桥及什刹海等处单人独技，露天拉场。开演之时，佐以手式，或用手掌自抚其口，或用指自按其腮。观众闭目倾听，如入羽族之市。开演之先，他用白土撒字，将所学的鸟类就地书明，以招顾客。学鸟声之外，更能效人之语声，有《醉鬼回家》《五子闹学》诸出。艺人"百鸟张"的表演表明，清末口技已有分化趋向，出现了明相声和暗相声之分。所谓明相声，就是揭去围幔，面向观众表演，成为视听结合的艺术。"隔壁戏"成了"当场戏"，口技相声一变而成为相貌（表演）加声音（语言和仿声）的"相声"。

（3）口头文学与口头技艺双重遗产

口头文学与口头技艺双重遗产是指既强调人声发声技艺，又重视通过口述语言塑造艺术形象的文化遗产，如相声、说话等。

相声由口技发展而来，在仿声技艺基础上融入了文学与表演成分。说话是在民间故事基础上发展起来的，到唐代加入书面创作后出现了"话本"，形态也丰富起来。中唐元稹《酬翰林白学士代书一百韵》曰，"翰墨题名尽，光阴听话移"，自注云："乐天每与余游从，无不书名屋壁，又尝于新昌宅，说《一枝花》话，自寅至巳，犹未毕词也。"白居易喜欢听说话，一次听讲李娃故事，从凌晨到近午，六七个小时没有听完。到了宋代，说话形态丰富。耐得翁《都城纪胜·瓦舍众伎》说："说话有四家。一者小说，谓之银字儿，如烟粉、灵怪、传奇。说公案，皆是搏刀赶棒及发迹变泰之事。说铁骑儿，谓士马金鼓之事。说经，谓演说佛书。说参请，谓宾主参禅悟道等事。讲史书，讲说前代书史文传兴废争战之事。最畏小说人，盖小说能以一朝一代故事顷刻间提破。"到了元代，说话又新叫"说书"。说话也有称为"评话""评书"的。说书艺人在表演中或者照话本、手抄本讲说，或者按提纲即兴表演。按写定本讲的叫"底事书"或"墨刻儿"；以纲目即兴发挥加口传心授或"耳剽"而来的叫"路子书"或"道儿活"。直到今天，说书界还是推崇"道儿活"，贬低"墨刻儿"。

（4）徒口音乐遗产

徒口音乐遗产主要是指人徒口创造或传承的具有旋律的人声文化遗产，强调人声的旋律性和节奏感。

民歌是徒口音乐遗产的代表，有山歌、渔歌、花儿、号子等多种叫法，是特定民族、区域、行业的人在生产、生活或民俗活动中创造和传承的音乐性人声文化遗产。民歌按功能可分为劳动歌、生活歌、仪式歌等类型。

劳动歌主要是指人们在生产劳动过程中用来表情达意的歌曲，如拉纤号子、车水号子、打粮号子、伐木号子、捕鱼号子等号子，以及田歌、牧歌、渔歌、猎歌等行业歌。生活歌主要是指人们在社会生活中形成的歌曲，包括相思歌、送郎歌、起誓歌类情歌和饮酒歌等。仪式歌主要是指人们在各种生产、生活、民俗仪式活动中演唱的歌曲，如祀神歌、哭嫁歌、丧葬歌等。仪式歌有以下三个特点：①多由一人主唱、主吟；②篇制一般较大；③多为叙事歌体。

徒口音乐遗产即无伴奏的人唱艺术，主要源头有三：一是口头语言和诗歌，它们的节奏、韵律具有音乐性；二是人体的节奏感和节奏音响，如呼吸、说话、劳动等节奏性；三是传情达意时的手势语、呼喊声、仿声等，奠定了口头歌唱的"歌唱"或"出声"的生理基础及物理条件。格罗塞说："人类最初的乐器，无疑是嗓声。在文化的最低阶段里，很明显，声乐比器乐流行得多。"[1] 民间徒歌是人类广为流传的一种音乐形式，如我国京族的唱哈节、壮族的三月三、西北的花儿会等都是歌唱的盛会。

（二）身传非物质文化遗产

表情达意是人类创造和传承文化的基本动力，从口语、嗟叹到咏歌，再到舞

---

①格罗塞. 艺术的起源［M］. 北京：商务印书馆，2017.

蹈，既表明了口述文化遗产的发展阶段，也表明了由口述遗产到身传遗产发展的演变历程。

身传非物质文化遗产是指人通过自身身体的局部或整体运动来创造或传承的技艺性文化遗产，如传统舞蹈、传统书法、传统手工艺等。从某个意义上讲，口述非物质文化遗产也可归属于身传非物质文化遗产，因为人的发音器官本身是人体的一部分，口述非物质文化遗产是通过人身体的一部分即发音器官的运动而创造和传承的。但从人体运动所产生结果即非物质文化遗产的特性来看，口述非物质文化遗产与身传非物质文化遗产的区别还是十分明显的。口述非物质文化遗产是一种人声遗产，遗产的意义是通过声音符号流动来表达和传递的，是一种时间的听觉的文化。身传非物质文化遗产则是一种人体动态遗产，遗产的文化意义蕴含在人体的运动中，是一种空间的视觉的文化。

根据身体运动的形式和效果来分，身传非物质文化遗产可以分为形体技艺遗产与行为技艺遗产两大类。

1. 形体技艺遗产

形体技艺遗产是指人类在生产、生活实践中逐步形成的以人体自身运动形态来创造、表达和传承的文化遗产。人类的直立行走、手的动作与手势，身体的曲直扭动、体态体势语言等是形体技艺遗产形成和发展的基础，人类生产、生活的功利性需求与娱乐、审美的非功利性需求分化则是形体技艺遗产分化为形体艺术与形体竞技的内在动力。

（1）形体艺术遗产

形体艺术遗产是指人借改变身体状态来叙事抒情、表达意志，满足人类娱乐、审美等非功利性需求为目的的身体运动技艺，形体的空间造型与艺术表达是形体艺术遗产的核心。这类遗产以舞蹈、舞剧为代表。舞蹈是通过人体有节奏的动作形象地模仿、再现现实或抒情的空间艺术。舞剧是通过人体动作、表情扮演角色的综合表演艺术。

（2）形体竞技遗产

形体竞技遗产是指借改变身体状态以满足人类竞技等功利性需求目的的身体运动技艺。展示人体运动的特技、力量、灵巧是形体竞技遗产的核心。传统杂技、传统武术与传统体育等是形体竞技遗产的代表。

2. 行为技艺遗产

行为技艺遗产是指人通过自身行为改变对象原有形态而创造、表达和传承的文化遗产。行为技艺遗产与形体技艺遗产有共同点：一方面，二者都是技艺遗产，技艺是其遗产的核心；另一方面，二者的创造、表达与传承都离不开人体运动，是身传遗产。但是二者的区别也是十分明显的，形体技艺遗产主要依靠人体运动形态来表现，是人体的空间造型和意义表达；而行为技艺遗产主要依靠人体运动所作用的对象状态来表现，是对象的空间状态和意义表达。

根据人行为技艺改变对象的目的，我们可以把行为技艺遗产分为艺术技艺遗产、生产技艺遗产、生活技艺遗产、民俗技艺遗产和其他技艺遗产五类。

（1）艺术技艺遗产

艺术技艺遗产指人作用于对象的技艺性行为以生产艺术或艺术产品为目的，如传统的器乐演奏技艺、绘画技艺、书法技艺、工艺刺绣技艺、艺术雕刻技艺等。

（2）生产技艺遗产

生产技艺遗产指人作用于对象的技艺性行为以生产农业或工业产品为目的，如农业耕作技艺、渔业生产技艺、纺织技艺等。

（3）生活技艺遗产

生活技艺遗产指人作用于对象的技艺性行为以生活或生活产品为目的，如传统烹调技艺、传统刺绣技艺等。

（4）民俗技艺遗产

民俗技艺遗产指人作用于对象的技艺性行为以民俗活动或民俗产品为目的，如飘色绑扎技艺、祭祀面品制作技艺、祭祀活动技艺等。

（5）其他技艺遗产

其他技艺遗产指人作用于对象的技艺性行为以生产、艺术和民俗之外的需求为目的，如中医的针灸、推拿技艺等。

（三）心授非物质文化遗产

人类对非物质文化遗产的创造与传承，除了口述、身传方式外，还有一种重要的方式，那就是心授。

心授非物质文化遗产，是指主要通过人的观念来潜移默化地表达或传承的文化遗产。心授非物质文化遗产是观念、信仰、心理等抽象的精神文化，如民间信仰、民族心理、传统节日等。

心授非物质文化遗产与口述、身传非物质文化遗产有一定联系：一方面，口述、身传非物质文化遗产创造、表达和传承的过程深受心授非物质文化遗产的影响；另一方面，心授非物质文化遗产的表达和被感知也离不开口述和身传的行为。

但是，心授非物质文化遗产与口述、身传非物质文化遗产仍然有本质的区别。口述、身传非物质文化遗产的对象是人创造、表达和传承文化的口述与身传行为本身，而心授非物质文化遗产的对象则是人口述与身传行为背后的思想观念、心理等。

（四）综合性非物质文化遗产

综合性非物质文化遗产主要是指通过两种以上方式创造、表达、传承的非物质文化遗产。

根据创造、表达和传承的方式，综合性非物质文化遗产可分为以下四种：一是口述与心授并重的非物质文化遗产，如各种讲唱表演；二是口述与身传并重的非物质文化遗产，如说演表演、伴乐演唱；三是身传与心授并重的非物质文化遗产，如伴乐舞蹈、仪式舞蹈等；四是口述、身传、心授并重的非物质文化遗产，如传统戏剧表演，传统歌、舞、仪式等融为一体的民俗活动等。

1. 说唱表演

说唱表演是一种丰富复杂的表演形态，或者以非常醒目的音乐伴奏、伴唱完成表达与传承；或者以唱为主要手段，成为一种人声歌唱，在歌唱中叙事、抒情。它是比口头艺术、说演艺术更为音乐化的表演形态，如巫术说唱、史诗讲唱、说唱表演等。

2. 说演形态

说演形态是一种介于徒口表演与说唱表演之间的表演形态，以口头讲说为主，辅以器具伴奏。它是说话表演进一步艺术化的结果。在说上，它弃用散文体的口述，借助韵律、格律，使语言韵体化；在伴奏上，它强化韵律、吟诵的节奏，但又不是音乐和歌唱，如数来宝、三棒鼓、莲花落、金钱板等。

3. 伴乐舞蹈

伴乐舞蹈是一种把舞蹈与伴奏音乐结合起来的表演形态，以舞蹈为主，辅以器具伴奏。它是舞蹈表演进一步发展的结果。在舞蹈上，它较无伴奏舞蹈更注重韵律、节奏感，使舞蹈动作更具有艺术性；在伴奏上，它强化了舞蹈的节奏，使音乐成为舞蹈表现力的组成部分，如少数民族的铜鼓舞、古代宫廷的乐舞等。

4. 戏剧表演

戏剧表演是人借助各种手段扮演角色的综合表演。它的形态十分丰富，从人扮演角色方式言，有人戏和偶戏、影戏；从扮演手段言，有说白戏、唱戏、动作戏、综合戏等；从演剧功能言，有仪式剧、娱乐剧、艺术剧等。

第二节 保护非物质文化遗产的必要性

一、文化的长时段效应需要在合理恰当的轨道上运行

由于文化具有长时段效应，即使在工业文明基本取代农业文明的今天，非物质文化遗产作为农业文明的遗产，仍然对当今社会产生作用，尤其在思想文化和风俗观念领域，仍然具有巨大的惯性力。一些非物质文化遗产已经成为一个地方或一个族群最为珍贵的文化特征，也成为其文化的内核。一个地区和族群的人们在面对新的文化或外来文化的冲击时，总是以其原有的文化为内核来进行选择、吸收或改变。

更为重要的是，即使工业文明再强大，也不可能消灭所有的非物质文化遗产。作为人类文化的无形遗产，很多非物质文化遗产有它不可替代的价值和作用，现在和将来也必然还会存在下去。但是这种价值和作用的发挥，却正在受到消费主义的侵蚀，也受到西方文化为主导的全球化的冲击，而使得众多非物质文化遗产失去本色失去灵魂，正在空心化或者异化。

非物质文化遗产之所以存续至今，就是因为其具有满足物质或精神需要的功能。其中，传统手工艺就是满足物质需要的，具有高度的实用性。但是在传统社会中，这种功能性并不意味着其一定要兑现为消费价值。一些传统手工艺本身也具有寄托情感表达信仰的非实用功能，如藏传佛教地区的唐卡、酥油花等技艺，曾经就是僧人的"必修课程"，是修行的组成部分，为了表达信仰的虔诚。汉地的道教音乐、佛教音乐也具有这样的功能。传统社会中的众多口述和表演艺术，主要的功能是为了自娱自乐或者娱神娱人，有些则是为了保存民族记忆或进行道德教化。而民俗节庆活动，更是族群内的集体行为，绝不是用以谋利的。但是在消费主义无孔不入的现代社会中，大部分非物质文化遗产正在主动或被动地商业化，人们衡量一项非物质文化遗产价值的标准就是其能否转化为消费品（或者服务）。

就非物质文化遗产的存续而言，部分非物质文化遗产的商业化也是其在现代社会存续的途径之一，这是必然的，本身无可厚非。传统手工艺要存续，必须遵循商业规律，生产出满足现代人需要的消费品。一些表演艺术，如戏剧曲艺，很早就已经是一种谋生的职业，其在当代只有积极参与商业化演出，才能获得更多的生存空间。

但是在消费主义无孔不入的时代，很多原本不具有消费功能的表演艺术和民俗，也被卷入商业化的浪潮中。现代社会，无论物质产品还是娱乐产品，市场都有充足的供应，对消费者而言，就意味着可以有多种选择。当消费者厌倦了商业化的非遗时，这些非遗也就失去了其价值。

所以，消费主义带来的商业化，在非遗传承中必须谨慎对待。

同时，在全球化的过程中，以西方文化为主导的外来文化也在冲击着仍然具有主流地位的非遗，或者在改变着它们的面貌。各种传统节日，虽然仍然在民众生活中占据重要的地位，人人都过，但是其内涵和外在的形式都在发生改变。人们都在感慨，节日原有的氛围不是没有了，就是淡化了。很多人开始去往偏远的乡村寻找久违的"年味"。各种旅游杂志，在春节前，都会列出最具有年味的几个地方，让游客感受最纯正的年味。但导致的结果往往是当游客逐渐增多，这些地方就走上了商业化道路，最后也就失去了纯正的年味。

正是由于文化对社会的运转具有长时段的影响力，而各类非遗又具有以人传承的活跃性，所以其在塑造国民气质、增强文化自信、彰显民族文化个性方面具有非常重要的作用。

二、民间文化的价值需要被重视

人类自有文字以来，能否使用文字，就成为是否有文化学识的最重要的标准。在文字教育未曾普及的时代，识文断字是一种能力，也代表了一种受人尊崇的社会地位。一个社会要实现真正的变革，必须影响渗透至其文化的最基本层面也就是最底层，即民间文化，尤其是底层劳动者的草根文化。所以，近代开始，世界范围内举凡走向富强的国家，无不大开民智，普及公民教育，实施义务教育。而成功的社会变革也来自民众在思想上的觉醒与支持。20 世纪上半叶，陶行知、晏阳初、梁漱溟等人深刻认识到乡村文化对一个国家发展的基础作用，而发起了乡村教育实验和平民教育运动。中国在 20 世纪 70 年代末开启的改革开放，之所以能够取得巨大的成功，也与中国自 50 年代就开始的扫盲运动、全民教育直接相关。

近代以来，史学、文学等社会科学的研究视野逐渐从社会精英转向普通民众，出现了民族学、民俗学、文化人类学等众多新兴学科。学者开始从衣食住行的缓慢变化中，摸索社会变迁的规律；从日常生活的细枝末节中，研究各种文化交流的路径；从社戏田歌的演唱频率中，看到乡村衰败的端倪；从修家谱祭祖的次数里，看到宗族社会的解体。这些研究越来越证明民间文化在社会的稳定与发展中的重要作用，也使越来越多的人思考如何让民间文化在社会治理中发挥其基础性作用。

而由于民间文化的鲜活质朴和其文化元素的广泛多样，为现代艺术和流行文化提供了取之不尽的创作灵感。迪士尼的电影大多改编自世界各国的民间故事、神话传说。2017 年底，在全球上映的迪士尼大片《寻梦环游记》，就来源于墨西哥的亡灵节。《睡美人》《美女与野兽》等众多格林童话故事，不断被翻拍，成为长盛不衰的影视剧经典题材。而格林童话则来源于德国的民间故事。民间文化在现代艺术创作中，一直发挥着重要的母体和母本作用。

民间文化是劳动者的文化，从事农业生产的农民和从事手工艺的手工艺人和少数底层商贩是民间文化的最主要传承者，他们分别构筑了鲜活而丰富的乡村文化和市井文化。但是随着文明的迅速推进，原有的劳动生产方式发生了根本的改变。农耕技艺和手工艺在机器生产的冲击下，正在失去其存在的必要性，消失或正在消失。与此同时，由于城市化的推进，民间文化的土壤正在消失或日益贫瘠化。作为民间精神产品的口述和表演艺术。也在现代娱乐业的冲击下濒临消失。所以在传统社会一直比精英文化更为稳定的民间文化，在工业文明的冲击下，反而呈现出更为突出的脆弱性。而由于民间文化一直是缺少文字记录的文化，与精英文化相比，呈现出记录手段上的先天不足，一旦消失，就难寻踪影。

普通人创造与传承的民间文化构成了非物质文化遗产的基础。也因此，非物质文化遗产保护为民间文化获得了和精英文化同等重要的地位，从而为民间文化的传承赢得了更多的合法性和合理性。对长期受到忽视的民间文化加以全面的保护，无疑对保留一个国家或地区最基本、最活跃的文化基因具有极为重要的意义。

三、工业文明的负面作用需要非遗加以修复和对冲

我们之所以要保护非物质文化遗产首先是因为它们遇上了工业文明这个强大的挑战者，不加以保护就难以为继。而众多非物质文化遗产继续存在的现实意义，是因为工业文明不是万能的，不可能解决人类社会所有的问题。工业文明有它强大的一面，也有它无力的一面。工业文明有进步的一面，也有它邪恶的一面。而当工业文明展现它邪恶的一面时，就给地球环境带来了巨大的创伤，给人类社会的可持续发展带来了巨大的风险。修复这些创伤，对冲这些风险的路径之一，就是汲取古老的智慧，而非物质文化遗产就是这些古老智慧的具体表现形式。

赞颂工业文明反对保护传统文化的人士，习惯以工业文明的强大来阐释他的先进与合理；以工业文明的强大来解释其他文明的落后。这是一种典型的实用主义思维，也是优胜劣汰的达尔文进化论主导下的思维方式。工业文明固然强大，但并不意味着其他文明就应该被完全淘汰。而正因为工业文明作为生产力是强大的，它的破坏力也是强大的。冷兵器时代的刀剑弓箭，最强大的时候，也不过一箭双雕，一石三鸟。

工业文明破坏的不仅是腐朽的愚昧的，也包括古老的智慧的。机器是不会分

辨美好或丑恶的，但是人类有这个能力。中国在 4000 年的农耕社会里，以有限的耕地养活了世界上最多的人口，就在于建立起一套完整的可循环无废物的农业生产体系。这种农业体系让在 20 世纪之初造访的美国农业科学家富兰克林·H. 金大为惊叹，写下了《四千年农夫》这本著作。而在他造访的半个世纪后，中国也开始走上美国农业的发展道路。化学农业在不到半世纪的时间里，就让中国大部分可耕地的土壤肥力严重退化，并且对化肥和农药产生了严重的依赖性。在 2010 年以后笔者调查的大部分乡村，农民都反映，不用化肥，农作物不仅无法高产，甚至都无法生长。转基因食品是否有害，还在激烈的争论中，但在大面积种植转基因农作物的美国和南美国家，转基因玉米已经导致很多地方的原生蝴蝶大批死亡，引起需要蝴蝶传粉的其他非转基因农作物减产，整个生态链因为少数转基因农作物而遭到破坏。其继续发展会导致怎样的后果，谁也无法预测。

而在关乎每个人的身心健康和建立更为良好的人际关系方面，工业文明就更显示出其弱点。工业革命带来社会财富增长，让人类的平均寿命迅速提高，也让人类战胜了众多瘟疫绝症，但是这并未减少人类的疾病。1980 年，世界卫生组织宣布天花消失，1982 年在非洲发现了新型绝症——艾滋病。人类寿命延长的同时，癌症发病率也在增长。而高强度的工作生活节奏，则让精神疾患和自杀率提高。创伤型的手术疗法清除坏死器官的同时，也让整个身体系统的这部分机能缺失。生物化学制药本身就对药厂周围环境造成了巨大的破坏，以致这类药厂建设计划总是被当地民众抵制。而化学生物药物本身并不能从根本上杜绝病源，几乎总是带来各种副作用。而在古老的中国，中医把人体当作一个与自然息息相关的整体，以治未病为医者的最高准则。经络学说解释了人的身体构造和养生方法，针灸、拔火罐、刮痧等自然疗法和草药一起治愈了很多疾病，使中国人的平均寿命在工业革命前一直处于世界前列。产生于古代印度的阿育吠陀作为世界上最古老的医学体系，同时也是一种获得身心和谐的健康生活体系，不只在印度，在当今的世界各地被越来越多的人认识到其重要价值。现代科技可以打造出更好的床垫和寝具，却不一定能够让人获得良好的睡眠。失眠症正在侵蚀着无数现代人的健康，现代技术制造出的治疗失眠药物却总是让人产生药物依赖症，反而加重病情。

而太极、瑜伽和草药却可以缓解失眠，达到身心的平衡。

2500 年前的老子曾经说过"大道至简"，很多朴素的知识技术背后，是深奥的自然的法则。我们至今无法理解或者解释它，只因为我们的认知水平的局限。爱因斯坦的相对论，在提出 100 年后，仍然在被不断发展的科技验证着，类似的现象也存在于古老的智慧中。中国的风水说，因为其中充满着玄奥模糊的表达，曾经被批判为迷信糟粕，而不断发展的现代科技却在不断验证其正确性：例如，风水不佳之处，经仪器测量，确实是磁场异常、有害物质聚集的地方。人们崇拜现代科技，却经常质疑传统智慧。科学主义的盛行，让众多传统智慧饱受误解、否定，在社会生产生活中的应用程度越来越低，其应有的价值也无法体现。所以，在今天，我们应该做的是将科学主义强加于传统智慧之上的迷信外衣解除，还传统智慧以真面目。

进入 21 世纪，工业化以网络技术、人工技术、生物基因技术等作为推进手段，越来越显示出其强大的创造力，同时也越来越展现出其强大的破坏力。工业文明所带来的各种危机没有缓解之势，反而在不断加剧。人类社会面临着前所未有的不确定性。在这种情况下，曾经为人类带来健康、平衡、稳定、和谐的众多非物质文化遗产的价值显得尤为重要。但是由于工业文明的强大，众多非物质文化遗产面临严重的存续危机，其应有的价值并未得到应有的重视，因此也无法得到真正的发挥。所以，要保护这些非物质文化遗产，使其在修复工业文明所造成的创伤和对冲工业文明所造就的危机中发挥应有的作用。

四、人类社会需要文化多样化

世界自然环境的多样性和人文历史的多元化，决定了世界的文化也是多样多元的。这种多样性和多元化，既是历史曾经的必然，在当下和未来也依然有其必要性。

人要生存首先要适应环境。在工业革命之前，由于人对自然的依赖性很强，自然环境成为各种文化产生的最基本的决定性因素，尔后这些文化共同构成了某地的人文环境。某地特有的自然环境和人文环境共同构筑了其区别于其他地方文化的独特性。这种独特性，从自然环境角度看，是地域性；从族群角度看，是民族性；从文化分布的全局去看，则充满了差异性。众多的差异性，共同构筑了多样性。在相对封闭的前工业革命时代，这种民族性和地域性，也意味着文化在其传承区域内的必然性和合理性，而从其他地区文化的角度看，则具有一种独特性甚至唯一性。藏彝走廊盛行的走婚制，在盛行包办婚姻的古代中原地区的人们看来，不只匪夷所思，简直是伤风败俗，但是在当地，却是正常合理的。而在当地人看来，中原汉地的包办婚姻，才是违背人性，无法理喻的。这种与其他文化对比而产生的差异性，正是各地文化的独特之处。

各种非物质文化遗产无不体现出鲜明的地域性和民族性，由此成为构成世界多样性的主要来源。而由于非物质文化遗产以人为传承载体的活态性，使得非物质文化遗产成为构筑人类文化多样性的最活跃因素。在中国这样的大国里，由于自然环境的多样性和民族的多元化，不仅非物质文化遗产资源异常丰富，而且每一种非物质文化遗产都体现出鲜明的地域性和民族性，在总体上就呈现为非常突出的文化多样性，而这也成为构成中华文化博大精深的来源之一，同时也是具体的表现形式。

人类文化需要多样性，正如自然界需要生物的多样性。根据生态学的理论，自然界是一个高度关联的整体，各种生物构成一个闭合的生物链，它们之间在数量上会保持一个相对的平衡。一个生态系统内，生物种类越丰富多样，生态系统就越平衡，也就越具有稳定性和可持续性；反之，当生物种类不断减少，或者其中的某些生物在数量上急剧减少，而少数几个数量过多，就会打破生态平衡。某一生物的灭绝，很可能会引发以其为食物或繁殖媒介的其他生物的灭绝。所以，生态保护的核心理念就是保持物种的多样性和物种之间的平衡。

这种自然界的生态观虽然不完全适用于人类的文化，但是在很多方面具有可参考性。纵观人类的历史，就会发现，一个地区或国家，其文化越是具有多样性，其整体就越有稳定性，也越具有生命力，并且在受到破坏或创伤时，其修复的能力也越强。中华文化，历经几千年的沧桑变化，经历无数的天灾人祸却依然屹立不倒，和中华文化的包容性有直接的关系。儒家思想作为正统文化，在文化上一直主张和而不同，中庸平和，反对强制的侵入。而与之并立的道家和佛家思想，更关注人与自然万物的和平相处，这三者构成了中华文化的主体思想，使包容性成为中华文化的突出特点。正是因为包容性，而使中华文化的传承区域内一直有着多种多样的区域文化和民族文化，各种文化互相依存互相补充互相竞争，不断丰富着中华文化的内容和表现形式。欧洲在近代科学文化的崛起，也与欧洲全境内曾经存在数百个大小国家（贵族领地）有直接的关系。

多样性也意味着文化之间的差异性。不可否认，差异性也会导致文化的冲突。世界上的很多冲突，除去物质资源的争夺，文化的冲突也是原因之一。有些战争确实有捍卫一个国家和民族的文化的目的。信仰天主教的阿拉贡王国崛起后，就向信仰伊斯兰教的摩尔人建立的格拉纳达宣战。尔后在西班牙帝国建立后，传播天主教也成为新航路开辟的宗教动力。直到现在，一些极端组织也依然打着宗教的旗帜在戕害他们眼中的"异教徒"。但我们同样也不可否认，差异性也为文化之间的交流提供了必要性和可能性。农业地区盛产的茶曾经是以肉乳食物为主的牧民叶绿素的主要来源，而马则是冷兵器时代极为重要的交通工具和军事物资，所以茶马古道曾经昌盛了很久，并且随之而让沿途的文化艺术也不断交流融合。阿拉贡王国的共主斐迪南二世和伊莎贝拉在战胜了格拉纳达的摩尔人后，并未对摩尔人文化进行清洗，使得今天的西班牙成为多种文化并存的国家，而摩尔人建造的宫殿——格拉纳达阿尔罕布拉宫，则成为世界文化遗产。

工业文明的一大特点就是标准化，生产标准统一的产品及零部件，以方便在全球生产、组装和使用。全球化以工业文明和西方文明为范本，把世界变得越来越单一。跨国公司可以在全世界的任何一个地方生产出相同的工业产品，流水线上的工人无论来自何地何族，都在穿着一样的制服进行生产。可乐和汉堡正在成为全球人民的共同食物，牛仔裤、T恤成为全球百姓统一的休闲装，衬衫、西装、燕尾服则成为统一的标准正装。仅以语言为例，2009 年 2 月 19 日，联合国教科文组织绘制了"全球濒危语言地图"，在人类历史上第一次用"语言地图"的形式，向人们直观展示了全球部分族群的濒危母语现状，并分为五个等级：不安全的、危险的（明确要灭绝的）、濒危的（严重濒临灭绝的）、垂危的（极度濒临灭绝的）、已灭绝的（从 20 世纪 50 年代以来）。该组织同时发布的等级量表显示，在全世界现存的 6000 多种语言中，大约 2500 种语言濒临灭绝。其中，538 种语言面临极度灭绝危险，502 种语言面临严重灭绝危险，632 种有确切灭绝危险，607 种存在灭绝可能。濒危语言的数量超过了世界语言总数的 1/3，其中印度一国就有 196 种语言濒临灭绝。而在这之前，更多的语言已经消失，现在的世界平均每两周就有一种语言在消失。语言是众多口述类非遗的载体，也是一个民族文化最直接的体现，语言的消失意味着越来越多的地域和民族文化在消失。

全球化正在不断地抹杀着地域性和民族性，抹杀着各种文化之间的差异性，由此而破坏着世界文化的多样性。世界变得越来越相似，越来越单一，也因此而越来越单调。这种文化上的单一性固然让全球范围的交流更为方便和顺畅，英语现在已经成为事实上的全球通用语言，也被很多国家列为义务教育的必修课，更推动了越来越多的人会说英语，给国际交流带来便利，但是这种文化上的单一性趋势如果继续发展，则潜藏着巨大的危险。因为，人类社会的多样性，需要多元的文化去支撑。每个国家每个民族甚至每个文化社群，在发展基础、条件上各不相同，使得其发展路径也各不相同。虽然目前工业文明在生产力的提高方面具有无可比拟的作用，但是也并不能证明所有的地区都应该或适合推行工业文明，农业文明或者更为原始的诸多生产方式在某些地区是更可持续发展的模式。即使在实现工业化的过程中，不同的地区或国家也会根据固有的自然和人文条件而进行选择，发展出适合自己的道路。

在实现了工业化的地区，其社会生产高度分工，犹如巨大而复杂的机器，一旦某个链条或零件出现问题，就有可能引发整个社会运转体系的失灵或混乱。2011年日本的福岛核电站泄漏所引发的一系列生态灾难和社会问题，至今还在蔓延。我们可以想象，如果世界上所有的地方都实现了工业化，人们习惯了使用机器制造的各种产品，手艺消失，乡村消失，农民消失，人人都说着同样的语言，穿着同样的服饰，观看着同样的娱乐节目，居住在相同的大城市中，那将是多么乏味的世界。而更为可怕的是，当城市的运转体系失灵或者遭遇巨大的灾难，比如粮食匮乏、地震、水源枯竭等时，对居住其中的人类来说，是否就会因为没有其他的选择，只能坐以待毙。或者引发一系列的社会混乱，而让社会出现巨大的倒退，甚至让现代文明的成果在一夜之间归零。而如果我们还保存着多种形式的生产方式，还保留了各种传统技术知识和各种手工艺，我们就增加了应对危机的各种可能。

不断将水稻亩产刷新的袁隆平教授，在培植高产水稻的过程中，不断去寻找野生的稻谷或者稻谷的野生近亲，将之进行杂交，所以袁教授又被称为"杂交水稻之父"。但是，如果荒野已不存在，如果各种野生稻谷及其近亲都消失了，杂交水稻还有多少可能？在人类文化的发展中，多样化的文化也为应对各种问题和满足各种需要提供了更多的可能。

所以，保护非物质文化遗产，从终极的意义上来说，就是在保护人类的文化多样性。这个意义似乎离每个人现实的生活很远。可是作为与这世界休戚相关的一个个体，每个人都应该庆幸，我们现在尚且还生活在一个文化多样化的世界里，我们也应希望这世界未来仍然是多样化的。否则，不仅世界是苍白乏味的，而且可能是极为危险的。

第三节　非物质文化遗产的保护方法

一、非物质文化遗产传承与保护的基本思路

在新世纪初的非遗保护热潮中，不单是民俗学面临着思路与出路问题，整个非遗事业的推进也一样面临着思路与出路问题。都说思路决定出路，有什么样的思路，就决定了会找到什么样的出路，而要开创一条充满生机和活力的出路，就需要以独具一格、与时俱进的保护理念和思路做引领。

（一）普查与保护同步推进

主动创新工作机制，加大培训力度，完善基层普查队伍。地方可以尝试每年定期举办非物质文化遗产普查、保护工作培训班，以基层文化干部专业技术继续教育培训班为平台，邀请省、市级专家授课并进行非物质文化遗产普查工作培训，培养一批非物质文化遗产基层专业工作人员和骨干；充分发挥乡镇文化站人员和"三老"（老干部、老教师、老艺人）的作用，按照"三不漏"（不漏线索、不漏村镇、不漏门类）的要求，各县（区）及乡镇可以成立普查工作领导组，建立县、乡镇级普查网络，聘请老干部、老教师、老艺人等担任义务普查员，走村串户地访问调查，收集第一手普查资料并建立比较完备的非物质文化遗产资源和项目档案。

（二）加强对传承人的保护与培养

传承人作为传递非物质文化的关键，以活着的传统、活着的文化形式生活在

民间。由于大部分传承人年岁已高或社会活动能力有限，处于社会底层，他们往往成为非物质文化遗产文化链中最需要加以保护的脆弱部分。我们可以采取政府津贴或补贴的方式资助传承人，以命名的方式吸引传承人，以完善的政策措施保护传承人。

采用多渠道、多形式、多途径的立体化人才培养架构，拓宽人才培养渠道。充分发挥社区、中小学、高等院校的主渠道作用，注重专业人才的培养。积极与高校合作，开设非物质文化遗产必修课或选修课，将民间艺术列入大学综合素质课程；在中小学各个学段开设有关非物质文化遗产内容的课程，从小孩子开始培养他们对民族文化的认同感，努力培养和造就新一代非物质文化遗产传承人，促使他们健康成长，确保优秀的非物质文化遗产在祖国现代化建设中发挥应有的作用。此外，也可以举办非物质文化遗产培训班等，传承民间手工技艺。如每年暑期合肥市文化馆与合肥市非物质文化遗产保护中心主办的非遗绝活免费培训班，免费向群众开放非物质文化遗产展览厅以及剪纸、铁字展室等场所，既能扩大非物质文化遗产的宣传，又能提高人们保护民族民间文化的意识。

（三）加入流行元素，焕发生机和活力

作为民间艺术实践者和传承人，为了推动一种非物质文化遗产的发展并延长其生命力，可以大胆地尝试将流行元素加入古老的非物质文化遗产中，让它们焕发出新的活力。如糖画艺人张云萍将近年来流行的喜羊羊与灰太狼、流氓兔等动画形象融入糖画制作中去，其作品深受小朋友和青年人的喜爱。尽管让传统的非物质文化遗产获得新生的难度比较大，但只要推动了非物质文化遗产保护工作的前进，让更多的文化、宝贵的非物质文化遗产在濒于消亡之际，重新为大众所认可和热爱也是大有可能的。

（四）充分利用文化馆（站）优势

文化馆（站）作为政府设立，向公众开放，组织开展、指导、辅导、研究群众文化艺术活动，并提供公共文化产品和公共文化服务的公益性文化事业机构，承担部分政府的责任，保护好当地的非物质文化遗产正是其社会功能发挥的体现之一。因此，应该充分利用文化馆（站）的优势，保护非物质文化遗产。

首先，利用文化馆（站）人才队伍的优势，保护非物质文化遗产。文化馆（站）是举办群众文化活动的带头人，有着大量的人才资源，在群众文化活动中起着重要的引导作用。地方文化馆（站）可以不断培训老员工，引进高学历人才，使其工作人员具备各种专业才能、较高的文化水平，在工作中能承担起自己专业内非物质文化遗产保护的有关职责。这为非物质文化遗产的保护工作提供了重要的人力和智力的支持。

其次，利用文化馆（站）的阵地优势，保护非物质文化遗产。地方可以尝试在市、区（县）文化馆成立非物质文化遗产保护中心。如合肥市文化馆开设了"非物质文化遗产展厅""剪纸传习所""面塑传习所"等，张家口市设立了"非物质文化遗产体验馆"等。要发挥文化馆（站）具有适应群众活动的场地及设施，具有开展培训、交流、展示活动的阵地优势，为非物质文化遗产的传承与保护提供一定的硬件条件，常年免费为群众提供一个展示非物质文化遗产的阵地。

（五）突出地域特色，打造品牌

通过开展主题鲜明、形式多样的非物质文化遗产普查和保护宣传活动，营造全社会参与普查的良好氛围。例如，合肥市以"文化遗产日"为契机，每年都在明教寺、包公祠、李府、三国新城遗址等多处旅游景点安排一系列图文声像的宣传活动；同时，为了动态地加强对非物质文化遗产的保护，合肥市通过各种方式和途径展示非物质文化遗产项目，积极推荐传承人到各地表演，如选送国家级非物质文化遗产项目"纸笺加工技艺"传承人刘靖、"火笔画"传承人刘凯赴澳门参加"浓墨艳彩展风华——安徽省、河北省春节习俗展"，将当地最具地域特色和代表性的非物质文化遗产项目通过现场技艺展示的方式，向澳门民众展现。

各地区可以根据各自实际的地理环境、经济发展水平，构建具有本地特色的非物质文化遗产生态环境，建立生态空间和保护区，使之成为当地最为亮丽的城市名片。如河北省吴桥县以杂技最负盛名，因而当地政府就充分利用这一点，以"中国杂技之乡"为主题，举办大型的吴桥国际杂技艺术节。该艺术节于1987年创办，每两年举行一届，细数起来已经整整走过了34个春秋。吴桥政府将吴桥定位为一个具有浓厚的非物质文化遗产特色的地区，全县杂技的元素已全方位融入当地的生活和城市建设之中，如随处可见的交通标志、基础服务设施等，当然更成功的还是当地旅游服务业，全县都渗透着杂技的符号。吴桥国际杂技艺术节与巴黎"明日与未来"国际杂技节、摩纳哥蒙特卡洛国际马戏节并称世界三大杂技赛场，是我国举办规模最大、历史最长的国家级国际杂技艺术节。如今，杂技这种非物质文化遗产已然成为吴桥县最耀眼的名片，也成为吴桥走向全国、走出国门的招牌名片。

（六）重视硬件建设，搭建信息平台

探索数字化保护模式，打破非物质文化遗产保护的时空限制。非物质文化遗产是鲜活的文化，具有原生态的文化基因。通过信息交互，挖掘非物质文化遗产资源的文化内涵，探究其文化价值，是非物质文化遗产深层次开发的需求。数字化展示能使普通人更好地了解非物质文化遗产所体现的该民族独具特色的历史文化发展踪迹，从而达到扩大视野、增加知识储备的良好效果。

二、非物质文化遗产传承与保护的主要方法

（一）高校参与非物质文化遗产传承与保护

随着我国保护、重视非遗热潮的兴起，高校在参与非遗的保护、教育方面迈出了可喜的步伐。2002 年 10 月，中央美术学院等多家单位共同发起、举办了中华人民共和国成立以来中国高等院校首届非物质文化遗产教育教学研讨会，并通过了《非物质文化遗产教育宣言》，成为非遗教育在教育体系中的开端。许多高校（如北京大学、清华大学、中央美术学院等院校）先后建立了非遗相关学科，中央美术学院还在国内创立了首家非物质文化遗产研究中心，随后又建立了国内高校第一个文化遗产学专业学科，在全国高校中产生了积极的影响。然而，作为"非遗大国"的中国，其现实情况是，教育领域总体而言对非物质文化遗产缺乏重视和价值认识，教育和文化遗产保护、传承脱节，大学中非物质文化遗产相关学科极度缺乏，教育不能培养足够的非物质文化遗产传承与保护所需的社会人才。

文化生态亦是一种人文环境，人文环境中最重要的便是"人"的因素。在

非遗的保护工作中很重要的一点是由人的价值观念和审美趋向来决定的，而影响人的价值观念和审美趋向的最重要因素就是教育。因此，把非遗的丰富内容融合到当前高校的艺术教育中，对于民族古老生命记忆的延续、民族精神的弘扬以及大学生的全面发展来说都是必需的。如何使高校积极地进行非遗的传承，形成保护文化遗产的良好行为模式是一个十分值得研究的问题。基于当下我国高校非遗教育的现状，下面从五个方面对高校参与非遗传承与保护提出建议。

1. 各级政府、文化部门以及高校自身加强重视

各级政府应重视高校艺术教育在非遗保护中的重要作用，在制定的章程中增加相关条目，使地方院校在参与非遗传承与保护的过程中有坚强的后盾。高校自身应加强对本土文化基因的认知，以更加开放，更具世界文化交融、竞争和创新活力的教育理念，推广教育在知识传播体系上的文化多元化，反映出本土非物质文化遗产的丰富性和文化价值。大学的非物质文化遗产传承教育应注重学科创新发展和学科建设。

2. 高校建立相关教材体系

教育目标是教育改革与发展的出发点和归宿，对教育的各种活动起着制约和导向作用。非遗教育在高校艺术教育中的教学目标是，弘扬民族传统文化，不断增强学生对民族文化的认同感，提高民族自尊心、自信心和自豪感，使每个学生充分认识到文化遗产对中华民族、中国文化的重要意义，形成自觉保护文化遗产的积极态度。这就需要在课程设置上将非遗文化融入艺术教育教学体系，积极引导学生学习和了解地方文化和民间艺术。

综合性高校可以针对非遗的特殊表现形式，以艺术专业教师为主，整合不同院系和专业的相关教学力量，共同成立课题小组或教研小组，交叉互补，多学科参与，编写相应的教材，帮助学生对非遗有更加全面的认识。

3. 加强师资队伍建设

在非遗文化的教学中，教师的匮乏和知识结构单一是首要问题。因此，要在高校中进行非遗文化教育，就要对教师知识面的涉猎及业务知识的掌握提出更高的要求。首先，教师要自觉充实有关非遗的历史文化知识，积极学习，增强自身的民族传统文化艺术修养；其次，学校主管部门要对担任非遗教学课程的教师进

行有组织、有计划的培训，定期举办教学工作研讨汇报会，培养一支集教学、科研、管理、挖掘、抢救、保护和传承为一体的专业教师队伍；最后，将民间艺人聘为学校荣誉教授，承担部分实践内容的教学或专题讲座工作，并纳入日常教学中。民间艺人的口传心授、现场讲解，不仅可以增强学生的积极性，还能使学生在动手动口中更加深刻地体悟到非遗的文化精神。

非遗课程的教学方法应以多元化为向导，将理论课、欣赏课、实践课结合在一起。非遗作为活态文化，有自身特殊的生成环境，非遗教育应强调在可生成的环境中培养学生的艺术能力和人文素养，最终实现人的全面、健康、协调发展。让学生积极参与家乡的民俗文化活动、节日庆典活动，身临其境，感受各类非遗代表作的文化内涵，并让学生对各类民间音乐、戏曲、舞蹈、手工艺等所传达的道德观念、审美观念、民族精神、基本价值等展开调查，写出调查报告，实现课外与课内的结合。

4. 发挥档案馆、图书馆及信息平台的保护作用

非遗项目种类繁多，无论是各种录音、录像、文字资料，还是工具、器具、手工艺品等实物资料都需要保护。因此，充分发挥高校档案馆、图书馆以及现代化网络设备的作用十分必要。首先，高校在运用传统手段和工具进行资料收集的同时，应着力于利用现代化的设备来保存成果，对非遗资料进行系统化的记录、保存。其次，还应注意非遗信息的共享，高校之间应建立起开放的非遗信息交流平台，将每个学校所掌握的非遗资料和信息整合起来，并对一部分可以进行共享的资料实现校际、平台间的共享。对此，我们可以通过三步来完成：首先在市级范围实现非遗资料共享，然后向省、区域逐步推进，通过市、省、区域三级逐步扩大共享范围，最终形成一个全国范围的高校非遗资源共享平台。

5. 整合教育资源，有针对性地推进非遗学科建设

非遗的学科建设是文化传承的重要举措，也是培养非遗保护工作人才的重要途径。以音乐类为例，其管理和保护人才应具备以下三方面的素质：一要懂得国际、国内相关法律、法规和政策；二要具备相关专业知识（包括民族音乐学、世界音乐、中国古代音乐史、录音、录像、电脑、图书馆学、传统乐器制造和修复

技艺等知识）；三是人文知识面要尽量广博（包括外语听说读写能力、中外地理和历史知识，以及古代文献、考古知识等）。这些知识和能力的培养仅在单科的艺术院校中是难以实现的，而综合性高校可以整合原有教育资源，增强学科间的协作，尤其能在自然科学与社会科学之间，实现与非遗相关的音乐、美术、设计等专业之间的优势互补，根据教育对象，结合自身特点，明确教学目标和教学计划，调动全校各相关专业的力量积极参与教学。

我国的非物质文化遗产是民族传统文化的重要组成部分，是中华民族古老的生命记忆和活态文化基因，体现着我们民族的智慧和精神。在非遗的保护和传承中，发挥高校艺术教育的作用，将其打造成非遗保护的有效平台，在整个非遗保护的过程中是非常重要的。

大学生是未来社会中掌握经济、文化、教育等重要命脉的主体，是未来社会建设的中坚力量，培养他们对非遗的正确态度、深厚感情，是保证我国未来文化政策的正确导向和树立全民族文化保护观念的千年大计，是我国非遗保护与传承可持续性发展的内在机制和重要途径。当然，依靠高校艺术教育的途径来保护和发展非遗不可能收到立竿见影的效果，而且也存在许多尚待改进和解决的问题，但是艺术教育能在润物细无声的过程中实现公民素质的提高，增强下一代保护和传承非物质文化遗产的内在动力。

（二）营造良好环境和舆论氛围

对于非物质文化遗产的保护，我国近年来做出了较大的努力，全国各地举办了很多不同形式的展览、学术活动等，还将每年6月的第二个星期六作为我国的"文化遗产日"，以向民众宣传和展示我国的非物质文化遗产。但这还远远不够，仍然有很多人对于非物质文化遗产比较陌生，这就要求我们必须进一步加大宣传力度，最大限度地宣扬非物质文化遗产的重要性及保护的必然性和紧迫性，争取在全社会形成一个良好的环境和舆论氛围。

1. 利用互联网全方位宣传，加快完善数据库建设

一方面，随着信息化的迅猛发展，世界变得越来越"小"，人们可以通过网络互通有无，资源共享变成全球变化发展的趋势。因此，我们应充分利用好互联网的传播效应，使非物质文化遗产的利用和传播在网络环境下，冲破传统的空间

与时间的制约，实现全社会的资源共享，对非物质文化遗产保护和传承的有序进行起到真正的推动作用。

在网络多元化发展的趋势下，许多新形式的网络应用不断涌现，我们可以充分利用网络中多样的技术进行相关宣传推广工作，为我国非遗的世代传承尽一份绵薄之力。如我们可以制作非物质文化遗产相关的宣传视频或网页，并链接到国内较为知名的网站和点击率高的新闻中，使普通民众在平时的上网过程中就能够随时点击欣赏各种美轮美奂的非物质文化遗产，如优美的舞蹈、惊险的杂技、精彩的民间故事等，这不失为一个有效的宣传非物质文化遗产，同时又服务娱乐大众的好方式；同时，可以在网络上发起各种关于非物质文化遗产的话题和活动，通过多方的相互讨论进行深度的探讨，从而进一步达到全方位宣传非物质文化遗产的目的，最终吸引更多的人来积极参与。

另一方面，对于非物质文化遗产保护而言，最直接有效的渠道即构建资源数据库。一个完善的非物质文化遗产资源数据库，可以更好地保存一些即将消失或正在消失的非物质文化遗产资源，这样有利于专家、学者、研究人员和工作人员更好地、更客观地保护和利用非物质文化遗产资源，也有利于普通民众随时随地进行浏览、学习，能够促进各方的合作与交流，实现真正的资源共享，从而帮助珍贵的非物质文化遗产资源获得长时间的保存与保护，以便世代继承和传播。

现如今，我国已有一个全国性的非物质文化遗产资源数据库，且各地都在积极尝试建立或完善本区域的非物质文化遗产资源数据库，还有某些民间非营利性的代表，如我国著名学者冯骥才创办的中国非物质文化遗产保护数据中心等。但多是以文本资料和静态图像为主，音频、视频和其他多媒体资源的储备及共享十分缺乏，人们仅能通过空洞的数据资源对非物质文化遗产获得表面了解，无法得到生动形象的认知，这是无法充分起到积极的宣传保护作用的。因此，政府必须进一步完善这一类数据库，为民众提供一个权威的、系统的、生动的传播渠道。

2. 组织多种形式的宣传活动，提高全民保护意识

从某个方面而言，宣传也是一种保护。我国的非物质文化遗产中，有些十分罕见，具有相当高的价值。但是，就是由于它们没有被有效地宣传，而没有获得相应的重视。就如藏族史诗《格萨尔王传》，全套共 120 余部、100 多万诗行、2000 多万字，比古巴比伦《吉尔伽美什》、古希腊《伊利亚特》和《奥德赛》、

古印度《罗摩衍那》和《摩诃婆罗多》这五部世界知名史诗的总和还要长，是世界上迄今为止最长的史诗，绝对堪称旷世巨著。

但现实状况是，很少人知道这一史诗，很重要的一个原因就是缺乏应有的宣传。这样就限制了其应有的影响力，阻碍了非物质文化遗产的保护和传承。历年来，我国的宣传活动都以展览为主，如 2009 年"中国非物质文化遗产传统技艺大展"，2011 年"《非物质文化遗产法》宣传展"和"中国非物质文化遗产摄影大展"等。除了展览，还有展演、电视、广播等方式，但总的来讲，形式仍然较为单调。政府和相关部门应当组织形式多样的宣传方式，以达到对非物质文化遗产的宣传目的。如采用大型活动和庆典等方式，通过与相关单位或民间热心企业等合作组织关于非物质文化遗产项目的宣传巡游活动；再如，另一种十分常见的宣传方式，即流动展览，由于具有成本低、流动性强等特点，非常方便组织，学校、社区，甚至路边等都可以作为展览地点。这几种方式，有利于普通民众消除对非物质文化遗产的距离感，将抽象的非物质文化遗产变得更加形象，形成良好的宣传效果，从而促进本地非物质文化遗产的发展。

还有可以通过电视这种传统却又有效的宣传方式，一方面，各地方或中央电视台可以通过制作各种高质量的公益片、宣传片等向大众播放，让更多的人了解和认识我国各种珍贵的非物质文化遗产。如火遍全国的美食类纪录片《舌尖上的中国》，就是由中央电视台这个渠道展示出来的。人们通过观看制作精良的电视节目，多方面了解传统中华美食，从食物的角度体验中国人生活伦理等方面的文化，了解中华饮食文化的精致和源远流长。另一方面，各单位可以邀请不同传承人走进电视台等媒体，通过访谈等方式对该非物质文化遗产进行全方位的介绍，进一步起到宣传效果。如中央电视台著名智慧型文化栏目《谢天谢地，你来啦》在 2013 年 9 月的一期节目中就曾关注非物质文化遗产，将被称为我国"亟须保护的非物质文化遗产"的东北地区赫哲族伊玛堪说唱传承人请到现场。由于节目的知名度较大，伊玛堪说唱的受关注度大大提升，成功地宣传了该非物质文化遗产。

非物质文化遗产的保护工作，不是政府、某个群体或某个部门的事，而是整个社会共同的责任。如果只有政府和各机关部门，而没有人民群众的参与，也是无法完成的。我们应全方位利用不同方式和途径，包括召开关于保护非物质文化遗产的辩论会、听证会等，听听群众的声音，了解最普通的民众对于保护工作有何建设性的意见和建议，帮助政府从完全不同的角度思考问题、开阔视野，同时还能充分调动群众保护非物质文化遗产的积极性，提高全民的重视和保护意识，并使这种意识逐步渗透到人们的日常生活中，成为全民自觉自愿的行动，在全社会形成一种积极地抢救和保护非物质文化遗产的氛围。

（三）创建非遗专业化高端平台

中华民族非遗种类繁多，极其丰富。有历史悠久的民俗文化，如岁时节日、人生礼仪、游艺民俗等；有口口相传的民间文学，如《玛纳斯》《格萨尔王》史诗及妈祖信俗等；有巧夺天工的工艺美术，如中国篆刻、桑蚕丝织技艺、中国剪纸、石雕艺术、木刻艺术等；有技压群芳的表演艺术，如四川清音扬琴、四川评书、朝鲜族农乐舞、蒙古族呼麦、广东粤剧等。各类非遗的呈现方式不同、特征表现有别，应探究非遗内容的系统性、内隐性等特点，以单独的类别为单位，视其门类的难易条件，分门别类、因类而异搭建互联网专业非遗平台。以"政府监管、多方共享"为方针，为传承人提供资源平台，搭建全国众多同行非遗传承人进行技艺切磋、文化交流、提升自我的互联网平台，使之成为非遗爱好者欣赏艺术、获取信息、学习技艺、交流心得的平台，成为弘扬、传播非遗的主要载体和有效渠道。

以建立剪纸网络平台为例，可设置包括剪纸最新动态、剪纸传承名家、剪纸知识、剪纸论坛、剪纸教学等版块。"剪纸最新动态"版块适时播出剪纸的最新资讯和专题报道。"剪纸传承名家"版块则会集全国杰出的剪纸大师，组成阵容庞大的剪纸专家库，内容可记载艺人档案、学艺经历与故事、心路历程等，让受众通过此版块走进剪纸传承人的世界。"剪纸知识"版块则对剪纸的知识点进行专业解读、普及传递剪纸知识，形式可采用图片、音频、视频等，覆盖各年龄阶段的受众人群。"剪纸论坛"版块则打破传统的单项式灌输方式，充分利用互联网的互动性，使受众与传承人、传承人与传承人、受众与受众在此进行文化沟通，通过知识的碰撞、思想的交流从而迸发新的灵感，也可更好地激发剪纸的创新。"剪纸教学"版块则展示全国剪纸传承人录制视频等，对剪纸艺术创作的制作过程、步骤方法、工艺流程等内容进行详细讲解，得以较好地使手艺传向大千世界，受众可通过平台自学的方式进行模仿操作，同行大师也可观摩、批评指正等，实现共同进步。

（四）营造非遗的多元化展示空间

目前，众多的非遗展示多为场馆展示，其优点是人群集合式地观看、主题明确、传承人可与观众交流互动，但遗憾的是展览都有一定的时间节点，人们不能随时参观。那么，利用"互联网+"便可打造非遗"线上"展示空间，旨在保证非遗展示的长效性和观看便捷性，与此同时，更好地展示非遗作品、非遗传承技法、非遗活动导向、非遗最新成果，提高非遗的影响力和辐射力，兼备非遗的学习功能，从而塑造文化效应。

利用数字媒体艺术制作二维、三维动画模型，塑造非遗人物、场景，以动漫的形式呈现生产工艺和操作流程，加之后期特效合成技术，以群众喜闻乐见的形式展现非遗的技术与艺术。如重庆工程学院与中华文化动漫研发传播中心制作的《川剧形象科普动漫短片》，就是以此种方式来展现川剧，并取得同行一致好评。

利用摄影摄像技术，对非遗传承人的技法步骤、技能讲解、创作过程等进行现场全方位、多角度的实拍，直观形象、客观典型、真实完整地捕捉镜头。记录的不仅是非遗本身，同时也将视角延伸至独特的原生态环境和文化生存空间中。对于全球化进程中的现代人来说，不管是偶然中的必然，还是必然中的偶然，原生态民族文化背后有着广阔的蓝天、祖先的记忆和心灵的慰藉。

利用 VR（虚拟现实）技术，重构非遗的展示空间和传播方式，将非遗技术与艺术真实地还原，实现虚拟再现、可视化及互动操作，让学习者在虚拟的现实空间中了解真实的非遗技艺，将知识普及大众，扎根群众，开辟非遗保护与传承的全新传播领域。以非遗舞蹈类为例，对舞蹈的场景和人物进行真实可视化模拟构建，创造灵活多样的情景氛围，人们可以通过 VR 设备在虚拟场景中亲身体验、感知非遗的魅力，跟随其中的歌舞演员和韵律一起舞动，增加娱乐性与趣味性，通过时空处理手段，有机地将真与美结合，营造舞蹈的多元交互的展示空间，从而达到非遗传承的目的。

（五）承担好地方政府的保护责任

1. 端正思想认识，强化政府保护

政府要践行社会主义核心价值观，弘扬中华优秀传统文化。各地方政府应该深刻领会中央政府精神，端正思想认识，充分认识到非物质文化遗产保护与传承工作的重要意义，强化责任意识，毅然承担起地方政府对于非物质文化遗产保护与传承的重要责任。

地方各级政府、各部门应该深刻认识文化建设以及非物质文化遗产保护与传承的重要性和紧迫性，大力弘扬担当精神，培养攻坚克难的勇气，强化"文化立市"意识，强化非物质文化遗产保护与传承的责任意识。要认识到文化以及非物质文化遗产保护与传承不仅是花钱的事业，还是打造区域软实力、竞争力、吸引力的核心内容，是区域实现可持续发展的重要支撑，是提升人民群众幸福感的关键要素。要认识到发展文化以及保护与传承非物质文化遗产绝不仅是宣传文化部门的工作职责，更是党委政府谋划区域发展大局的重要内容，是政府完成公共服务使命的基本要求。

2. 健全基层文化志愿者激励机制

目前，完全依赖现有文化从业人员来满足群众基本文化需求，是难以完全实现的，需要充分发挥基层文化志愿者的作用。事实上，在社区、学校、企业、农村有一批热心公益、热爱文艺的群体，政府应积极搭建平台，成立文化志愿服务团体，定期组织活动、举行文艺辅导、提供器材支持、完善培训机制，建立文化志愿者积分制度，达到一定积分后以消费积分形式免费观赏文化馆、图书馆、博物馆、剧院的活动，免费观看政府部门举办的文艺活动，争取形成"政府引导、分层组织、自我管理、提升自我、良性运转"的文化志愿者队伍建设模式。

3. 创建非物质文化遗产开发企业

对此，可以由国有文化事业单位转制为国有独资的与非物质文化遗产项目相关的企业，也可以成立由国有、民间资本共同投资的混合所有制性质的企业。以中国齐笔为例，东营市广饶县政府以市场为导向，按照"农户+企业"形式整合齐笔资源。2003年，大王镇政府为改变齐笔不景气的现状，保护这一传统文化产业，整合了齐笔生产资源，成立了山东齐笔文化有限公司（简称齐笔公司）。目前，加盟齐笔公司的家庭作坊有30余户，工人200多人，这些人大都是世代制作毛笔家庭的后人，在毛笔制作方面有着很深的传承。现在，会制作齐笔的笔工达到 1000 多人，年产齐笔可达 600 多万支。

地方政府可以在此基础上，发扬光大上述"农户+企业"的模式，由企业负责集中购材料、搞订单、跑业务，工人负责保质保量完成生产任务，既可以解决制笔工匠们当年单干时为销售发愁、独木难支的问题，又可以在继承传统的基础上，适应时代需要，推陈出新，不断开发新品种。非物质文化遗产保护与开发企业实际上扮演了非物质文化遗产产品供给这一角色来弥补以赢利为目的的文化企业在提供社会文化产品上的缺位。

4. 打造独具特色的非遗开发亮点

非物质文化遗产是真正地从群众中来，再到群众中去。这就要求非物质文化遗产项目在开发过程中必须结合本地实际，突出本地特色，创新机制和载体，打造具有地域特色的非物质文化遗产开发亮点，这样才能促使非物质文化遗产在保护与传承中良性发展。以山东东营市的吕剧为例，从政府到民间、从市长到市民、从专业到业余、从大型场馆到基层院团，对吕剧的欣赏不再局限于人群和场所，它逐渐成为东营市的一张名片，融入老百姓日常文化娱乐生活中，上到剧院、大型场馆，下到社区街道，吕剧文化真正发挥了其应有的社会价值。

三、非物质文化遗产传承与保护路径

现今社会主要矛盾的转化意味着人们更加注重精神文化方面的需求，与非物质文化遗产相关的产品与服务消费将会大幅提升，非物质文化遗产的传承与保护变得尤为迫切。在非物质文化遗产的传承与保护过程中只有做到保护原味化，传承活态化，开发产业化，才能不断适应社会日新月异的发展，才能为地方文化始终具有活力给予源源不断的营养，才能为文化产业化提供活态化的历史保障。基于此，本书主要探讨非物质文化遗产传承与保护的可行路径。

（一）建立非物质文化遗产传承保障机制

1. 政府主导，构建传承有效机制

各级政府文化行政管理部门负责本级非物质文化遗产传承人的培训和传承单位的认定，以及本级非物质文化遗产数字化保护的监督，鼓励和支持高等院校和科研机构开展非物质文化遗产数字化保护的研究和专业人才的培养，鼓励和支持教育机构以开设相关课程等形式开展传播、弘扬优秀非物质文化遗产的活动。学校应将本地优秀的、体现民族精神与民间特色的非物质文化遗产列入教育内容，因地制宜地开展教育活动。这也符合《保护非物质文化遗产公约》中关于保护与传承的精神。传承的本质是文化的延续，正确理解传承的内涵，建立科学、有效的传承机制，对非物质文化遗产的研究及保护有重要的理论和实践意义。

2. 社会参与，加大传承培训力度

在我国，非物质文化遗产保护的最大问题是专业人才的匮乏和随之而来的专业化管理的不足。非物质文化遗产数字化保护是一项开创性的工作，对各级各类工作人员的业务素质和管理素质要求很高。无论是政府机构、咨询机构，还是群众团体、研究机构，凡是参与非物质文化遗产数字化保护的机构、团体，都需要有相当专业的水平。

目前来看，我国非物质文化遗产数字化保护专业人才的素质相对较低，管理水平参差不齐。在非物质文化遗产传承保护工作中，应抓好业务骨干和工作队伍的培训工作，按照分级负责的原则，逐步建立起比较完善的国家级文化部门负责培训省级文化部门，省级文化部门负责培训市、县级文化部门的非物质文化遗产保护工作人才培训体系。培训可以采用课堂讲授、函授、远程教育、委托高校等形式，教授包括国际国内有关政策法规、非物质文化遗产的保护方法、业务标准规范等内容。培训对象要涵盖从事非物质文化遗产保护工作的有关管理人员、专业人员和民间文化传承人等，并应尽早进行培训教材的编写工作，使培训工作逐步专业化、规范化。政府应设立专门的非物质文化遗产学校，将非物质文化遗产的保护纳入学校教育层面，培养非物质文化遗产保护工作的后继人才。

同时，在各学校开设相关课程，在各高校设置相关专业，特别是大学应当承担起抢救和研究非物质文化遗产的历史使命，将其融入教学和科研中，使非物质文化遗产的教学成为教育科研的一个有机组成部分，培养非物质文化遗产传承、保护、发展、管理、研究的各类型、各层次的人才，使学校成为非物质文化遗产传承、发展、创造的主体，成为文化遗产的学习地，成为文化资源可持续发展的重要桥梁和基地。

3. 宣传先导，扩大传承社会影响

非物质文化遗产的代表性传承人和代表性传承单位的确定和命名应由本级非物质文化遗产保护专家委员会负责。上一级的代表性传承人应该在下一级的众多传承人中择优选择。代表性传承人、代表性传承单位、杰出传承人和优秀传承单位的评定办法，由各级非物质文化遗产保护专家委员会制定。凡是代表性传承人和代表性传承单位，都享有相应的权利，如开展传艺、讲学、艺术创作、学术研究等活动并取得报酬，向他人有偿提供掌握的知识、技艺和有关的原始资料、实物、场所等，有权获得该级政府的资助；同时，代表性传承人和代表性传承单位有义务按照师承方式或者其他方式选择、培养新的传承人，完整保存所掌握的知识、技艺和有关的原始资料、实物、建筑物、场所等，依法开展展示、传播非物质文化遗产等活动。对于做出重要贡献的代表性传承人和代表性传承单位，由各级文化行政管理部门报该级政府审核，授予杰出传承人和优秀传承单位称号，类似于日本的"人间国宝"。获得杰出传承人称号的代表性传承人可以享受地方政府津贴。为了保证非物质文化遗产能够很好地得到传播和弘扬，各级政府也应承担相应的义务，应当支持杰出传承人和优秀传承单位开展非物质文化遗产传承活动，如提供必要的场所、给予适当的资助、促进相关的交流、开展相应的宣传等。

4. 多方合作，拓宽传承渠道

在非物质文化遗产保护中，要将介绍、宣传和评论非物质文化遗产作为传承目的，主要以与非物质文化遗产有关的机构、学者以及有关人士为主体来对非物质文化遗产进行介绍、宣传和评论，起到在人们之间营造一种重视、认可、尊重非物质文化遗产的文化生态氛围作用。

在非物质文化遗产的保护上，相关机构和人员通过不同场合和不同平台，采用不同的渠道，对非物质文化遗产进行宣传与评论，有利于文化氛围的营造与保护意识的塑造。利用各种媒体和"文化遗产日"等对非物质文化遗产及其保护工作进行系统的宣传展示，普及非物质文化遗产和相关保护知识，塑造广大民众的保护意识，形成全社会关心重视和支持非物质文化遗产保护工作的良好氛围。

（1）新闻媒体传播的增强

在当前非物质文化遗产的保护历程中，作为参与主体的新闻媒体，应该积极参与到非物质文化遗产保护工作和优秀文化传承的行列之中，发挥自身优势，为非物质文化遗产的保护、传承与发展，进行公益性宣传，营造保护、传承非物质文化遗产的舆论氛围。

在非物质文化遗产的保护、传承与发展的过程中，我们应该积极调动新闻媒体的力量加强宣传教育，要充分发挥新闻媒体在非遗保护中的作用，不断加大宣传保护力度，强调在保护非物质文化遗产价值的前提下，通过报纸、广播、电视、出版、网络等媒体，唤醒民众的文化自觉，调动各方力量自觉形成全社会的保护非物质文化遗产的氛围来保护和传承我们丰富的非物质文化遗产。2011 年 2 月 25 日通过的《中华人民共和国非物质文化遗产法》把非物质文化遗产定义为："是指各族人民世代相传并视为其文化遗产组成部分的各种传统文化表现形式，以及与传统文化表现形式相关的实物和场所。包括：①传统口头文学以及作为其载体的语言；②传统美术、书法、音乐、舞蹈、戏剧、曲艺和杂技；③传统技艺、医药和历法；④传统礼仪、节庆等民俗；⑤传统体育和游艺；⑥其他非物质文化遗产。"

非物质文化遗产的这些内容，与影视的视听语言有着密切的联系，影视媒体可以直观地通过影视艺术语言，再现非物质文化遗产的面貌。影视媒体运用影视艺术语言，不仅可以展现当地的文化风貌和文化空间，而且可以打破时间和空间的限制，使非物质文化遗产能够跨时间、跨地域在广大观众中进行传播与交流。影视媒体也可以利用自己的视听优势，发挥视觉冲击的力量，综合运用影视艺术语言，通过影视画面大小的变化、多机位的拍摄角度，将非物质文化遗产以直观的视听形式表现出来，增强人们对非物质文化遗产的直接感知，从而加深非物质文化遗产在人们心目当中的印象，引发人们的保护欲望，激起人们的传承意识，为非物质文化遗产的保护与传承营造浓厚的氛围。

（2）学术层面传播的深化

在国家越来越重视非物质文化遗产保护工作的过程中，学术界也积极参与到非物质文化遗产的保护之中，众多学者从理论上对这项文化工程进行全面的论析、系统的研究，努力形成一套具有指导意义、操作性强的比较完整的理论体系，为非物质文化遗产的保护工作提供理论依据和政策咨询，帮助国家相关部门制定出一系列的政策法规和务实有效的工作法案，为非物质文化遗产的保护工作出谋划策，借助自己在学术上的影响力，从学术层面上为非物质文化遗产的保护尽自己的力量，推进非物质文化遗产的保护工作。

在学术层面上，为了促进非物质文化遗产的保护与发展，学者的参与主要集中在加快非物质文化遗产的理论研究、法律法规的制定、参与推进普查工作、参与建立四级名录体系工作、认定和保护代表性传承人、建设非物质文化遗产基础设施、"文化遗产日"与集中展示活动等方面。各地各级政府与相关学术机构更是大量举办非物质文化遗产的学术论坛、研讨会和学术讲座等。如 2010 年 8 月 17 日阜阳师范学院皖北文化研究中心与阜阳市文广新局，联合举办阜阳市非物质文化遗产保护利用与传承发展学术研讨会，探讨了阜阳市非物质文化遗产现状、保护机制研究、传承机制研究、开发机制研究以及其他相关研究，其研讨会也是阜阳市非物质文化遗产艺术节的一项重要内容。

在非物质文化遗产学术层面研究上，由于学术层面传播的深化，逐渐出现不同学科之间的交流和对话，打破了学科之间的学术壁垒，以及狭隘浅薄的门户之见，加强学科之间的融合与交叉，实现研究方法上的综合、研究视野上的开阔，从而实现了学术层面上研究思路的创新，也在一定程度上促进了非物质文化遗产传承氛围的营造和传承力度的加大。

（3）相关机构传播的深入

在当前非物质文化遗产的保护过程中，为了促进非物质文化遗产的保护与传承，与非物质文化遗产有联系的机构，加快了对非物质文化遗产的保护工作，深化了对非物质文化遗产的传承工作，促进了非物质文化遗产的保护、传承与发展。这些相关机构主要包括公共文化机构、政府相关职能机构、学术研究机构、非物质文化遗产保护中心和一些民间团体等。

各地各级政府近几年来逐步成立的非物质文化遗产保护中心以及有关非物质文化遗产研究中心等相关非物质文化遗产研究与保护中心，也积极参与到非物质文化遗产的传承工作中。

总之，公共文化机构、政府相关职能机构以及学术研究机构等都积极地介入非物质文化遗产的传承工作中，为非物质文化遗产的传承提供自己的条件优势。如现在云南省丽江古城中四方街的纳西族民族歌舞表演和泸沽湖民族博物馆的摩梭人歌舞表演等，都是当地政府有关机构组织当地群众进行的相关表演活动，这对当地少数民族非物质文化遗产的保护和传承起到了很好的作用。再如，2011年 3 月 22—27 日，云南省非物质文化遗产保护中心、云南省文化馆和昆明市官渡区文化体育旅游局，在昆明市官渡古镇主办了首届"昆明官渡全国非物质文化遗产联展"，来自全国的非物质文化遗产项目 26 个、传统手工艺 16 项，以及官渡区的传统民族民间手工艺参展。昆明市官渡区的相关组织机构，积极扶持非物质文化遗产的保护、传承与发展，立足文化、旅游核心区官渡古镇，积极建立非物质文化遗产传习馆，近几年来陆续建成了"官渡乌铜走银传习馆""官渡饵块传习馆""官渡滇剧花灯传习馆"等，促进了官渡区的非物质文化遗产的保护、传承与发展。

在非物质文化遗产的保护、传承与发展过程中，非物质文化遗产的相关机构，通过主动组织、举办各种非物质文化遗产保护与传承的活动，积极为非物质文化遗产的保护、传承提供支持，有力地促进了非物质文化遗产的保护、传承与发展。在传承非物质文化遗产的过程中，公共文化机构、政府相关职能机构、学术研究机构、非物质文化遗产保护中心和一些民间团体等与非物质文化遗产有关的相关机构，立足本土文化，发挥自身优势，采取有效措施，积极开展各种活动，促进非物质文化遗产的保护、传承与发展。

（二）积极谋求国际非遗保护合作与交流

1. 国际合作进行非物质文化遗产保护的必要性

在国际上，一些发达国家和地区在保护非物质文化遗产和维护民族文化多样性方面已先行一步，并取得了一些可以借鉴的经验。"他山之石，可以攻玉"，从他国的政策、措施和经验中借鉴成功的做法，毕竟是有益的。法国政府为了促进民族文化的普及和创新，鼓励人民积极参加各种文化活动，1984 年开始举行的"文化遗产日"活动，让所有的法国人和在法国的人，都有机会免费参观法国的历史文化名胜地。人们通过参观访问，对法兰西民族文化遗产产生了浓厚的兴趣，找到了他们昔日的荣耀，激起了对法兰西民族文化的自豪感。在发展和保护国内文化市场的同时，法国政府积极向外推广法国文化，变消极保护为积极保护，如在世界各地设立法国文化协会，在许多地区举办法国文化展，通过卫星电视向全球传送法语节目，为各国法语教学提供教师或为各国法语教师提供赴法进修的奖学金，组织各大学在一些国家举办教育沙龙等，通过各种方法传播法国文化。加拿大则针对居民中多民族的文化差异，从 1971 年开始制定了多元文化政策，并成立了有关机构，拨出专款用于该政策的落实。这项政策主要包括以下内容：帮助各文化集团保护不同文化，克服文化障碍，各民族全面参与，在国家利益下促进文化交流，发展传统文化和传统语言，进行官方语言训练，消除种族歧视，保障社会平等。这些政策举措，保护了多元文化的健康发展。在非物质文化遗产保护的实践中，我们应该积极借鉴这些成功的经验。

2. 国际合作进行非物质文化遗产保护的措施

（1）理论和方法的交流

各国学者就抢救与保护非物质文化遗产问题经常进行学术交流和信息沟通，是非常必要的，这样才能达成共识、携手前行，进一步促进世界各国的非物质文化遗产抢救和保护工作。中国艺术研究院成功举办的三次非物质文化遗产抢救与保护国际学术研讨会，就是成功的范例。会上，各国学者充分阐述抢救与保护非物质文化遗产的重要意义，深入交流世界各国抢救与保护工作的做法和经验，研究建立抢救与保护的有效机制等，有力地推进了各国的非物质文化遗产抢救和保护工作。

（2）国际社会加大抢救与保护的力度

要进一步拓展对外民间文化艺术交流的新领域、新渠道，改变仅仅以演出和展览为主的交流和传播方式，注意运用新闻、学术、教育等综合性手段和高科技手段，全面传播民族民间文化。要加强高层次、高品位的文化往来，加强对民间交流和商业运作的规范，使各国特有的宝贵非物质文化遗产成为人类共享的财富。

（3）以国际约法的形式，共同防止侵害

有些境外人员出于各种需要进行文化采风，以很少的投资窃取我国的民族民间文化遗产，甚至轻易就窃走了民间的某种技艺。为了杜绝这种文化侵害，一方面我们要采取有效的措施，扎紧自家的篱笆；另一方面也需要有国际社会共同遵循的知识产权保护方面的约法，需要国际社会的共同监督与制约，方能更好地守护各民族的精神家园。

在非物质文化遗产抢救与保护的实践中，我国各地区的相关部门和组织都在积极探索并总结出了一些宝贵的经验和行之有效的方法，为今后进一步做好保护工作奠定了良好的基础。事实上，保护工作虽然有一定的原则，但是却没有固定不变的方法。因此，在非物质文化遗产的保护工作中，我们不必墨守成规，应在端正保护理念、遵循正确原则的基础上，根据保护对象的不同特点、不同情况，有的放矢地采取相应措施，逐步完善保护体系和方法，使保护工作切实落到实处。诚然，更为重要的是要唤起全民族的文化自觉，使保护非物质文化遗产成为全民的自觉行动。

抢救与保护非物质文化遗产是一项任重而道远的文化工程，只有坚持实施科学、正确的方法与措施，才能通过全社会的努力，逐步建立起比较完备的、有中国特色的非物质文化遗产保护制度，使中国珍贵、濒危并具有历史、文化和科学价值的非物质文化遗产得到有效的保护，并得以传承和发扬。

总之，在现代社会，人们已经逐渐认识到文化是生产力的相关知识，在全球文化中融入每一种文化形式，并不断加强相应的合作和交流，才能有效凸显国家自身的独特文化，得到更加长远的发展，所以必须积极在国际社会中加强对外文化的交流和合作，展现出自身文化的特点。让交流合作的平台得到扩展，不仅能让世界文化变得更加丰富多彩，同时也能在一定程度上推动自身文化的发展，实现共同发展的目标，让世界的舞台更加辉煌，让国家内部的非物质文化遗产得到有效的保护与传承。

（三）推进文化和旅游深度融合发展

1. 文旅融合的概念及发展特征

所谓文旅融合，即文化艺术本身的价值与旅游价值的结合，同时二者找到一种恰当的合作关系保持互惠，在新时代出现的旅游艺术是这个文旅融合最好的代言人。在旅游胜地，游客观看甚至参与旅游文化活动，不仅获得了人文精神满足，还了解了当地的风俗人情、文化传统等，促进了当地艺术的发展与推广，提高了旅游的品位与格调。

文化与旅游互为依托、相辅相成，文化是内在隐含的内容，即灵魂；旅游是外在的传播方式。综观文化产业和旅游产业的发展状况可知，旅游产业的竞争其根本就是文化的竞争，所以文旅融合绝对不是单纯的二者相加，而是重在一加一大于二的相融价值。更进一步的意义在于，依托社会需求日益扩大的旅游业，传播内在的文化价值，这是一种全新的文化形态。

随着新时代文旅融合的发展，非物质文化遗产焕发着新的生机和活力，很好地借助新时代的社会经济来发展自身的文化艺术。于新时代就非物质文化遗产而言，在纵向继承的基础上，我国艺术文化的发展总体上表现为继承传统、面向当代，把我国所特有的风格特色融入现代化发展的潮流，使中国的艺术登上世界舞台，让世界了解中国。同时，艺术文化的发展已不再局限于上层建筑中，而是在顶层设计中扩大到大众文化基础内，在遵循中国特色社会主义文艺道路的基础上，扛起了新时代文化与时代精神的大旗，从而非遗文化顺应经济全球化的发展趋势，借助新时代的发展让文化艺术本身更上一层楼，并且也通过自身的发展反馈给社会。

2. 文旅融合为非物质文化遗产传承与保护搭建新平台

（1）拓宽非物质文化遗产的生存空间

文旅融合致力于推动文化和旅游业的发展，国家和地方政府机构制定和出台了多项政策、规划、办法，在一定程度上为非物质文化遗产保护工作提供了制度和政策上的保证。随着旅游市场的扩大，旅游者对多元性、文化性、民俗性的特色旅游需求增加，把非物质文化遗产等文化元素加入旅游活动中，能够丰富旅游内容、提升旅游品质、吸引民众眼球，进而增强地方旅游资源的竞争力和影响力。与此同时，非遗也可借力旅游重回大众的视野，返回现代生活，使得政府、企业、旅游业、社会团体等多方力量构成投资主体，为其发展投入资本、注入血液、拓宽渠道，提供源源不断的动力。相比以往传承人在非遗保护工作中的"独角戏"境况，这种融合发展形式为非物质文化遗产拓宽了生存空间。

（2）拓宽非物质文化遗产的传播渠道

文旅融合能够打破传统行业的限制和界限，为非物质文化遗产搭建市场营销、科技推广等平台，拓宽传播渠道。所谓"酒香也要勤吆喝"，文化的影响力不能仅限于特定地域、特定人群范围，而是应通过多种形式进行宣传和推广，被更多的民众所熟知、认知，这样才能不断地传承发展，维持生命力。

首先，借助景区影响力整合非物质文化遗产资源。尝试将非物质文化遗产与当地的知名景点、特色街区、文化古镇联系起来，开发创意文化产品，制作并展示手工艺产品，吸引游客。

其次，差异化开发旅游资源，巧妙融入非遗项目。当代人都喜欢有仪式感的东西，旅游景区可以结合这一需求，以传统节日为契机，汇聚音乐类、舞蹈类、民俗类非物质文化遗产项目，进行深入的宣传和推广。通过舞台、活动、民俗生活体验等多种形式与旅游结合，不仅节日形态更加丰富多彩，提高了非遗项目的延续力，使其在合理的框架内开发传承，还能撬动文化旅游产业的支撑点，增加地方收入。

最后，因地制宜地深度开发和整合文化旅游资源。发展文化旅游不仅限于简单的市场推广模式，还要充分结合当地的自然、人文、社会及生态环境，选取文化资源丰富、民俗特点鲜明的文化遗产聚集区为限定范围，对非物质文化遗产进行整体性保护，并合理地进行旅游开发。在保护区内建设传习所、生产性保护基地、非遗展览馆等，定期开展民俗活动，通过社会化的策划和运营，吸引大批的游客，带动消费，构建起非遗传承和旅游消费的文化发展空间，在一定程度上能够最大限度地保护和恢复非遗的生存发展空间。

（3）注重与少数民族非物质文化遗产的融合

文化产业与旅游产业的融合为彼此的发展带来了新的机遇，文化产业的发展为旅游资源的开发和旅游产品的设计带来了新的思路，而旅游产业高速发展，也为文化产业的发展提供了新的平台，二者相互融合，不仅延长了双方的产业链，而且促进了产业结构的优化与升级，为我国旅游产业的继续发展和文化产业的构建与腾飞起到了非常大的推动作用。

文化产业与旅游产业的融合在少数民族地区的旅游产业发展中，起到的促进作用尤为明显。少数民族地区相对于其他地区来说，不仅具有独特的自然人文景观，而且具有丰富多彩、特殊的少数民族文化，少数民族地区的文化产业与旅游产业的彼此融合，不仅让旅游产业的发展再上一个新台阶，而且在旅游产业的带动下，少数民族的文化产业也会得到新的发展机遇，为少数民族地区旅游和文化品牌的创建奠定坚实的基础。

在文旅融合的思路下，对少数民族非物质文化遗产进行开发，是借助非物质文化遗产来与旅游进行融合，要创新出新型的旅游产品来满足游客的需求，从而提升游客的旅游体验，促进少数民族地区旅游产业的发展，也为文化产业的繁荣带来新机遇。但是，在少数民族非物质文化遗产的旅游开发过程中，要加强对非遗的保护，要在坚持可持续发展的基础上，进行保护性开发，从而一方面满足游客精神和情感的需求，另一方面促进文化产业和旅游产业的双赢。例如，冀北非遗文化区（承德为核心），是河北省文化多样性最具代表性的地区之一，也是河北省少数民族最多的地区，非物质文化遗产的民族特征明显，在规划建设中要根据这一特点加大对少数民族非物质文化遗产的挖掘，同时要尊重当地民族风俗。

①优化运营模式，开发与保护并重。在非物质文化遗产保护性旅游开发运营模式上，要创新性地实现以非物质文化遗产促进旅游发展、旅游发展带动经济提升、经济提升反哺非物质文化遗产保护的运营模式，只有这样的良性循环，才能有效地保证少数民族地区旅游产业的顺利、高质量发展，才能有效带动少数民族经济提升，才能有效为非物质文化遗产的保护与传承提供经济支持和精神支柱，实现少数民族非物质文化遗产保护性旅游开发。

首先，要借助文旅融合来将少数民族非物质文化遗产融入旅游产品的开发中，通过二者的融合来创新旅游产品，从而满足当前经济新常态下游客对旅游产品的高标准要求；其次，在满足客户要求的前提下，配合旅游景区自身的管理和市场运营，有效提高该旅游产品的市场知名度，吸引越来越多的游客前来旅游，从而有效地保证文旅融合的旅游产品的市场占有率，促进少数民族旅游产业的快速发展；最后，少数民族地区旅游产业的发展，自然会带动住宿、餐饮以及其他相关旅游服务行业的共同发展，从而产生一点带动全局的效应，有效保障当前地区旅游经济的提升，为地方政府、当地村民以及旅游管理企业带来更多的经济收入。在强而有力的经济支持上，配合政府政策引导，在非物质文化遗产的保护与传承方面，投入更多的经济和财力，从而实现非物质文化遗产保护性旅游开发在传承、内涵挖掘、展现方式设计等诸多方面全面开花，拥有更多素材、内涵和表现形式，就可以更加丰富文旅融合的成果，为少数民族地区旅游产业投入更多的文化旅游产品，最终形成一个良好的发展循环。

②加大市场宣传，提升品牌知名度。非物质文化遗产的市场宣传推广，要通过制订系统化、精细化的市场宣传计划，创新宣传媒介和渠道来实现。

第一，制订系统化、精细化的市场宣传计划。通过充分考虑游客的基本需求，精细化每个部分的内容，并且有次序地扩大与游客之间的宣传面，提升宣传频率，从而逐渐加强对外的宣传推广力度。同时，也要充分考虑本地的实际特点和产业发展需求，并配合政府正规宣传渠道来构建官方和个人的宣传平台，实现少数民族非物质文化遗产宣传的全方位覆盖。

第二，创新宣传媒介和渠道。在宣传媒介和渠道的选择上，首先，要选择符合当前游客获取信息习惯的宣传媒介和渠道，例如大众最能接受的新媒体等。只有这样才能满足受众的信息接收方式的需求，非物质文化遗产的宣传推广内容才能够被接收。其次，在宣传方式上，要进行优化与创新，通过各种引人入胜的故事型的宣传推广和游戏型的宣传推广等诸多方式激发游客兴趣，引起游客的关注，尔后实现对非物质文化遗产的良好市场宣传效果。

③创新呈现方式，增强传播效果。为了能让非物质文化遗产的旅游产品更好地呈现给游客，在呈现方式上要进行创新，要根据非物质文化遗产自身的特点和游客的爱好展现给游客。例如，有一些非物质文化遗产自身具有非常大的文化底蕴，对于不同教育水平的游客来说，直观讲解很难让所有的游客都达到理想的理解程度，对于这种情况，旅游开发者可以将非物质文化遗产的内容故事化、动态化，并在呈现方式上借助现在流行的 VR 技术，让游客通过逼真的视觉效果、模拟的听觉和触觉效果来感受还原非物质文化遗产内容，从而让不同层次的人都能够留下美好的旅游体验。同样地，还有直接参与体验的方式，例如对于少数民族在建筑上的一些非物质文化遗产，旅游管理者可以将该旅游项目转化成体验类项目，通过制造建筑模具，设定不同的建筑搭建难度，并通过播放展示视频教学、图纸教学的方式来让游客自己亲手完成建筑内容，体验非物质文化遗产内涵，加深游客的印象。这种呈现方式，可以让非物质文化遗产不再是存在于纸面上的文字或视频中的图像，真正变得"活动"起来，而游客在这种更加有趣的多感官享受中，不仅加深了对非物质文化遗产的理解，更提升了旅游体验，这对于少数民族旅游产业与文化产业的融合与发展来说是非常有益的。

第七章 公众参与的文化遗产保护

第一节 公众参与文化遗产保护理论

一、公众参与文保的概念

（一）公众

"公众"（public）一词在社会学、政治学等社会学科中有较高的使用频率，但实际上，"公众"仅仅是一个日常用语而不是一个科学概念。这是因为，"公众"一词的外延和内涵具有不确定性，往往会因人们使用的时间和地点的不同而有不同的含义。一般而言，"公众"一词指的是一个国家或一个社会中普通社会成员所构成的群体，这个社会中的政治家、知识分子等社会精英分子可能被排除在外；有时"公众"一词所指的是与政府相对应的社会群体，是作为政府公共政策和公共管理对象而存在的人群；有时"公众"一词被视同于人民群众，是不带有意识形态色彩的群体概念。① 可见，在较多情况下，"公众"一词所反映的是一些特定的人群，他们因为共同关心某一件事件而结合在一起，但不具有共同的价值取向和思想意识基础。根据盖普洛民意测验发现，能让80%的美国人都对同一特殊问题产生兴趣的可能性极小，对一类问题感兴趣的公众数量会随着人们对这一问题的兴趣的增减而扩大或缩小。② 本书中所界定的"公众"是指具有共同的利益基础、共同的兴趣或关注某些共同问题的社会大众或群体，既包括个人，也包括公众团体。通常，公众不包括政府官员。

---

①李艳芳. 公众参与环境影响评价制度研究[M]. 北京:中国人民大学出版社,2004.
②罗伯逊. 现代西方社会学[M]. 赵明华,等译. 郑州:河南人民出版社,1988.

公众作为一个法律概念，和公民、人民、群众等概念既有联系又有区别。其中，公众与公民的概念最为接近，因此有必要对两者进行区分。公民是一个法学概念，指具有一国国籍，依该国宪法和法律享有权利、承担义务，并受该国法律约束和保护的自然人。公民是公众最主要的构成部分，但公众不一定是公民，比如生活在中国的外国人，也可以是社会公众，但不是中国的公民。公众可以是法人，公民一定是自然人，这是二者的另一个区别。

大众与公众不同，公众虽然规模很大而且分布范围广，但这个概念一般指的是社会上围绕共同关心的公共事务或问题，通过公开、合理的讨论而形成的能动的社会群体，他们是社会公共利益的维护者。而大众的特点是规模巨大性、分散性和异质性、匿名性、流动性、无组织性等。①

（二）参与

《现代汉语词典》对"参与"一词的解释是：参加（事务计划）的讨论、处理。国内学者陈钒认为，所谓参与，就是在一个事物或一过程中担当一个角色，以一种或多种形式发挥作用。如果身处事物或过程之外，没有进入事物或过程中成为其中的一分子，就谈不上参与，因为它没有参与的对象，即参与什么。② 国内著名公众参与研究专家蔡定剑认为，所谓参与就是让人们有能力去影响和参加那些影响他们生活的决策和行为；而对公共机构来说，参与就是所有民众的意见得到倾听和考虑，并最终在公开和透明的方式中达成决议③。可见，国内外学界都认为，参与的实质是一种行为意愿，也是一种行为方式，既是一种达到目标的手段，也是一种达到目标的过程。

（三）公众参与

公众参与的概念起源于西方，是西方民主思想在社会管理领域的体现。西方关于公众参与的概念主要有以下几种：公民参与是一种公民权利的运用，是一种权力的再分配，使目前在政治、经济等活动中，无法掌握权力的民众，其意见在

①周鸿铎．新传播学教程[M]．北京：中国国际广播出版社，2018．
②陈钒．城市居民的社区意识与社区参与的关系研究[D]．四川师范大学．2009．
③蔡定剑．公众参与——风险社会的制度建设[M]．北京：法律出版社，2009．

未来能有计划地被列入考虑；公众参与指的是通过一系列的正规和非正规的机制直接使公众介入决策；公众参与涉及人们在给定的社会背景下为了增加对资源及管理部门的控制而进行的有计划、有组织的努力，这些人在过去是被排除在对资源及管理部门的控制之外的；公众参与是对产生利益的活动进行选择及努力的行动之前的介入。国际公众参与协会对公众参与的核心价值做出的界定是：公众对影响他们生活的决策具有发言权，公众参与将会影响决策；公众参与过程让参与者自行决定自己如何行动；公众参与过程向参与者提供足够信息，使得参与者实质性介入。

　　20世纪90年代，公众参与的概念和理论传入我国，并随着我国民主政治和市场经济发展而逐渐受到广泛关注。俞可平是国内较早研究公众参与的学者，他认为公众参与又叫公民参与、公共参与，是指公民通过一定的渠道对公共事务表达意见，并且对公共事务的决策和治理产生影响的行为。参与的主体是公民，参与的范围是公共事务，这种参与是与政府和有关部门的互动过程，并且产生了一定的影响。1992年《中国大百科全书》收录了公众参与的概念，并在政治学一章中对公众参与定义为"公民公开、平等、自愿地通过各种合理、合法、健康的方式参与社会组织和日常活动的行为"。王锡锌教授认为，在行政立法和决策过程中，政府相关主体通过允许、鼓励利害关系人和一般社会公众，就立法和决策所涉及的与利益相关或者涉及公共利益的重大问题，以提供信息、表达意见、发表评论、阐述利益诉求等方式参与立法和决策过程，并进而提升行政立法和决策公正性、正当性和合理性的一系列制度和机制。① 蔡定剑进一步认为，作为一种民主制度，（公众参与）是指公共权力在进行立法、制定公共政策、决定公共事务或进行公共治理时，由公共权力机构通过开放的途径从公众和利害相关的个人或组织获取信息，听取意见，并通过反馈互动对公共政策和治理行为产生影响的各种行为。他特别强调公共机构和公众在参与中的互动性，并认为只有单方的行动而没有互动过程的行为不能成为公众参与。②。关于公众参与的主体，姜亦凤认为，公民参与是公民通过一定的参与渠道，参与或影响政府公共政策或公共事务的行动过程。国家机关的工作人员是公共权力的直接掌握者和行使者，他们以

① 王锡锌. 行政过程中公众参与的制度实践[M]. 北京：中国法制出版社，2008.
② 蔡定剑. 公众参与——风险社会的制度建设[M]. 北京：法律出版社，2009.

国家工作人员身份对政府活动的参与不属于通常意义上的公民参与。通常意义上的公民参与是指公民以非国家机关工作人员的身份对政府活动的参与。① 王春雷认为，公众参与指的是公民或社团组织在公共管理者制定和执行公共政策或管理公共事务过程中，以一定的方式，通过一定的途径向公共管理者发表观点、表达愿望、提出要求，以影响公共政策和公共事务结果的行为。② 综上所述，本书认为，公众参与是指具有共同利益、兴趣的社会群体对政府涉及公共利益事务的决策或活动的介入。从社会学的角度解释，是指社会组织或单位、社会群众或个人作为参与主体，在其权利和义务的范围内有目的的一种社会行为。本书所说的公众参与既包括公众实际参与也包括公众意愿参与。

尽管学术界对公众参与的内涵及外延有不同的认识，关于公众参与的定义也表述不一，但都基本包含了：参与制度、参与主体、参与范围和参与途径四个要素，其中参与制度是核心。

经济学认为，行为是人在一定的社会情境中，在人的意识的支配下，为了实现特定的目标，按照一定的社会规范进行并取得一定结果的活动的总称。公众参与行为是公众在参与过程中的具体表现。公众参与行为通常有两类：一类属于个人独立行为；另一类属于组织行为。由于个人的力量非常有限，所以公众通常以组织的形式来参与政府的管理活动。一般来说，公众有组织的参与活动通过两种形式开展：一种是以地域为基础的社区活动，公众的参与活动是在以地理区域为基础的社会群体中实现的；另一种是以共同的利益和爱好为基础的社团形式，即人们基于共同的利益或兴趣爱好组成的各种非营利性社会组织，通过此组织参与以前只是由政府涉足的各种社会管理活动中。目前，国内学界对公众参与行为的研究较为薄弱。

公众参与强调的是参与。然而从参与的范围上看，公众并不是要对所有的政府事务进行参与，因为公众过多地参与政府事务必然会导致行政成本的上升和行政效率的降低，所以公众参与政府事务要有一定选择性。从参与的相对方来讲，公众参与的相对方不一定非得是政府，而应该是与公众利益相关的各种社会组织

---

① 姜亦凤. 我国公共文化服务体系构建中的公民参与研究[D]. 青岛：中国海洋大学，2008.

② 王春雷. 基于有效管理模型的重大活动公众参与研究——以 2010 年上海世博会为例. 上海：同济大学出版社，2010.

和团体。因此，从此种意义上讲，所谓公众参与就是公众在涉及自身利益的社会事务中，能充分表达自己的意见和争取自身利益的一种制度性的安排。按照这种理解，公众参与有以下两个特点①：

第一，非强制性。公众参与是一种自发性的活动。由于参与是需要成本的，所以任何公众参与的参与者都是自愿、主动的。如果参与变成强制性的，为参与而参与，这样不仅会使得参与者损失经济利益，还会使得参与结果得不偿失。

第二，协商性。公众参与任何事务的最终目的都是使自身的利益诉求能得到最大的满足。而在我国的政治制度中，很少有使各利益相关方能进行平等协商的制度安排，所以公众参与的作用就是提供这样的一种安排，使公众能通过对话的方式表达自身的利益。

（四）公众参与文保

目前，国内学界还未对公众参与文化遗产保护的概念进行界定。本书认为，公众参与文化遗产保护（以下简称公众参与文保），是指公众接受文化遗产保护的内容和意义之后，通过一定的社会机制，依法以各种形式和渠道参与文化遗产保护战略实施的行为。它包含了以下两个维度：从权利维度看，公众参与文化遗产保护就是公众对共同关心的、对其具有普遍影响的文化遗产事务的决策及对决策执行的监督进行参与的权利，通常表现为公众的文保意识或文保态度；从行为过程维度看，公众参与文化遗产保护就是公众对共同关心的、对其具有普遍影响的文化遗产事务的决策及对决策执行的监督进行参与的行为过程，也可称为文保行为。其中，权利维度是基础，行为过程维度是文保意识或文保态度的外化，它需要以一定的制度作为约束。

根据参与主体、参与形式、参与渠道、参与客体不同，公众参与文化遗产保护可分为四种形态。第一，根据参与主体意识的强弱，可分为动员型参与和自主型参与；第二，根据参与主体的组织形式，可分为组织参与和非组织参与；第三，根据参与渠道的制度化水平，可分为制度化参与和非制度化参与；第四，根据参与客体的内容不同，可分为文化遗产保护决策参与、文化遗产保护经济参

---

①彭亚洲 . 公共工程项目中的公众参与问题研究［D］. 上海：上海师范大学,2011.

与、文化遗产保护监督参与等方面。① 它可以由以下指标来考核：一是公众参与
的领域（文化遗产领域）；二是参与的方式［行动、参与意愿（主动和被动）］；
三是参与的程度（广度、深度、频度、持久度）。

二、公众参与文保的条件和原则

西方学者在公众参与领域的研究比较深入，已经不仅停留在公众参与的必要
性和重要性的一般性阐述上，而是进一步理性地思考公众参与的技能和策略，如
公众参与的条件、公众参与的原则等。这些条件和原则同样适用于公众参与文保
领域。

（一）公众参与文保的条件

公众参与起源于英国普通法上的"自然公正原则"。即"任何权利必须公正
行使，对当事人不利的决定必须听取他的意见"。公众参与民主和选举民主并行，
是现代民主政治的两大支柱。公众参与要以选举为基础的代议民主制度为基础，
这种制度由于建立了官员对人民负责的政治上的联系，官员必须随时倾听民众的
意见，并要证明自己政策的合法性，因而促使官员有动力进行公众参与，并保证
公众的意见能得到应有的尊重。因此，一个有效的公众参与所应具备的制度条件
至少包括以下三个方面：

第一，以选举为基础的对公民负责任的代议政府。公众参与不是公众决策，
公众表达的意见还需要政府决策部门进行采纳。所以，政府是不是真正尊重民意
才是关键。如果政府不是真正对人民负责，就不会真正尊重民意，公众参与就只
是做做样子成为形式。只有人民能选择决定政府，建立起政府对人民的责任，才
能使公众意见得到政府的真心倾听，政府才会真正尊重公众的意见，而不敢忽视
民意。但这并不是说，没有选举民主就完全不能做参与式民主。参与式民主因为
不会影响到政权稳定，而是一种在法律秩序范围内的民主，因而往往受到威权政
府的青睐。

第二，政府的信息公开和透明化程度高。公众参与以有效的信息为基础。没

---

①叶正洪．社会转型时期文物保护的公众参与问题［J］．北方文物，2005(2)：101-104.

有充分透明的信息，公众只能是"盲参"，所提意见就没有意义。在绝对意义上都可以说，知情权是参与权的基础，缺少充分准确的信息，公众将失去参与能力。有偏向的、被控制的信息可能会导致错误的参与，甚至把公众参与当作政府不良目的的工具。政府透明和信息公开是两个必需条件。在公众参与中，政府负有无保留地提供所有相关信息的义务。对公众参与的反馈也是政府取得实效和建立公众对参与的信心的关键。没有反馈的参与效果会大为减损。这也是政府的职责之一。

第三，公民社会的存在。公民社会包括：经济上独立，自治的公民；独立理念的公共知识分子；不完全被政府掌握的媒体；草根组织或非政府组织。由于公众是参与的主体，这些因素能增强公众的参与能力，是使之能与政府相互对话的条件和基础。否则，个体的、没有组织的、没有黏合的群众，很难进行有效的参与。公众参与必须成为"有组织的声音"。

以上是形成有效公众参与的三个基本条件。前两条属于政府部门的条件，第三条是社会背景条件。目前，我国只部分具备这些条件。这一方面表明我们进行公众参与存在困难和有效性的局限，参与可能面临对公众意见不负责任的"形式化"和"表演化"的危险；另一方面也表明公众参与在中国具有相当大的发展前景，特别是政府信息正在走向公开透明化，公民社会正在形成，网络社会和公共空间的形成，为公众参与提供了一定的空间。

参与者自身的条件也会影响参与的效果。对此，西方学者特别注重在这方面的研究。有学者认为，要确保公众参与，公众自身必须具备以下三个条件：首先，有参与的自由；其次，有参与的能力；最后，有参与的意愿。因此，要培养出一个公民参与的社会，必须先将参与的权利下放给公众，借助传媒等大众教育，培养民众参与的能力，激发其参与社会公共事务的意愿，消除其对公共事务的冷漠态度，培养公民参与能力，激发其参与公共事务的意愿，才能真正达到公民参与的理性。还有学者则认为，有效的公众参与受到三个方面的影响。首先，是对个人的成本利益报酬，即公众会根据参与的时间安排、议题的重要性、自身对议题的知识掌握能力，以及自己的意见可能产生影响的大小来决定是否参与某项决策。① 其次，是获取官方及技术信息的渠道。若是决策者能使公众容易取得相关信息，并且在政策形成过程的讨论中，获取与整合民意，必能强化公民的参与效能。最后，是接近决策过程关键的渠道。若公众参与在最后的决策阶段受到限制，那么对公民而言，将对政策没有任何实际的影响，这会大大减弱公众参与的效果。

综上所述，尽管影响公众参与的条件众多，但总体看来可以分为三大类：首先，是社会背景，即整个社会是否具有民主的基石，参与公共政策是否已经或正在成为一种社会生活，这是公众参与的首要条件，也是公众参与能否顺利进行的前提（宏观层面）；其次，是政府部门，即政府对于参与政策的制定和实施，包括公众参与的程序设计，民众获取相关信息的渠道，民众意见是否有反馈（中观层面）；最后，是参与者本身，即参与者自身的素质，包括其社会责任感、参与意识、参与的能力等（微观层面）。具体到本书而言，我们只研究公众参与文保的参与者和参与机制，即只研究公众参与文保的微观和中观层面问题。

（二）公众参与文保的原则

有效参与是公众参与的前提。有效的公众参与可以通过下列指标来考核：能保证公众从决策体系或决定过程中尽可能早地注意到那些影响他们的建议，公众清楚地了解通过参与能使自己对决策做出贡献的那些事实情况，哪些是可以改变的和哪些是不可以改变的，公众有机会和途径参与并使他们的意见被决策者知晓，公众可以得到清晰的关于决策如何做出，为什么会这样做出的解释。有效的公众参与并不意味着公众的意见被采纳，但是他们应该知道公众意见不被采纳的公开合理的解释。

真实有效的公众参与将遵循以下基本原则：

一是包容性。公众参与的参加人要包括所有现存利益相关人和将要被某个决策影响的利益相关人，这些人包括老人、妇女、少数派以及社会活动家等难召集的社会群体。

二是公开透明。确保提供给利益相关人所有的信息，并通知他们哪些部分的

---

① 刘婧. 历史文化遗产保护中的公众参与[D]. 重庆:重庆大学, 2007.

信息缺失或尚不确定，告知他们通过公众参与能够产生什么样的影响，公众能影响什么、不能影响什么以及接下来的步骤将是怎样。

三是尊重承诺。对利益相关人或纳税人保持尊重，给予他们适当的优先权和资源，向他们证明即便是了解和采纳与既存观点相矛盾的意见也会尽力而为。

四是可达性。给所有人提供不同的方式，确保人们不会因为语言、文化或机会等原因被排除在参与之外。

五是有责性。在参与程序结束后尽快向参与者提供一份明确的说明，告知其参与意见是否对结果产生了影响、如何影响以及产生影响的原因。确保接下来的诸如决策或执行计划的反馈路径保持顺畅。

六是代表性。公众参与的组织者必须有一种理念，即决策者提出的观点是能够被改进的。如果其观点本身是错误的，要相信其能够被改正。那些参与和被咨询的人应该能够感觉到：政府会认真地对待他们的心声，有些事情是可能被改变的。

七是相互学习。鼓励公众参与的组织者和参与者彼此学习和借鉴，这意味着程序要尽可能地保持交互性和增量性，以便构建一个互相理解、互相尊重的关系网络。

八是有效性。从一开始就筹划如何使参与程序发挥更大的功效。

国内学者李小红根据现有学者的研究资料及成果，通过提炼和总结，归纳出公众有效参与的几个原则[①]，利用这些原则可以对我国公众参与文保的有效性进行初步的判断。

一是公正性原则。判断标准主要依据为是否给公众提供了足够的、公平的参与机会。在这里首先要明确参与对象是哪些，即判断究竟谁应该成为参与者。在公众参与过程中让所有的利益相关者都参与是不可行的，也是不可取的，因此我们首先要从公正、公平的角度出发，意见搜集和听取的单位要制定细化的规则来合理确定公众范围，以保证参与过程和结果的公正性。

二是透明性原则。判断标准主要是在公众参与过程中相关部门是否做到了信息透明。影响公众参与效果的因素很多，其中最主要的就是信息是否公开。只有

[①]李小红.中美公众参与环保行为影响因素比较研究[D].西安:西北大学,2010.

实现信息的充分公开、充分交流以及政策建议的及时反馈，才可以保证公众参与的有效性。

三是可行性原则。判断的标准主要是公众参与是否节约了时间和成本，是否提高了管理效率。如果公众参与使得收益大于成本、管理的效率得到提高，则说明它是可行的。但是，这里值得注意的是，成本收益原则的运用还应在计算经济效益的同时也要考虑到社会效益和生态效益。

第二节　公众参与文化遗产保护机制构建

一、文化遗产社会教育机制构建

如前文所述，在现阶段，我国公众参与文保行为呈明显的"依赖政府型"，即被动地参与各级政府部门和团体组织的保护活动，参与形式单一，作用有限，只要遗产破坏事件没有明显影响其生活、生产活动，公众很少愿意主动关注遗产保护。这种公众参与的方式缺乏系统性和持续性，而且参与程度和参与效果很大程度上由遗产行政主管部门的态度决定。建立文化遗产社会教育机制，可以让人们对文保的意义有更加深刻的认识，提高文保在人们心中的地位，增强文保的义务感，这样才能增加当事人参与文保的心理收益，强化其文保态度，提高公众参与文保的积极性。

（一）文化遗产社会教育的概念

社会教育是由社会机构及有关社会团体或组织实施的，在学校教育以外，针对公众进行的一切有目的、有组织、有计划的教育活动。如上文所述，文化遗产具有突出的社会教育功能，但目前学界还未对文化遗产社会教育的概念进行界定。根据社会教育的概念及我国文化遗产管理的实际，我们认为，它是由有关社会机构及有关社会团体或组织实施的，以唤起公众的文化遗产保护意识，培养公众对文化遗产的情感，传授文化遗产保护技能，以促进公众积极参与文化遗产保护为目标，在学校教育以外，针对社会公众进行的一切有目的、有组织、有计划的遗产教育活动。

从信息传播的角度来看，文化遗产社会教育是一种说服型的传播活动，它与一般的信息传播活动的不同之处在于：它不仅要将文化遗产信息传递给目标人群，而且期望受众在接触遗产信息的同时，能够接受文化遗产保护的观点，形成对文化遗产信息的认知，建立传播者所期望的对文化遗产的感情和保护态度，并最终产生参与保护文化遗产的行为。可见文化遗产社会教育所进行的信息传播活动是有目的、有计划的，是连续性反复进行的说服活动。

文化遗产宣传教育也是传播文化遗产知识，提升公众参与文化遗产保护的重要手段。我们认为，文化遗产宣传教育是专指政府及相关文化遗产管理机构为达到保护文化遗产的目的，有意识地传播和阐明自己的文化遗产保护的理论、观念和主张，对公众文化遗产保护的思想行为施加影响，提升其文化遗产保护意识，促进其积极参与文化遗产保护的一种社会活动。由于二者的目标和内容等多有重合之处，本书中，我们视"文化遗产宣传教育"与"文化遗产社会教育"为等同的概念。

（二）文化遗产社会教育的目标

根据上述概念，文化遗产社会教育的目标可具体设定为如下五个方面：意识目标、知识目标、态度目标、技能目标、参与目标。

1. 意识目标

意识目标是指帮助公众获得对待文化遗产及其有关问题的敏感性。文化遗产问题复杂多样，具有明显的地域性。文化遗产社会教育首先必须突出其针对性，使公众充分认识到自己地区或地域面临的问题，从而使他们在日常的文化遗产保护中，按照国家关于加强文化遗产保护的法律法规，总结文化遗产保护的经验，解决文化遗产保护中存在的问题，探讨文化遗产保护的新路子，寻求文化遗产保护的新思维，实现文化遗产保护的可持续发展。对此，国内学者陈映红将意识目标总结为以下五个方面：认知意识、保护意识、法律意识、投入意识、责任意识。①

---

①陈映红. 从文化遗产日看文化遗产保护——以广西为例[J]. 民族艺术,2009(3):13-19.

2. 知识目标

知识目标是指帮助公众获得对文化遗产及其有关问题的各种经验和基本理解。要使公众有强烈的文化遗产保护意识和正确的文化遗产价值观，基本的知识传授是必不可少的，这是科学认识和保护文化遗产的基础。公众应发展以下六个方面的知识：文化遗产基础知识，文化遗产的特征与功能；人类活动对文化遗产的影响与冲击；过去和现在的文化遗产状况的差异；当地和国内外文化遗产管理问题；文化遗产管理决策中的社会、政治与经济因素的作用；文化遗产与社会、经济之间的辩证关系。

3. 态度目标

态度目标是指帮助公众获得一系列有关文化遗产保护的价值观念，培养公众主动参与文化遗产保护的动机。具体而言，态度目标可细化为以下六个方面的品质：理解、尊重、欣赏、关爱文化遗产及其生存环境；保护和改善遗产本体及其生存环境的责任感；主动考虑人类经济行为对遗产本体及其生存环境的影响；分析遗产保护措施对社会可持续发展的积极影响；尊重和理解遗产的多样化和多元性；及时调整和完善自己的遗产价值观与态度。

4. 技能目标

技能目标是指帮助公众获得认识和解决文化遗产保护问题所需技能。学习和研究特定的、具体的文化遗产问题，必须训练和发展一系列相关的技能。主要包括：交际技能，能够清晰地、简洁地阐述一个文化遗产问题，口述、撰写有关文化遗产的观点和思想等；计算技能，包括收集、分类、分析或统计有关文化遗产问题的技能；学习技能，了解、分析、解释和评价不同来源的文化遗产信息，组织和规划文化遗产保护项目；解决问题技能，包括鉴别和确定文化遗产问题，分析产生的原因和可能导致的后果，形成解决问题的设想；社会技能，即与他人合作解决文化遗产保护问题的技能。

5. 参与目标

在目前工业化、城镇化和商业化的形势下，文化遗产频遭破坏，这已成为不争的事实。在这种背景下，参与目标是指为公众提供在各个层次积极参与文化遗产保护事业的机会。文化遗产社会教育的目的最终落实在公众的行为模式上，即在一定的认知基础上，受价值观和态度的支配，运用所掌握的技能做出有责任的、有利于文化遗产保护的行为。

上述五个目标相互依存，缺一不可。其中，意识作为态度与参与行为培养目标的逻辑起点，在知识获取和技能掌握的前提下，实现道德和态度向参与行为方向的转变。而对遗产情感的发展有助于认知和技能的发展，认知领域目标的实现又为情感和技能发展打下了基础。因此，我们在进行文化遗产社会教育的理论研究和具体实施时，必须认真考虑这五个方面的目标及其有机关联，才能使文化遗产社会教育工作顺利开展。

（三）文化遗产社会教育的内容

文化遗产社会教育的内容涉及历史学、文物学、博物馆学、旅游学、考古学等社会科学的各个方面，也涉及文物保护技术方面的自然科学。

1. 文保知识教育

对公众进行文化遗产知识教育，是培养公众的遗产保护意识、技能和行为的前提。文化遗产知识教育的内容主要包括：文化遗产概论，一般包括文化遗产的概念、类型、特征及保护规律；可持续发展的基本概念——人口、经济、社会与文化遗产相互关系及和谐发展；文化遗产问题与处理及提高文化遗产生存质量的基础知识。

2. 文保法制教育

改革开放以来，随着我国法制建设的深入开展，文化遗产保护的法制化进程日益加快。通过法律的形式把文物管理体制及其职责规定下来，使得文物保护各项工作有法可依，这是我国文化遗产事业可持续发展的制度保障。及时地对公众进行文化遗产法制教育，使他们能够对文化遗产法规中保护的对象、任务、政策、奖励和惩罚制度等内容有所了解并掌握，增强法治意识，能用各种文化遗产法律、法规自觉约束自己的行为，做到知法、懂法、用法、护法。

3. 文保道德教育

可持续发展要求人们尊重和欣赏遗产的文化价值，改变过分追求遗产的经济价值，以破坏遗产来换取高额利润的各种不道德行为。要求人们在考虑自己行为的时候，必须预想到结果，必须依据价值判断来合理选择自己的行为，以谋求人类与文化遗产的和谐相处。因此，开展文化遗产道德教育，要力求形成如下文化遗产伦理：热爱文化遗产的感情，尊重文化遗产，积极探求人类与文化遗产的关系，能欣赏特定文化遗产的特性，承认当地人在保护文化遗产方面所做出的贡献等。

4. 文保意识教育

文化遗产意识是衡量一个国家或地区文化遗产事业发展程度的重要标志，包括生产生活与遗产关系的理论、思想、情感、知觉、伦理道德等意识要素和观念形态。例如：人与遗产的关系；遗产多样性的价值及其面临的危机；《中华人民共和国文物保护法》等各种法规对保护遗产的重要意义；人口、社会、环境和遗产之间相互依存、相互影响的关系；遗产破坏对人类社会和经济发展的影响；遗产保护是一项利国利民的事业，保护遗产人人有责；等等。

5. 文保技能教育

文化遗产保护是一项多学科综合、专业性较强的工作，公众想要真正参与其中，必须具有一定的专业知识和文化素养。如对相关历史知识、遗产环境的了解，对遗产整治方式的认识，对相关规划知识的掌握，等等。文化遗产技能教育包括考古调查与发掘、文物保护技术、文物监测等。通过这些最基本的文化遗产技能的学习与训练来培养公众的观察能力、动手能力、分析问题和解决问题的能力，使公众掌握一定的文化遗产保护技能，为将来进一步学习和研究文化遗产知识、参与解决文化遗产破坏问题，更好地服务于未来文化遗产事业打下良好的基础。

（四）文化遗产社会教育的基本途径

参照发达国家文化遗产社会教育的经验，结合我国在文化遗产社会教育中的实际，本书构建出博物馆教育、遗产旅游教育和公众考古教育三种途径。

1. 博物馆教育

博物馆是一个以文物标本为基础，通过陈列展览进行形象和直观教育的社会教育机构。我国博物馆教育历经百年的发展，其社会价值随着社会的发展与日俱增，在国民教育体系的各项活动中发挥着独特且不可替代的作用。博物馆教育形象、真实、直观的特点使其在教育的主题、内容、形式、过程、成本等方面表现出鲜明的特色，与其他教学方式相比具有显著的优势，这些特色和优势构成了博物馆教育功能的独特性和不可替代性。

观众是博物馆教育的对象。展览教育、体验教育和培训教育是博物馆基本的教育方式。除此之外，博物馆还可以采取编辑出版相关教材、电化教育及其他方式来扩大教育的范围。但值得注意的是，我国的博物馆教育与学校教育脱节的现象还十分严重。原因在于：首先，学校对博物馆教育的作用还缺乏认识，只重视传统教育方式，习惯课堂上的知识传授，忽视学生课外的学习，没有主动与博物馆教育衔接；其次，许多博物馆对观众的服务意识很差，缺乏观众第一的观念；最后，政府也没有出台将博物馆纳入国民教育体系的政策法规。导致的问题是：博物馆教育学术研究与理论建设滞后；以藏品为中心，忽视观众需求；陈列形式枯燥无味，缺乏互动性，对观众缺少吸引力，教育效果很不理想。进入 21 世纪以来，随着我国经济和社会的发展，博物馆教育也出现了新的发展趋势，具体体现在三个转变：从"以物为本"向"以人为本"转变；从"讲授式教育"向"探究式教育"转变；从"观众旁观"到"观众参与"转变。我国博物馆应充分关注这种趋势，及时进行管理创新，针对社会公众多层次的文化需求，变被动反映社会为主动参与社会，充分利用博物馆藏品资源，树立以人为本、参与互动、寓教于乐的设计理念，尊重观众、理解观众，将观众的需求融入展览，改变传统陈列展览的单一性，将故事情节注入展览，用复原场景来全方位地展示文物，对观众兴趣进行全方位的调动，帮助他们在展厅中进行"自助式"的学习，激起观众参观博物馆的兴趣，这样才能取得理想的教育效果。同时，政府也要借鉴发达国家将博物馆教育纳入国民教育体系的经验，及时出台相应的政策法规，并给予充分的财政保障。

2. 遗产旅游教育

旅游具有教育功能。旅游的教育功能是指旅游活动在增进人们的知识、技能、身体健康以及形成或改变人们思想意识等方面所产生的影响和作用。遗产旅游不同于一般旅游之处在于：遗产是历史保存下来的，不是为旅游者而建；遗产旅游仅仅是实现遗产价值的一种形式，而不是全部；遗产旅游是一种高品位的回归自然和历史的旅游。从动机来看，遗产旅游者往往把欣赏遗产的独特景色、体验厚重的遗产文化氛围、学习遗产的相关知识等作为主要动机。从旅游吸引物看，遗产旅游者往往把遗产作为吸引物，在旅游以前就收集了许多相关信息，或掌握了一定的遗产知识，其在遗产地的旅游活动，主要就是围绕遗产的审美、体验、学习和愉悦的活动。所以，遗产旅游是以遗产为吸引物，到遗产地去欣赏遗产的景色、体验或学习遗产文化的旅游活动。遗产旅游的过程，就是到遗产景区去现场参观，接受遗产教育的过程。

遗产旅游教育的主要对象是游客，不宜采取强制的方式，只能通过建立游客感知系统（如导游服务、遗产景区引导系统、遗产旅游活动、遗产旅游商品、遗产景区宾馆饭店的氛围等），并对各环节加以引导，有意识地设计对游客的教育信息，才能实现教育的目的。其中，遗产解说是对游客进行教育的基本途径。大多数解说媒体分别属于或同时属于两种类型：人工型和非人工型。人工媒体是指使用真人来做传播知识的活媒介，最常见的就是导游讲解。导游的讲解水平直接影响着游客对遗产型旅游景区文化的理解。导游应该注重自身的形象和内在气质的培养，充满自信，因人施讲，努力了解游客的接受能力和接受程度，及时调整解说的方式和速度，建立活泼宽松的交流环境，使导游与游客、游客与游客之间建立互问互答的探讨氛围，不断启发游客的求知欲和创造性思维。非人工媒体是指不需要员工介入而使游客获取所需知识的机械装置与配置，这包括视、听两个方面的设备（宣传册、旅游指南、标签和地图、警示牌、标志、导览图小视频等），这是景区给游客传递信息的重要渠道。对此，要注意解说系统设置的科学性，如宣传手册和旅游指南的设计应该突出遗产型旅游景区的其他特色，并且淡化对那些最容易受到损坏的文物的宣传；在提醒游客不当行为会被罚款的标志上运用礼貌的措辞会取得最佳效果；使游客知道诸如触摸文物易受损坏的表面等行为是被禁止的及禁止的原因等。

3. 公众考古教育

公众考古教育的理念虽然诞生于西方，但我国考古学也一直有面向大众的优良传统，只不过受考古学专业化的影响，忽视了对公众需求的关照。随着新时期文化遗产保护的发展，我国考古学的面貌得以重塑，并在西方公众考古教育理念的影响下探索自己的实践模式。总结起来，我国公众考古教育的基本模式主要集中在如下四个方面：

第一，参观考古现场是公众考古教育的基本形式。参观考古现场，可以让公众近距离地观察考古，体验考古，了解考古工作的性质及对保护文化遗产的重要意义。目前，我国大部分的抢救和发掘只是考古学家的工作。虽然公众明白抢救发掘的意义，但是整个过程仍被置于事外。大部分公众对考古的认识还停留在挖宝和惊人发现的层次上，因此这极有可能误导人们对文化遗产保护的认识。在2007年中国"文化遗产日"的新闻发布会上，国家文物局向社会宣布"将开放有条件的考古发掘工地供公众参观"，但真正由考古人员在发掘仍在进行的时候主动策划、组织大型公众活动，将考古发掘的过程向群众开放，仍缺乏实践和经验。这需要我国考古界参照西方的经验和中国的实际进行实践方面的创新。

第二，模拟考古是公众考古教育的拓展形式。模拟考古是在已完成科学发掘的遗址上，将文物复仿制品事先埋藏在地下，在专业人士的科学指导下，通过参与者的发掘，再现考古场景的一种寓教于乐的活动。通过模拟考古这种互动性较强的项目，参与者可以自己动手模拟考古发掘，如用图画和文字描述出土器物的特征、对出土文物进行测量、标明文物在探方中的出土位置、恢复文物碎片等等。近年来，许多博物馆都开设了模拟考古项目，如北京大葆台西汉墓博物馆、三门峡虢国博物馆、南越王宫博物馆、周口店北京人遗址博物馆、北京圆明园遗址公园等，深受广大青少年的欢迎，最近国家博物馆也计划增设模拟考古项目，让更多的人了解考古的意义，自觉自愿地参与到文物保护中来。

第三，科普性考古书籍是沟通公众的桥梁。科普性考古书籍以通俗易懂的语言、精美的插图、扣人心弦的故事描述，往往能深深打动读者，无形中起到了传播文化遗产知识、教育公众的目的。现在，面向一般读者甚至专门面向孩子的考古学刊物正在成为一个新兴的发展领域。近年来，我国普及性的考古著作也开始增多，有了较大的发展。但总体而言，我国科普性考古书籍离初具规模仍有相当距离。因此，加强考古发掘的整理和研究，把堆积如山的考古资料转化为公众能理解的话语和其他学科可以利用的知识，转化为通俗易懂的普及性读物，应当成为考古工作一项长期的目标。

第四，电视考古是公众考古的休闲形式。考古直播是新闻与考古的联姻。考古新闻不仅具有一般新闻的价值和特质，而且还有重温历史知识、传播考古常识的特点，因此不仅受到一般平民百姓的喜欢，更受到知识阶层的欢迎，有巨大的市场需求，但直播与考古也有矛盾和冲突。新闻追求卖点和轰动效应，注重时效性，而考古工作则严谨细致，周期较长。媒体"考古新闻"惯用的"散布—澄清—再散布—再澄清"的操作模式，追求"卖点"和轰动效应将使受众对新闻的客观和真实性原则产生信任危机。所以，考古直播想取得良好的社会效益，需要考古界和媒体的共同努力。首先，考古行业要加强对考古新闻的引导、规范，与媒体一起积极应对所面临的问题。具体做法可以从以下三个方面展开：主动挖掘考古新闻，全面呈现考古；协助提升考古新闻的准确性；以媒体中已经成熟的栏目为平台展示考古成果，创新考古直播模式。其次，媒体要规范对考古新闻的报道，从最基本的原则和方法着手。这包括：加强考古报道的科学性，遵循文物考古的自身规律；遵守新闻规律；力求客观、真实、准确、全面、公正；遵守文物保护法。

4. "文化遗产日"教育

借鉴法国的经验，在我国设立"文化遗产日"，有利于人民群众更多地了解我国文化遗产的丰富内涵以及国家对保护文化遗产的各项政策，关注文化遗产的保护动态，宣传我国文化遗产事业的发展成果，使文化遗产事业为广大人民群众所感知、所认同、所接受，增强民族自信心和凝聚力，提高公众文化遗产保护意识，进而转化为人们的自觉行动。

我国自2006年设立文化遗产日以来，在文化遗产日期间，结合"文化遗产日"活动主题，政府举办学术研讨会、交流会、专题讲座、知识竞赛等面向社会公众，尤其是面向广大青少年的宣传与教育活动。应该说，通过这些活动，在促进公众参与文保方面取得了一定的成效。但我国文化遗产日活动也存在一些应该注意的问题，归纳起来，主要有以下九个方面：

（1）要强调文化遗产日内涵和精神意义

"文化遗产日"不仅是节日。通常的节日过完了，留下的是鞭炮的碎屑和人心经过舒放和整理之后的愉悦，而"文化遗产日"却远远不应止于此。它应让人们通过这个特殊日子，思考保护人类文化遗产的重大价值和意义，唤起人们对文化遗产的爱护意识、探讨文化遗产保护的方法和理念。所以，中国文化遗产日不要千篇一律，表面热热闹闹地展示当地政府政绩的文化节而流于形式主义，要设法使公众成为这一天的主人，成为主动的参与者而不是被动的参加者。要使国家文化遗产日成为全民的文化遗产日，使国家举措转化为每一个公民自觉的文化行为。

（2）每次活动要确立一个鲜明主题

"文化遗产日"是一次综合的纪念活动。开展这项活动涉及社会的方方面面，如果没有一个鲜明的主题就没有灵魂，就缺少牵引力、向心力、凝聚力、推动力。因此，必须确立一个鲜明的活动主题。活动主题要"贴近生活，贴近实际，贴近群众"，这样才能更有利于唤起群众的共鸣，也才能更有助于保护文化遗产。活动主题既可以按照国家文物局的总体部署，与国家文物局提出的活动主题相一致，也可以从各省实际出发，提出具体的、有针对性的主题，以此来凝聚力量、凝聚队伍、凝聚人心。

（3）要制订一个详细计划

为了搞好"文化遗产日"的纪念活动，国家文物局会提前制订详细的活动计划，其中包括指导思想、主要内容、模式方法、宣传口号等等。既有总体的活动方案，又有具体的活动安排，比如展示计划、宣传计划、活动计划等等。各省市可根据国家文物局的计划，制订本省市的活动计划，而且这种计划要由职能部门行为上升到政府行为。实践证明，科学计划是搞好纪念、庆祝活动的前提，计划得越周密，活动就越有质量。

（4）要成立一个组织机构

纪念"文化遗产日"虽然是一项活动，但是涉及的范围广泛、内容丰富，参与的人员众多，情况比较复杂，关系到社会的方方面面，既要搞好总体组织协调，又要办好具体事情，还要确保活动安全。在这种情况下，如果仅依靠职能部门，事情就比较难办。实践证明，最好成立统一的组织领导机构，由政府的综合部门直接统筹协调，尤其是组织涉及省、市的大型活动，更需要有政府的综合部门参与，这样做既能体现政府的重视，又有利于把各个方面的事情办好。

（5）要遴选一批适宜口号

设立"文化遗产日"的目的就是宣传教育，要提前遴选一些有感召力、影响力，能够鼓舞人、教育人、激励人的口号。其实遴选口号的过程，就是一次思想教育、社会动员、广泛宣传的过程。"文化遗产日"前夕，国家文物局一般会通过媒体进行口号征集、宣传，并印制成宣传品下发，在各地广泛张贴和宣传，起到很好的教育警示、激励推动、影响辐射作用。

（6）要设计一些活动载体

有效的活动载体能增添工作活力。要根据"文化遗产日"活动的特点，安排一些便于组织、便于沟通，有声势、有内容、有实效，有助于唤起广大群众保护文化遗产的责任意识和能促进文化遗产保护工作的有效活动。这些活动要从实际出发。活动内容不宜复杂，不要流于形式，要注重实效。有条件的单位也可以请文化策划公司参与活动策划，还可以找一些专家帮忙出一些主意。

（7）要建立一种长效机制

"文化遗产日"是一种庆祝和纪念形式，要把其很好地坚持下去，就要逐步建立和完善长效机制。通过纪念和庆祝"文化遗产日"，我们要逐步摸索和总结经验，把组织机构相对稳定下来，把活动经费列入预算中。

（8）要强调遗产日的公益性

所有活动都应是政府主导下的公益活动，一切文化遗产的场所都应免费开放，保证中低收入者也可以近距离地接触到祖国文化遗产。杜绝商业行为，以防让遗产日变味儿，变成"黄金日"。

（9）要采取灵活多样的形式

各地文物部门要充分发挥博物馆、纪念馆、文物保护单位、国家文物局重点科研基地以及设立了考古学、博物馆学、古建筑维修等专业的高校相关院系等自身优势和作用，通过举办展览、展示、宣传、讲座、咨询服务及开放参与等形式，举办主题活动。要按照"三贴近"的要求，做到面向社会、面向基层。内容上要丰富多彩，方法上要深入浅出，形式上要生动活泼，服务上要体贴入微，不断把宣传活动引向深入。

二、公众参与文保法律机制构建

斯密的"经济人"假设有一个前提假定，即制度结构是既定的，在既定的制度条件下，自利行为成为本能的反映，自利行为会自发地促进个人或社会资本的积累，人们在追求财富的过程会逐渐形成正义、节俭谨慎的美德。经济人范式为制度分析提供了统一的基础，为制度选择提供了统一的标准。正是由于把人设想成追求自身利益最大化的人，并防止个人利用权力或不正当的手段损害他人利益，才需要设计出约束人行为的法律和制度。据此，我国政府应该借鉴欧美国家的经验，加大公众参与遗产保护的法律制度供给力度，有效规范公众参与遗产活动的自利或利他行为。按照自我价值定向理论分析，法律制度也能为公众参与文保创造良好的社会情境。但我们研究公众参与文保法律保障机制的构建，并不是要创设一部全新的遗产保护法，而是要在文物保护法的统领下，针对现有文化遗产保护法律法规的不足补充一些具体的、有区别、便于操作的规定。

（一）知情机制：降低公众参与文保信息成本

建立知情机制，就是要保障公众的知情权。知情权是公众参与遗产保护的前提和基础，也是公众享有参与权和民主程序的重要特征。公众只有知情后，才能在和政府及相关部门的博弈中，避免参与中的形式化，克服信息不对称、信息失真等原因所造成的参与障碍。为了保障公众的知情权，必须建立完善的遗产信息公开制度。唯有如此，才能降低公众参与文保的成本。

1. 遗产信息公开与遗产信息传播

遗产信息是指与文化遗产保护有关的一切信息，包括有关文化遗产要素及文化遗产保护、利用、管理等方面的信息。一般认为，公众在参与文化遗产管理和文化遗产保护过程中所须获得的遗产信息都应属于披露内容，主要包括两个部分：一是文化遗产管理信息，比如文化遗产决策、财政、人事方面的信息；二是文化遗产系统本身应该传递的服务于大众的遗产信息，主要包括文化遗产管理单位为公民提供的教育、知识、审美熏陶和休闲娱乐信息。

信息的价值在于其流动性和共享性。一方面，流动性越强，其价值就越能得到体现。遗产信息公开是遗产信息传播的前提和基础。若遗产管理信息得不到有效的公开，那么就会使遗产信息传播成为无源之水、无本之木，失去内容而流于形式。另一方面，遗产信息的公开也需要依赖大众传媒等来实现。大众传媒作为连接政府与公众的纽带和桥梁，既要向公众传递遗产信息，也要及时采集公众对遗产管理的各种反馈信息。如果这些渠道被封闭，即使有信息公开，也会因失去传递机制而使信息公开徒有形式。一般情况下，遗产信息公开使遗产信息传播与获取成为可能，而遗产信息传播使公开的信息能及时被传递到公众那里，从而改变公众的遗产保护意识、态度和行为。

2. 遗产信息公开与公众参与文保

遗产信息公开是公众参与的前提。只有遗产信息公开了，才能在传播过程中提升公众的文化遗产保护意识，并从各个方面促进公众参与文保。

（1）提高公众的遗产保护意识

信息公开的过程，也是遗产宣传和教育的过程。以浅显易懂、生动活泼的形式将遗产管理行为的评价过程、评价标准和评价结果公之于众，使公众充分了解遗产现状及面临的威胁，了解他们周围的遗产状况、主要破坏事件、破坏原因及遗产管理机构采取的措施，这些信息将有助于他们在生活、旅游、参与等方面做出正确的决策，同时也间接影响遗产管理机构的管理行为和政府的执法力度。公众学习和了解遗产信息公开程序的过程，也是增强其遗产保护意识的过程；反之，公众遗产保护意识的增强又会对遗产信息公开工作提出更高的要求，形成遗产管理部门和社区公众相互促进的良性循环。

（2）加强公众的监督能力

有了对周围遗产现状的全面了解，公众对遗产破坏行为的监督能力就会得到加强。假如他们周围的遗产被严重破坏，他们就能采取直接行动进行制止，或者进行举报以推动管理部门采取必要的法律行动来维护他们的利益。这样，这些遗产破坏情况将得到一定程度的遏制，遗产保护状况就会得到改观。

公众监督能力的加强还表现在社区公众通过对各种信息的了解团结起来，并充分利用社区及媒体的力量来表达自我的观点，也可以组成相应的组织与破坏者进行直接的交涉。所有这些各种遗产保护行动都会得到进一步的强化。而遗产信息公开化又会推动各种遗产保护组织的形成及活动的开展，如此形成良性的社会循环，有利于达到遗产事业可持续发展的目标。

（3）影响遗产政策的制定

公众的文化遗产保护意识对国家遗产管理政策的制定有着强烈的影响。从理论上说，政策是公众意志的体现。在西方国家，往往是公众的遗产保护意识引导着政府的遗产保护政策的出台。更为重要的是，公众的遗产保护意识会直接影响到遗产管理政策的实施效果。由于遗产保护意识左右着人们的遗产保护态度和行为，不同的遗产保护意识也就决定了人们对遗产管理政策的不同反应，从而影响到遗产管理政策的实施。任何一项遗产管理政策都需要每位公民的支持与配合，而配合的前提就是理解，理解的关键在于其遗产保护意识的强弱。所以，一个国家或地区公众的遗产保护意识水平，就决定了其遗产管理政策的基本特点及其实施效果。改革开放以来，中国虽然在文化遗产保护方面做出了很大的努力，但效果与国外比起来却不尽如人意，原因之一就在于遗产政策制定过程中民众的参与程度很低。

3. 建立遗产信息公开制度

信息不对称理论是指委托人和代理人关系的理论。作为一种主仆关系，委托人对代理人行为活动的了解没有代理人本身那么清楚，而代理人为保护自己利益，有理由隐瞒一些信息，尽管这种隐瞒不一定符合社会的基本道德准则。在这种情况下，委托人要想获得足够的信息就必须使用某些刺激手段迫使代理人提供更多信息，信息公开就是这样的方法。

在中国，文化遗产作为公共资源，其所有权属于人民，在实际管理中则由中央人民政府代行，而中央人民政府则又以分级属地管理的方式把文化遗产的管理权委托给各级地方政府及其附属机构。在这种垂直的行政管理模式中，遗产管理基本是一个封闭的系统，公众被置于遗产管理之外，遗产管理对公众生活没有太大的影响。因此，在这种管理模式下，信息的非对称性主要表现在文化遗产管理部门对文化遗产管理状况了如指掌，而公众却被排除在管理之外，对文物保护和破坏情况知之甚少。

因此，要想降低公众参与文保的信息成本，就必须建立遗产信息公开制度，具体可从以下两个方面入手。

一是要丰富遗产信息的来源。遗产信息有公共信息和个别信息两种类型。公共信息是指向全社会发布的信息，如遗产本体状况公报和遗产环境周（日）报等；个别信息是指只有在公众提出要求的情况下才提供的信息，如某世界文化遗产地旅游环境容量的数据。政府作为遗产信息的主要提供者之一，应该拨出专款设立专门的机构，配备专门的人员去进行遗产监测，搜集和保存相关数据，汇集文化遗产研究成果。在我国文化遗产地，政府的遗产管理机构往往负责遗产经营管理，其行为将直接导致遗产质量的改变。一般来讲，遗产管理机构掌握着比政府和公众更多、更加详细真实的遗产信息。遗产管理机构虽有义务向政府进行遗产经营管理情况汇报，但法律没有规定这些汇报的信息必须向社会公开，遗产信息在公众和这些机构之间是不对称的，因此政府有必要从行政和法律上给这些机构施加压力，让其给公众提供遗产经营管理过程中可能会造成的影响及其相关的详细信息。当然，公众也可以给这些机构施加压力，使遗产地管理机构与公众和政府进行良好的合作。除此以外，遗产领域的非政府组织也可以通过各种渠道搜集遗产信息而提供给公众，丰富公众的遗产信息来源。

二是要降低遗产信息的获取成本。我国文物保护法第十三条和第十四条有关文物保护单位、历史文化街区、历史文化村镇的核定、备案、公布，以及未核定公布为文物保护单位的不可移动文物的登记、公布；第十五条对文物保护单位和未核定为文物保护单位的不可移动文物的具体保护措施的公告，以及第十八条对文物保护单位周围划出建设控制地带并予以公布等法律条文的规定；实施条例第七条规定，历史文化街区、村镇，由省、自治区、直辖市人民政府城乡规划行政主管部门会同文物行政主管部门报本级人民政府核定公布。这些都体现了尊重公众对文物保护的知情权。但在具体的执行过程中，还应当注重两点：进一步拓展遗产信息公开的广度和深度，及时将遗产的"建设性破坏""过度商业化""擅自改变遗产管理体制"等信息通过媒体公布于众，接受社会公众的监督；重视公众对文物违法案件的举报，并及时将处理结果反馈给举报者，使举报者得到满意的答复。

令人欣慰的是，2008 年 5 月 1 日，《中华人民共和国政府信息公开条例》（以下简称《条例》）由国务院颁布实施，标志着我国的政府信息公开制度建设发展到一个新的阶段。《条例》颁布不久，作为主管全国文物保护的最高行政机关——国家文物局向局机关各部门下发《关于落实〈中华人民共和国政府信息公开条例〉有关工作的通知》（以下简称《通知》）。按照《通知》规定，只要不是涉及国家机密、商业秘密、个人隐私等不宜公开的内容，有关工作职责、法律法规、行业标准、办事依据、条件、程序、过程、期限和结果，文件通知等政府信息原则上都要依法、依程序，定期、如实、全面公开。信息公开形式包括通过国家文物局政府网站专栏公开，召开新闻发布会，接待新闻媒体采访，依公民、法人和其他组织申请公开遗产信息及其他形式。

自《中华人民共和国行政许可法》实施以来，国家文物局依法对行政许可项目、行政审批项目目录及部分许可结果向社会进行了公示；加强了政府网站建设，在国家文物局政府网站上增加了政务公开的内容；制定了新闻发布制度，及时向社会发布有关文物工作信息。这些措施拓宽了人民群众参与文物保护工作的渠道，加强了对文物行政管理行为的监督。而《条例》和《通知》的颁布，又将我国文物管理信息公开的进程向前推进了一步。

但不可否认的是，《条例》作为中央政府颁布的行政法规，虽然对公民知情权的保障起了积极影响，却存在立法层级较低，效力层次不高，不具有刚性的约束，无法解决与现有法律制度的冲突，配套法律制度缺位的问题，而且在具体指导各级政府及文物部门信息公开工作时可操作性不是很强。如《条例》第三十五条规定，"情节严重的，对行政机关直接负责的主管人员和其他直接责任人员依法给予处分"。但对什么样的行为才构成"情节严重"，以及给予什么样的"处分"，却没有具体的规定，致使公众知情权受到侵害时，没有法律救济依据。

为此，借鉴美国 NPS 及时公开遗产管理信息的做法，我们需要各级政府及文物部门将现行法律中与《条例》相冲突的条文加以修改，并进行政府信息公开立法及其配套立法（制度及实施细则），形成实体性和程序性有机结合的政府信息公开法律体系，以保障政府信息公开的顺利实施。因此，依据《中华人民共和国政府信息公开条例》，各级政府文物部门还应制定《文化遗产信息公开条例实施细则》，以保证遗产信息公开工作机制及制度的健全和落实。

（二）表达机制：降低公众参与文保机会成本

建立表达机制，就是要让公众通过参加遗产保护活动，增加对文保事业的了解，并通过适当的方式表达自己的意见和评价，从而实现对文保事业的参与。换言之，表达机制就是公众言论权在文保中的体现。只有建立表达机制，才可以有效降低公众参与文保的机会成本。

我国现有的法律规范对公众参与权的实现业已做了基本的程序性规定和框架设计。我国宪法第二条规定，人民依照法律规定，通过各种途径和形式，管理国家事务，管理经济和文化事业，管理社会事务。这是公众参与文保的宪法依据。文物保护法第七条也对公众参与遗产保护做了原则性规定，即"一切机关、组织和个人都有依法保护文物的义务"。

目前，公众对于遗产保护的意见和建议主要通过四种方式来表达：一是公众通过相关部门或新闻媒体，主动反映自己的意见；二是在编制遗产发展规划的过程中，应专业人员的要求，提出自己的某些看法；三是在遗产规划方案论证阶段，通过公示或听证会的形式，反映自己的意见；四是在遗产项目实施后，以一些较为极端的方式如上访、集会、游行、示威、抗议等，向政府表示自己的不满。从公众参与的实效性来看，公众事前的主动参与以及在政府和相关机构组织的意见征询活动中积极配合，提出自己的想法和建议，对于决策阶段的政策制定是具有良性互动作用的。

然而，现阶段，我国的听证会制度还不健全。2001 年 11 月 16 日国务院第 321 号令颁布的《行政法规制定程序条例》、第 322 号令颁布的《规章制定程序条例》规定，在法规、规章起草过程中可以采用听证会形式听取意见；在法案审查中，"行政法规送审稿直接涉及公民、法人或其他组织切身利益的，国务院法制机构可以举行听证会，听取有关机关、组织和公民的意见"（第二十二条）；在规章审查中，"规章送审稿直接涉及公民、法人或其他组织切身利益，有关机关、组织或公民对其有重大分歧，起草单位在起草过程中未向社会公布，也未举行听证会的，法制机构经本部门或者本级人民政府批准可以向社会公布，也可以举行听证会"（第二十三条）。上述有关听证会的规定存在四个缺陷：第一，只有决议听证，没有法定听证；第二，将听证会与座谈会混为一谈；第三，未规定举行听证会的具体操作程序；第四，未规定如何处理听证会上的意见。

从上述公众参与文保的法律制度规定中可知，在制定环节，我国文化遗产管理领域已初步形成"依法行政，依法管理"的局面，但相对于统筹文化遗产事业而言，仍存在以下诸多缺项：中国文化遗产法律体系不完善，法规文件涉及内容的广度与深度不足，对文化遗产的审批、规划、管理、监察等工作只做了粗线条、原则性的规定，缺乏相应的实施细则，可操作性不强（如"鼓励"和"可以"字眼的运用）；尚未建立通过国内法转化履行国际公约的有效机制，很难保证公众参与权的真正实现。在实施环节，文化遗产管理过多依赖行政管理，公众监督与管理部门之间缺乏可行的渠道传达，没有为社会力量参与文化遗产保护留下接口，公众在遗产管理方面几乎没有话语权。

鉴于上述分析，我国加强公众在遗产保护表达机制的建设，最有效的方式就是加强政府和相关保护机构的公众意见征询活动。这主要体现在两个方面。

第一，完善公众参与遗产保护规划或相关决策的听证会制度。听证作为一项程序性制度起源于英国普通法的"自然公正"原则。而遗产保护中的听证制度就是指政府或相关部门为了收集可靠的遗产信息和资料，就其保护的必要性和保护内容等问题举行听证。该会议必须邀请和接受与遗产有利害关系的组织和公民、有关专家学者、遗产保护的工作者到会陈述意见，以便为遗产保护提供参考依据。

在具体的操作中，首先，要将听证会与座谈会等其他听取意见的形式区别对待，听证会是一项程序性制度，要充分重视。其次，将决议听政与法定听政结合起来。决议听政就是指法定机关对于某些遗产保护的政策具有自由裁量的权利，而法定听政则是指有的政策法案必须经过听政程序才能实施。当然最为重要的是要规定可行的听政程序，即对听证委员会的组成、听政内容、公告及通知、选择和邀请听政人、收集准备材料、法定人数等环节加以规定。最后，要规定对待听政意见的处理办法，如是否将其作为制定相关政策的依据，并向社会公布等。

第二，公开征求群众意见。公开征求群众意见是表达机制建立的核心部分，其具体的制度设计应包括通告、普通群众发表意见和对待群众意见的处理方式三个部分。

首先，要建立强制性的通告制度。对于重要的政策决定，必须经过强制性的通告程序，即规定决策者应通过广泛发行的报纸、电视、广播等传媒工具加以公布，让市民、社会团体都能参与讨论，并设立接受群众来信、来访的机构，利用互联网公布信息，通告的时间限制必须满足公众参与的需要等。

其次，加强普通群众意见发表机制的建设，其主要方式有相关机构与普通群众进行非正式的磋商、会谈；普通群众向相关部门递交书面材料或意见；普通群众自觉以口头方式发表意见。

最后，要建立群众意见反馈制度，即告知群众哪些意见被采纳，哪些没有，原因何在。这是让群众了解政府决策的重要手段，在公开征求群众意见的同时，也要让群众明白自己的意见是否成为政府决策的一部分，如果没有，其原因是什么。只有群众意见成为决策内容，才能提高公众参与的热情和预期，改变公众对参与的冷漠态度，从而形成公众积极参与的良性循环过程。

第三，通过完善现有文物立法，明确公众参与遗产保护的途径和具体形式，解决公众参与遗产保护法律的可操作性问题。在立法方面，要进一步明确我国公民参与文保的权利，划定其权利和义务的界限，这是实现公众参与遗产保护的法律基础和根本保证。同时，要注意在实体法和程序法方面，明确公众参与遗产保护的途径、形式和具体程序，解决好公众参与的可操作性、技术规范问题。在执法方面，建议参照意大利的文物宪兵制度，成立专门的文物执法队伍，加大打击违法和犯罪行为的力度，确保公众参与文保行为依法受到保护，防止因执行不力而流于形式或有妨碍公众参与文保行为管理的实施。

总之，除了将公众征询意见程序的规定纳入相关法律的制定之中外，还要在社会团体组织法、结社法、游行示威法、工会法等相关法律法规中，增加有关公众参与遗产保护言论权的内容，切实保障表达机制的建设。

（三）诉讼机制：降低公众参与文保侵害成本

诉讼机制就是指当文化遗产受到人为破坏等情况下，公众有权提起诉讼，要求责任人采取停止破坏、补救、赔偿损失等措施，并对责任人予以行政、民事、刑事制裁的法律规定和程序。遗产保护诉讼应是公众参与遗产保护的一种重要方式，它是一种最终的、极端的措施。只有建立诉讼机制，才能让公众在和各方的博弈中，提高参与文保活动的安全感，降低侵害发生的概率，降低侵害成本，从而提高公众参与文保活动的积极性。

我国现行的《中华人民共和国民事诉讼法》强调，起诉资格必须"与本案有直接利害关系"，也就是说，提起遗产保护的民事诉讼者必须是那些人身或财产权益直接受到他人民事不法行为的侵害的人。对于遗产保护来说，这显然是很不利的。因为文化遗产资源是一种公共资源，承载着一个国家或地区的历史文明，是国家或区域文化软实力的象征。随着历史发展而形成的建筑、街巷，也是维持一定地域社区结构的物质基础，是联系生活在这里的人们的精神纽带。文化遗产具有不可再生性、民族性、地域性，当它们受到破坏时，与文化遗产利益相关的绝不仅是居住在遗产所在地和其周围地区的居民，而是整个社会公众，即更多人的利益受到了间接和无形的侵害。

具体来讲，可以从以下方面进行完善：

首先，改变传统的诉讼制度，放宽原告资格的限制，赋予公众以起诉资格，扩大遗产保护诉讼中原告的范围。为保护遗产而提起诉讼的原告范围，不应仅仅局限在与遗产有直接利益关系的自然人、法人或其他组织，而应将原告的范围扩大到全体社会公众，包括无直接利益关系的自然人、法人或其他组织。但是，考虑到公众主动保护遗产可能会导致行政机关保护职责懈怠或公众起诉权力的滥用等问题，因此公众在起诉前，应先穷尽行政权力的救济。在实际诉讼中，出于节约诉讼成本，降低遗产保护费用的考虑，应将享有起诉资格的公众范围限于遗产所在地的民间保护组织以及普通市民。

其次，保障公众保护遗产的诉讼费用和诉讼利益。考虑到遗产保护涉及的知识面较广，专业性较强，调查取证工作会较为困难，为减轻公众的诉讼费用负担，应在相关法律体系中完善司法援助制度，由政府或者公益团体为起诉者提供技术上的帮助，还可以设立基金，为起诉者提供资金援助，以提高公民诉讼的积极性，从而激励公众关注遗产保护问题。

再次，建立公众参与文保救济机制。文物保护法虽然规定了公众有权参与文化遗产保护，但是一旦文化遗产受损，公众仍然无法采取救济措施，救济也只是依靠国家主管机关的公权力进行。无救济就无权利。除了为公众参与提供具体、可操作的实体性和程序性权利外，还要规定相应的救济机制，即在参与程序中，当公众的权利受到侵犯时，确保公众能够从法律上得到有效的救济，才能保护公众参与的积极性。

令人欣慰的是，2007 年修订的《中华人民共和国文物保护法》第六十五条规定，"违反本法规定，造成文物灭失、毁损的，依法承担民事责任"。这是我国文物保护法对民事责任的首次规定。法律设立民事责任的主要目的在于恢复文物原状或就损害赔偿获得相当于损失的对等价。但是由于文物的特殊性，其价值难以估算，一旦遭遇毁损很难恢复原状，如果承担损害赔偿责任，赔偿的具体数额也不好确定，即便做出一定数额的赔偿，与其实际价值之间也存在难以量度的差异。因此，文物保护法中对民事责任的规定，承担者实际承担的只能是微乎其微的消极的补偿资金，比如修复遗产的费用等。虽然民事责任的承担不能弥补文物毁损、灭失造成的全部损失，但是由于民事责任的承担，一方面使致害人承担了部分经济责任，为文物的修复提供了部分资金；另一方面对致害人以及其他公民也具有震慑力，在他们接受教训的同时，也会使其他公民更加自觉地保护文物。从这个角度来看，民事责任的设立是有意义的。

法律责任的设定，旨在使行为人承担其行为所导致的不利后果，在实际操作中，必须明确责任承担的主体、责任的构成以及责任承担的方式，否则会使责任的承担不具有操作性，使设定变得毫无意义，遗产保护中民事责任的规定也不例外。我国文物保护法中首次出现有关民事责任的规定，因此有必要做出较具体的规定，便于指导执法。具体来讲，可以从以下三个方面改进：

首先，应明确民事责任的承担主体，即对遗产造成毁损、灭失时哪些人可能承担民事责任。承担违约责任的主体，包括作为普通公民和遗产管理行政机关的工作人员。其主要是指作为消费者的普通公民在遗产景区参观时的不当行为造成遗产的毁损、灭失时，应承担的民事责任；以及遗产开发中造成的损害所应承担的民事责任。有关遗产保护的主管行政机关的工作人员造成遗产灭失、毁损的，尚未构成犯罪而无须承担刑事责任时，也应当承担民事责任。这是因为遗产保护的主管行政机关的工作人员比一般公民更清楚应当如何保护遗产，但是如果其在履行职责的过程中造成遗产灭失、毁损，实际上就是对国家所有权和公民遗产权的侵犯，如果只是对其予以行政处分，并不能达到遗产保护的目的。民事责任的设定可以敦促其认真地完成工作职责，尽量避免对遗产的人为破坏，即使造成破坏，通过赔偿，也可以填补一些损失。

其次，造成遗产的灭失、毁损，承担民事责任的构成要件包括损害行为、危害结果以及行为和结果之间的因果关系，不论其主观是否恶意，是否违反法律规定。除非当事人能证明损害的发生是由于不可抗力造成的，或是由于第三人的过错造成的，否则，均要承担民事责任。要注意的是，对遗产造成损失后，承担民事责任，往往适用于对遗产造成的损失较小，影响不大时。至于损失程度的认定则要根据有关专业组织或机构的标准来确定。

最后，需要明确责任承担方式。根据《中华人民共和国民法通则》第一百三十四条的规定，承担民事责任的方式主要有停止侵害、排除妨碍、消除危险、返还财产、恢复原状、修理、重做、更换、赔偿损失、支付违约金、消除影响、恢复名誉及赔礼道歉等。结合遗产保护的特殊性，这里的民事责任应当为停止侵害、排除妨碍、消除危险、赔偿损失四种。停止侵害是要求加害人立即停止侵权的民事责任方式，能够及时地制止侵害行为，防止侵害后果的扩大化。排除妨碍适用于已经造成妨碍的情况，它可以有效地防止已经发生的侵害行为继续扩大。消除危险是指要求侵权人消除因其行为给遗产及其周围环境带来危险的一种责任方式，在遗产保护中，适用于对遗产及其周围环境构成威胁的行为。由于民事责任在本质上是一种财产责任，造成遗产灭失、毁损的，还应当承担赔偿责任，尽管遗产具有不可再生性，其经济价值不容易估量，赔偿的金额虽不能完全填补损失，但至少可以为遗产的修缮提供一部分资金。以上方式既可单独适用，也可以合并适用。

三、公众参与文保激励机制构建

对于个体理性与集体理性之间的矛盾和冲突，不在于否定个体理性，关键是建立起一种激励兼容机制。在这种机制中，个人理性能自我实现并自发地达到集体理性。按照自我价值定向理论和博弈论分析，激励机制也能为公众在和各方博弈的过程中，为其参与文保创造良好的社会情境，把文保态度推进到强势阶段，促进公众积极参与文保的局面。

（一）激励机制的概念及理论

激励一般被解释为引起某一行为，且此行为能够满足人的某些需要或动机。自从"激励"一词被提出之后，有关激励的理论层出不穷。归纳起来，和公众参与文保有关的激励理论主要有以下几种。

美国心理学家马斯洛认为，人类有五种最基本的需要，即生理的需要、安全或保障的需要、归属和获取别人认可的需要、尊重的需要、自我实现的需要。[1]这些需要可相互联系，并按照重要性和先后次序排列成一个需要层系，当较低层次的需要被满足后，其激发动机的作用随之减弱或消失，而更高级的需要就成为新的激励因素。公众参与文保属于较高层次的需要。

在马斯洛提出需要层次论后，耶鲁大学的著名学者奥尔德弗又提出了另一种需要层次论，被称作 ERG 激励理论。[2] E、R、G 分别代表生存（Existence）、关

①亚伯拉罕·马斯洛．马斯洛需求层次理论[M]．北京：中国青年出版社，2022．
②刘正周．管理激励[M]．上海：上海财经大学出版社，1998．

系（Relatedness）、成长（Growth）三词。ERG 激励理论将马斯洛的需求层次压缩为三个层次。二者的区别在于：第一，ERG 理论认为在任何时间里，多种层次的需要会同时发生激励作用；第二，ERG 理论明确提出了气馁性回归的概念，它认为如果上一层次的需要长时间得不到满足的话，个人就会感到沮丧，然后回归到对低层次的追求。公众参与文保如能得到适当的激励，这种状况将持续下去。如果需要长时间得不到满足，也会发生"气馁性回归"。

期望理论的基本观点是：人们预期其行动如果是有助于达到某个目标，在此情况下才会被激励起来去做某些事情来达到此目标。此理论可用下面的公式表示：

$$动力（激励力量）= 效价 \times 期望值$$

这里的动力是指激励力量，即一个人受激励的程度；效价是个人对于某一成果的价值评估或偏好程度及达到目标对满足个人需要的价值；期望值指的是通过某种行为会达到预期成果的概率，或是一定行为能满足需要的概率。从激励的效价分析，这种激励理论和上文所述的经济人假设有相似之处。

迈克尔·罗斯于 1985 年在《社会心理学手册》中对归因理论做了这样的解释：个人会观察行为，并随之对该行为归纳出原因。归因理论的主要研究对象有以下三个方面：对人们心理活动的归因、对人们行为的归因、对人们未来行为的预测。这三个方面又称轨迹控制，是指人们对自己行为所创造的结果究竟主要是受外因还是受内因控制的一种认识。从这种理论的机制分析，这与上文所述的自我价值定向理论非常类似。

以斯金纳为代表的一些学者还提出了强化理论，这种理论基于一个很简单的假设：一个行为的结果如得到奖励，该行为就会趋向重复；反之，一个行为招致惩罚的后果，该行为就会减少重复。此方法原先是训练动物时采用的，但它同样适用于人类行为。强化理论的机制和上文谈到的外部性的矫正原理是一致的。[①]

激励机制，即激励主体按照确定的目标，根据激励客体的个人需要、价值观、行为规律，通过各种方式激发，使人产生一股内在的动力和要求，迸发出积极性、主动性和创造性。国内著名经济学家张维迎把激励机制分为两大类，即显性激励和隐性激励。显性激励主要是依赖制度化机制来实施的激励，具有制度

---

① 许曦. 激励约束机制对推进公众参与环保的作用和意义[J]. 佛山科学技术学院学报（自然科学版）,2011(5).

化、透明化、简明化等优点，有利于降低交易费用，培养法理型信任；而隐性激励是指依赖声誉的激励，其灵活性、关系性有助于解决由制度滞后、监督成本过高而阻碍交易的问题，降低交易费用，并且有利积累互惠诚信的社会资本，增强社会自组织功能。① 从显性激励与隐性激励的不同功效和关系的角度看，我们应把制度硬性约束与信任声誉机制结合起来谈。二者有时补充、有时替代的关系，都是为了有效防止机会主义的搭便车行为，寻求共同合作受益最大化。

（二）构建文保激励机制的必要性

激励机制的实质是利益驱动，靠制度和政策的作用调节行为人的经济利益或声誉利益，从而使当事人自觉地调整自己的行为。由于遗产资源是一种公共资源，政府是公众利益的代表，应当是激励的主体，公众是激励的客体。文保激励机制即激励主体按照确定的目标，根据公众个体的需要、价值观、行为规律，通过各种方式激发，使人产生一股内在的参与文保的动力和要求，并迸发出参与的积极性、主动性和创造性。

文化遗产属于公共物品。公共物品具有两个基本特征，即消费的非竞争性和受益的非排他性。消费的非竞争性是指某一产品供某人消费之后还可以供其他人消费，并且其他人的消费不会降低此人对这一产品消费所获得的效用，或者说增加一个消费者来消费产品不会引起产品生产成本的任何增加；受益的非排他性是指任何人对于公共物品都不具有所有权，在一个既定的供给水平上，公共物品一旦提供，不能阻止另外一些人从中受益，所有社会成员都可以同时享有同等的消费利益，也就是说，排斥其他受益者在技术上不可行或经济上不划算。由于文化遗产具有非排他性的属性，因而难免产生可以使用自己没有支付生产成本的产品的搭便车者，从而导致市场在文保领域存在失灵的状况以及公众缺乏文保热情的现象，这使政府的激励成为必需。如果政府不积极采取行动鼓励公众进行遗产保护，遗产资源将在人类无休止的过量消费中遭到破坏。而文保激励机制正是以文保为目的，以调动公众参与文保的积极性为目标，是政府进行遗产资源管理的一种手段和方式。

---

①张维迎. 信息、信任与法律［M］. 北京:生活·读书·新知三联书店,2021.

（三）公众参与文保选择性激励机制

首先，明确激励主体。在确定激励主体时，应首先考虑激励客体所涉利益范围，若行为客体所涉及的利益是部门效益性质，则宜由政府职能部门实行激励行为；若激励客体的利益具有广泛的社会效益性质，则宜由人民政府实行激励行为。其次，应考虑激励客体的效益层次，如果激励客体的效益层次较高，宜由较高一级的人民政府或政府职能部门进行激励行为。立法者应当根据行为的效益性质和效益层次，在立法中确定不同的激励主体，以此弥补现有激励立法中所存在的激励主体不明确的缺陷。

其次，确立激励形式。在具体的文保激励行为中采用何种形式进行激励，应由文物保护法做出明文规定，以便依法适用。一般来说，从制度化的角度来说，文保激励机制应该包括文保行政奖励、税收优惠、财政补贴等制度。根据行政行为的性质，可以将文保激励行为分为精神激励和物质激励。精神激励即遗产管理行政主体赋予公众精神方面的荣誉，主要表现形式有口头表扬、通报表扬、授予荣誉称号等；物质激励指为受奖者颁发一定数额的奖品或奖金，或者提供一定的物质条件，满足其物质利益需要的各种形式。在文保激励的实践中，建议各种激励形式综合运用，例如既授予荣誉称号，又提供相应的税收优惠。

第三节 善治理念下公众参与遗产保护的实现路径

一、善治理念的导入

治理意味着一种新的统治过程，人们将会以一种新的方法来统治社会，它强调政府与公民之间、公共部门与私人部门之间的合作与互动，西方国家的治理理论是一种新的公共行政范式，是与西方国家的政治、经济、文化背景相适应的。有学者认为，西方"治理"的两个前提如下：一是成熟的多元管理主体的存在及它们之间的伙伴关系；二是民主、协作和妥协精神。这与我国目前的国情不符，必须充分考虑我国的文化传统和现实，因此西方的治理理论不能全盘照搬到中国。但是，治理理论对我国的公共事务管理有一定的借鉴作用，可结合我国的实际情况，将其本土化。世界银行专为发展中国家"特制"的概念是"善治"，也就是公共管理过程中努力实现公共利益最大化。合法性、责任性、透明性、法治、回应以及有效是善治的基本要素。善治理念的核心是"多元治理"的理念，即对社会事务的治理不仅是政府的事，还需要民众，尤其是社会组织的参与，并要求政府转变观念，做到以人为本。将善治理念引入遗产保护中，目的是希望政府、公众，尤其是民间团体、社团组织等能够积极参与遗产保护与管理工作，通过多元治理，形成政府主导为主，以遗产地社区居民为核心，其他公众广泛参与的遗产保护参与体系，促进遗产的可持续发展。

二、公众参与遗产保护的实现路径

（一）深化体制改革，实现"上下"结合

随着我国经济社会的不断发展，人们权利意识增强，政治参与的积极性不断提高，与此相适应，党的十七大报告提出要深化政治体制改革，以保证人民当家做主为根本，"坚持国家一切权力属于人民，从各个层次、各个领域扩大公民有序政治参与，最广泛地动员和组织人民依法管理国家事务和社会事务、管理经济和文化事业……推进社会主义民主政治制度化、规范化、程序化"。然而，受传统"官本位"意识的影响，一些官员对于公众参与，缺乏宽容精神，严重制约了公众参与的积极性。目前，我国的现状是"大政府、小市场、弱司法"，政府包揽了许多事务，然而，由于政府官员也是经济人，他们也在努力追求个人利益最大化，也可能出现以权谋私、贪污腐败、行政不作为等"政府失灵"现象。为了弥补政府失灵，就需要利用民众、公民社会的力量来制约政府的权力。公共治理的运作机制依赖"由众多的行动者共同组成的合作关系网络"这种权威，要求运用法律来理性设定公共权力的边界与运作方式，理顺国家与社会、政府与市场的关系，通过规范和监督公共权力来维护和拓展公民权利。

实践证明，遗产保护仅凭政府的力量是远不足够的，还需要民众、社会组织的积极参与。只有将"自上而下"和"自下而上"的保护有机结合起来，才能促进遗产的有效保护，实现可持续发展的目标。为此，必须推动我国政治体制改

革继续深化，加强法制建设，敦促政府管理部门等组织尊重法律，树立公民本位意识，使公民切实享有知情权、参与权、表达权以及监督权。

（二）完善参与机制，保障公平参与

公共选择理论提出了两类行为选择，包括对规则的选择和规则之下的行为选择。人们首先会选择合适的规则，当这些规则得到人们认可的时候，人们自然就会根据规则要求选择行为。目前，我国遗产保护公众参与面临的一大难题就是缺乏完善的公众参与机制。什么人能够参与？参与内容是什么？如何参与？这些问题都没有一个明确的规定。目前我国的参与方式通常是座谈会、听证会、民意调查、公示、公开听取公众意见、展示和咨询等，但由于缺乏制度指导与约束，这些参与往往会流于形式，无法产生应有的效果。要激励公众参与遗产保护，就必须将公众参与的内容、形式、途径与程度等用制度的形式加以明确规定，形成一系列公众参与机制。因此，不仅要完善公众参与的权利保障机制、利益表达机制、利益分配机制、便利参与机制、信息反馈机制、监督管理机制，还要进一步完善奖惩机制。既要保障公民的参与权利，又要保证参与的效果与质量。

国外已经对公众参与的形式、途径、内容等进行了深入的探讨，而我国至今尚缺乏公众参与明确的路径、渠道、形式等，公众参与机制亟待完善。需要注意的是，公众参与遗产保护应是全过程的参与，即遗产的申报、遗产资源的旅游开发、遗产的监督管理，都应有公众的参与。公众越早介入，参与的效果会越好。就参与者而言，除直接利益相关者参与外，凡是关注遗产保护的专家、学者、普通大众均可参与。参加的代表应经过民主选举，能够代表广大群众的民意，要避免参与代表被强势群体操控。此外，要主动探索适合调动公众参与的方法与技术，根据不同的阶段、不同的情况采用不同的参与方式。

（三）加强遗产教育，培育公民意识

认识是行动的先导，要让公众参与遗产保护，就必须对公众进行遗产教育。参与保护的核心在于价值观的认同，"制度的作用是外在化的、间接的，而只有价值观的认同才可能产生可预见的持续的行为动力"①。当人们意识到遗产的价值，并且从内心深处认可该遗产时，将会产生一种自豪感和自信心，推动他们参与保护活动。调研数据显示，开平碉楼社区居民中90%认为"开平碉楼列入世界文化遗产名录是我们开平人的骄傲"，在调研过程中，我们时常能够感受到他们的骄傲感和自豪感。这与在申遗过程中，政府加强对居民的遗产教育密不可分。政府相关部门加强遗产申报点村落村民的遗产教育，向村民宣传遗产的价值，并且让《开平碉楼与村落》乡土教材分幼儿、小学、中学三个版本走进课堂，对培养中小学生正确的遗产价值观起到了积极的作用②。国外也十分重视遗产教育，常常通过在学校开设相关课程、编印有关图书资料、举办研讨会等形式开展教育活动。在欧洲和亚太地区已有90多个国家的300多所中学将世界遗产教育纳入他们的教育课程。

参与遗产保护，既是公民的权利，更是公民的义务。参与保护不仅需要公众的理解，更需要公众的接受。通过宣传教育等形式，在全社会形成"遗产保护，人人有责"的保护理念。培养公众的公民意识，引导公众认识到遗产保护的必要性与参与的重要性，增强他们的权利意识和责任意识，敦促其秉承公共精神，积极地履行社会责任。公共治理的关键是协作，而协作的核心是责任感问题。可以采取一些措施加强遗产教育，培育公民意识。将遗产教育纳入中小学教育中，培养学生的爱国主义情操与参与意识；通过举办专题讲座、培训、讨论等多种形式，宣传遗产价值，向公众灌输遗产保护的理念。如"联合国教科文组织大学与遗产国际论坛"自1995年成立以来，已举办过多届国际学术研讨会。2005年论坛就"世界遗产对公众职责提出的考验和挑战"问题做重点研究，推动了遗产保护的公众参与；可以利用节庆活动进行宣传。如结合每年6月第二个星期六的中国文化遗产日活动，或在平时的节庆活动中，通过图片、视频、引导公众实地考察等形式加以宣传。

①马凌. 基于组织成员成熟度的"参与管理"激励机制研究[J]. 商业时代,2011(32):85-86.

②刘小蓓. 公众参与遗产保护的激励机制研究[M]. 广州:暨南大学出版社,2017.

（四）培育公民社会，实现利益组织化

公民社会是"独立于国家、与国家共事但又不试图取代国家"的一种组织范围，具有一定的独立性，能够强化民主。俞可平等则将公民社会当作国家或政府之外的所有民间组织或民间关系的总和，其组成要素是各种非国家或非政府所属的公民组织，包括非政府组织、公民的志愿性社团、协会、社区组织、利益团体和公民自发组织起来的运动等。① 蔡定剑教授则认为，公民社会"包括经济上独立、自治的公民；有独立理念的公共知识分子；有不完全被政府所控制的媒体；有草根非政府组织的存在"②。公民社会有助于促进国家的民主建设。公民社会不是万能的，却是必要的。善治理论鼓励公民社会的培育与发展，因为在创造公共利益的领域内，公民社会具有因满足需求而引起创新的潜能，同时制度变迁促使更有效的行动和其他社会创新过程的发展。公民社会是地方政府的补充，但不会取代它。国家独有的权利和法律保障是包容性公民社会的前提条件。在我国，国家与公民社会是紧密交织在一起的，很多社会团体都带有浓厚的官方色彩，被人称为"GONGO"（Government Organized Non-Government Organization，即政府组织的非政府组织）导致公民社会的自主性受到严重的限制，公民组织的参与作用难以有效发挥出来。在利益多元化、公民民主意识崛起的当代，发展公民社会的呼声越来越高，培育与发展公民社会是顺应时代发展要求的有力举措。公民社会需要政府的引导与支持，政府应逐步放权，将由社会管理的事务交由公民社会管理，以便精简机构，提高管理的效率，降低治理成本。

遗产保护的公众参与，需要在公民社会中不断发展民间团体和社会组织。20世纪80年代以来，非政府组织（NGO）与非营利组织（NPO）在公共管理领域中的作用日益突出。如我国的冯骥才民间文化基金会、阮仪三城市遗产保护基金会等都是非营利性组织，他们通常是通过个人的社会影响和活动能力筹措资金，通过各种宣传活动引导大家重视遗产的保护，在实践中，发挥了民间团体参与的重要作用。

在遗产保护中，个体参与往往因个体力量弱小且分散而导致参与不足，因

---

①俞可平. 治理与善治[M]. 北京:社会科学文献出版社,2000.
②蔡定剑. 公众参与:风险社会的制度建设[M]. 北京:法律出版社,2009.

此，需要将数量众多的、分散的个体利益凝聚起来，形成利益组织化。所谓利益组织化，是指在利益高度分化的社会中，一些分散的利益主体基于其利益的基本一致性，而进行联合并以一定的组织结构约束这种联合的状态。利益组织化有利于降低参与成本，提高参与的效能。"善治的实现，依赖社会合作和沟通理性；而社会成员的组织化，是保障公众参与、提升沟通理性的社会基础。"① 然而，在我国，由于缺乏对社会组织的激励机制、监督机制，导致一些非营利组织打着"非营利"的旗号，进行违背非营利准则的事，出现了贪污、腐败等现象，容易导致公众对这些民间组织、社会组织失去信心，基于此，有必要采取一定的措施制约这些社会组织的违规行为，对于出现的种种问题，要及时解决，限期整改，必要时可取缔。但是，更重要的是鼓励、引导与培育具有"志愿性""自治性""非营利性"和"非政府性"等特征的民间组织发展壮大。通过参与社会组织，个体的参与力量才能增强。因此，政府应鼓励各种非政府组织、公民的志愿性社团、协会、社区组织等在法律的框架下健康发展，引导其加强自身建设，并激励其积极参与遗产保护活动。当然，政府也可以在发动公众参与遗产保护中更加主动，而不是留给非政府组织及社会团体去宣传，开展遗产保护活动。

（五）通过实践增强公众的参与能力

遗产保护公众参与时代的到来让公众参与遗产保护的机会日益增多。公众参与，体现了善治的理念，但是，并非所有公民都能有效参与。有些时候，管理者会以公众专业知识匮乏、素质低等为借口，阻碍公众参与。事实上，公众也往往因为缺乏相关知识与技术而被排斥在遗产保护之外。为了更有效地行使公民的参与权，公众需要通过实践来不断增加遗产专业知识和保护技术，提高自身的素养以适应遗产保护工作的要求。一方面，政府和有关管理部门、教育机构应为公众提供相应的教育和实践机会，让他们能够接触遗产保护的相关信息、知识与技能；另一方面，公众也需要不断地、主动地加强自身修炼，提高自身的参与能力。

---

① 王锡锌. 利益组织化、公众参与和个体权利保障[J]. 东方法学. 2008(4)：24-44.

参考文献

［1］周耀林，李姗姗. 可移动文化遗产保护体系研究［M］. 武汉：武汉大学出版社，2023.

［2］任思远，高梦. 文化遗产保护与开发利用［M］. 天津：天津科学技术出版社，2023.

［3］韩海燕. 文化遗产保护智能应用发展对策研究［M］. 北京：中国纺织出版社，2023.

［4］杨萌，赵明宇，李记天. 河南传统医药非物质文化遗产的传承与创新研究［M］. 郑州：河南人民出版社，2023.

［5］徐圆圆. 文物保护理论与方法研究［M］. 延吉：延边大学出版社，2023.

［6］任初轩. 怎样做好非物质文化遗产保护［M］. 北京：人民日报出版社，2023.

［7］郑巨欣，何振纪. 文化遗产研究［M］. 杭州：浙江大学出版社，2023.

［8］李颖科. 中国文化遗产保护新论［M］. 北京：科学出版社，2023.

［9］达妮莎. 非物质文化遗产的网络传播方式与效果研究［M］. 北京：化学工业出版社，2023.

［10］祝鹏程. 市场化进程中的非物质文化遗产［M］. 北京：中国社会科学出版社，2023.

［11］林凯. 新时代水文化遗产的保护与发展［J］. 文化产业，2023（35）：145－147.

［12］马知遥. 非物质文化遗产保护的中国经验［J］. 原生态民族文化学刊，2023（1）：11-15.

［13］杜晓帆. 科学构建文化遗产保护传承体系［J］. 人民论坛，2023（9）：103－106.

［14］李颖科，程圩. 中国文化遗产保护：问题与路径［J］. 西北大学学报（哲学社会科学版），2023（2）：130-138.

［15］束锡红，夏亮亮. 岩画文化遗产保护与数字人文［M］. 上海：上海古籍出版社，2022.

［16］刘芹. 非物质文化遗产展陈设计策略传统手工艺类［M］. 上海：上海交通大学出版社，2022.

［17］周耀林，戴旸，刘婧. 非物质文化遗产信息资源分类存储研究［M］. 武汉：武汉大学出版社，2022.

［18］陈爱国. 乡村振兴与非遗保护：文化遗产传承人的日常实践研究［M］. 上海：上海交通大学出版社，2022.

［19］白庚胜. 文化遗产保护诠说［M］. 贵阳：贵州民族出版社，2022.

［20］尹华光，覃业银，尹美菊. 非物质文化遗产评价与鉴赏［M］. 长沙：湖南大学出版社，2022.

［21］鞠月. 中国传统工艺与非物质文化遗产的传承研究［M］. 长春：吉林科学技术出版社，2022.

［22］靳花娜. 文物保护管理及其技术研究［M］. 长春：吉林出版集团有限责任公司，2022.

［23］朱秀梅. 博物馆建设发展与文物保护研究［M］. 长春：吉林人民出版社，2022.

［24］张立乾. 文物保护技术［M］. 北京：文物出版社，2022.

［25］刘源隆. "文物保护"转向"文化遗产保护"［J］. 小康，2022（33）：88.

［26］李立新，陈金康. 管理学视角下建筑文化遗产保护［J］. 智能建筑与智慧城市，2022（8）：47-49.

［27］曹孟畖，管世俊，裴会芳. 非物质文化遗产保护工作的创新［J］. 艺术家，2022（3）：16-18，29.

［28］蒋菁华. 文化遗产的保护与创意传承［J］. 文化产业，2022（26）：130-132.

［29］王遵然，张云开. 跟随时代脚步推动文化遗产保护传承［J］. 中国民族博览，2022（23）：105-107.

［30］庄子文. VR 技术在文化遗产保护领域的应用研究［J］. 文化产业，2022（22）：141-143.

［31］高秀霞. 非物质文化遗产保护的创新模式探讨［J］. 河北画报，2022（18）：1-3.

［32］陈丽新. 博物馆在文化遗产保护中的作用分析［J］. 对联，2022（14）：29-31.

［33］马晨晨. 乡村非物质文化遗产的保护与发展研究［J］. 山东农业工程学院学报，2022（10）：87-91.

［34］陈高英. 林徽因与文化遗产保护［M］. 福州：福建美术出版社，2021.

［35］王瑞光. 文化产业与文化遗产法律法规研究［M］. 北京：北京工业大学出版社，2021.

［36］李永东，刘亚杰. 文化遗产保护与文化产业发展［M］. 北京：中国经济出版社，2021.

［37］史文正. 城乡历史文化遗产的保护与开发［M］. 长春：吉林人民出版社，2021.

［38］王毅菲. 文旅融合背景下文化遗产真实性与完整性价值解读及活化研究［M］. 北京：中国经济出版社，2021.

［39］严鹏，陈文佳. 工业文化遗产：价值体系、教育传承与工业旅游［M］. 上海：上海社会科学院出版社，2021.

［40］董锦. 山西非物质文化遗产与文创产品的设计应用研究［M］. 太原：北岳文艺出版社，2021.

［41］郑土有. 非物质文化遗产保护沉思录［M］. 上海：上海远东出版社，2021.

［42］徐艺乙. 传承与发展——关于非物质文化遗产理论与实践的思考［M］. 北京：文化艺术出版社，2021.

［43］杨文斌. 非物质文化遗产的传承和保护［M］. 北京：北京工业大学出版社，2021.

［44］吴建德. 国产动画与非物质文化遗产的重构与融合［M］. 北京：新华出版社，2021.

［45］张孜江. 文物保护修复与鉴赏［M］. 成都：四川大学出版社，2021.

［46］孔健，徐艳. 博物馆文物陈列与文物保护研究［M］. 长春：吉林大学出版社，2021.

［47］赵芳. 文物保护基础及保护技术应用研究［M］. 北京：文化发展出版社有限公司，2021.

［48］王芳. 考古发掘文物保护技术研究［M］. 哈尔滨：哈尔滨出版社，2021.